Histoires incroyables
d'animaux pas comme les autres

Dr Laetitia Barlerin

Histoires incroyables
d'animaux
pas comme les autres

Avec la collaboration de Georges-François Rey

Albin Michel

Toutes les anecdotes racontées dans ce livre sont vraies. Elles ont, pour beaucoup, fait l'objet de dépêches diffusées par les agences de presse (AFP, AP, Reuters...) à travers le monde. Cependant, pour les besoins de l'histoire, et pour préserver l'anonymat des protagonistes, nous avons dû quelquefois modifier les noms des acteurs et changer le cadre de l'action.

À mon père

Sommaire

Des animaux enchantés ?

Des lions qui arrachent une petite fille à ses ravisseurs. Des éléphants qui sauvent des touristes du tsunami. Un chat qui fait 800 km pour retrouver ses maîtres. Un couple de flamants roses homosexuels qui adopte un poussin abandonné. Une chatte et un ours qui deviennent les meilleurs amis du monde. Un chien qui diagnostique un cancer chez sa maîtresse…

Elles font régulièrement la une de nos quotidiens et la clôture du JT de 20 heures. Elles sont émouvantes, troublantes, drôles, étonnantes et… véridiques ! Ces histoires dont les animaux sont les héros ne laissent personne indifférent. Car elles révèlent une face cachée de leur nature, une face teintée d'humanité ou au contraire de magie.

Vétérinaire de profession, j'ai le bonheur d'animer depuis plusieurs années une émission radiophonique animalière sur l'antenne de RMC. Il m'arrive souvent de relater de tels récits ou d'en recueillir le témoignage. Et à chaque fois, la même question m'est posée : « Docteur, comment l'expliquez-vous ? ». De là est née l'idée de cet ouvrage : raconter des histoires animalières aussi incroyables les unes que les autres puis donner un avis documenté sur les comportements observés.

Au fil des pages, vous découvrirez que, contrairement aux idées reçues, l'animal n'est ni une simple « machine » mue par des instincts primaires, comme le prône la pensée cartésienne, ni un être doté de pouvoirs « surnaturels ». Les animaux sont capables d'éprouver des émotions, de l'empathie, de la compassion et même de l'amour, des sentiments que l'on pensait réservés à l'homme. Ils peuvent aider leur prochain – de leur espèce ou d'une autre – même s'ils ne semblent en tirer aucun avantage

propre. Ils possèdent un sixième sens, mais aussi un septième, un huitième, un neuvième, tous ces sens que l'homme ne possède pas ou plus (capter des infrarouges, émettre des infrasons, transmettre des informations grâce aux phéromones). Ils font preuve d'une sensibilité et d'une intelligence aiguës qui laissent perplexes nombre de scientifiques. Si différents et pourtant si proches de nous, ils nous montrent qu'ils ont encore beaucoup à nous apprendre. Et pour commencer, une grande leçon d'humilité :
« L'animal a cet avantage sur l'homme qu'il ne peut être sot. »
Victor Hugo

Bonne lecture !

Laetitia Barlerin

Les animaux héros

Angel et la chienne
sans nom

Comme tous les matins depuis le milieu des années cinquante, quand il était le « lièvre » attitré de Maiyoro Nyandika, le premier champion olympique kenyan, Stephen B. s'élance sur la Ngong Road pour son footing quotidien. 10 km, pas plus : à 80 ans passés, mieux vaut savoir limiter ses ambitions.

La température est encore fraîche. De part et d'autre de la route, le regard plonge dans la forêt de Ngong, celle-là même que Karen Blixen décrit dans *La Ferme africaine* et qui sert de décor au superbe film de Sydney Pollack *Out of Africa*. Mais Stephen ne se laisse pas distraire par la beauté d'un paysage qu'il connaît par cœur ; il est concentré sur la régularité de ses foulées et sur les battements de son cœur dont il est assez satisfait.

Soudain, à quelques dizaines de mètres devant lui, un grand chien jaune surgit. Il traverse la route, portant dans la gueule ce qui paraît être un sac de linge sale puis, sans ralentir ni lâcher sa proie, rampe sous des barbelés bordant un champ et continue sa course. Rien que de très banal sinon que, pendant les 20 secondes qu'a duré l'incident, Stephen, il en est sûr, a entendu un bébé pleurer. C'est du moins ce qu'il répétera, le lendemain, aux journalistes du *Daily Nation* de Nairobi venus l'interviewer.

Comme chaque jour vers 10 heures, Susan A. sort de chez elle pour nourrir ses bêtes. Sa chienne, d'abord, et ses six petits. Son arrivée dans l'enclos provoque l'agitation habituelle : ruée des petits sur le grillage, queues fouettant l'air avec frénésie…

Pourtant, une chose intrigue Susan : des pleurs d'enfants couvrent les gémissements des chiots impatients et la mère, elle, ne s'est pas dérangée pour venir la saluer. Elle est restée allongée avec, entre les pattes, un bébé hurlant, couvert de boue et enveloppé d'une chemise noire, en lambeaux. « Elle m'a regardée en grondant comme pour s'assurer que je n'étais pas une ennemie, affirmera Susan le soir même au *Daily Nation*. Elle protégeait l'enfant. Elle était inquiète, mais m'a tout de même laissé m'approcher d'elle. »

Avec précaution, Susan prend alors le bébé, une petite fille, dans ses bras et l'emporte dans la maison suivie par la chienne, anxieuse. Là, elle entreprend de lui retirer les maigres haillons qui l'enveloppent et de la laver. Son cordon ombilical est couvert de parasites. La seule chose à faire pour sauver l'enfant est de se rendre à l'hôpital national Jomo Kenyatta, où des médecins la prendront en charge sans tarder.

Dès son arrivée, le bébé est pesé (un peu plus de 3 kg) et son âge estimé à moins de deux semaines. D'après les médecins, elle vient de passer deux jours dans la forêt, seule. C'est un vrai miracle qu'elle n'ait pas été dévorée par les bêtes sauvages et même qu'elle ait supporté le froid nocturne, pas plus de 8 °C certainement, sans boire ni manger. Mise sous traitement – on craint des problèmes respiratoires –, la petite fille est baptisée Angel sur le registre de l'hôpital et la chienne sans nom de Susan A. devient Mkombozi dans les journaux du lendemain, ce qui, en kiswahili, signifie « sauveuse ».

Au Kenya, 56 % de la population vit avec moins de 1 dollar par jour et les abandons de nouveau-nés sont courants et souvent fatals. Sans la chienne de Susan, le bébé n'aurait pas survécu dans la forêt, contrairement à Mowgli, le héros du *Livre de la Jungle* de Rudyard Kipling.

En septembre, la chienne Mkombozi s'est vue décerner le prix Lewyt en hommage au courage et à la présence d'esprit dont elle a fait preuve en sauvant la vie de la nouveau-née. Pour symboliser ce prix, la North Shore Animal League America a envoyé à l'héroïne une plaque commémorative aussitôt clouée sur sa niche… et à sa maîtresse un chèque de 500 dollars.

Aujourd'hui, Angel a 5 ans. Elle vit près de Nairobi, entourée de ses parents adoptifs, et jamais bien loin de la patte protectrice de Mkombozi. Mais ceci est une autre histoire…

L'avis du véto

Deux éléments agissant en synergie pourraient expliquer ce comportement extraordinairement maternel de la chienne Mkombozi : l'esprit de famille dont font preuve les canidés et l'influence des hormones.

L'esprit de meute

Les chiens sont des animaux sociaux qui recherchent la vie en meute qu'elle soit canine ou humaine. Les relations hiérarchiques et affectives qu'ils entretiennent avec les membres qui la composent sont essentielles à leur équilibre psychique. En règle générale, les chiens sont naturellement doux et indulgents avec les jeunes (chiots ou enfants), qui, précisons-le, n'entrent pas dans la hiérarchie du groupe. Ils peuvent même endosser un rôle protecteur et éducateur bien qu'il ne s'agisse pas de leur progéniture : par exemple, le chien de la famille « materne » souvent le chiot, voire le chaton, nouvellement adopté. C'est la raison pour laquelle les éleveurs ont coutume de mettre en contact les chiots sevrés avec des chiens plus âgés qui leur enseignent ainsi les codes de la vie sociale. Si on se réfère aux loups, leurs cousins proches d'un point de vue génétique et comportemental, on constate que seul le couple dominant de la meute se reproduit : dès que les louveteaux sortent de la tanière qui les a vus naître, tout le groupe prend en charge leur éducation et leur protection et des louves peuvent même les allaiter si besoin et sans « jalousie ».

Ainsi, en sauvant le bébé et en le ramenant à l'abri dans son « nid », Mkombozi a fait preuve d'un comportement ancestral d'entraide envers un plus jeune du groupe. Cependant le nouveau-né a eu beaucoup de chance car la chienne aurait aussi bien pu le considérer comme une proie ! C'est le risque quand un chien a grandi sans contacts avec des bébés humains ou des enfants en bas âge, et, plus généralement sans contacts sociaux (élevé au fond d'une cage ou d'une cave...). Adultes, ces chiens ont du mal à identifier un bébé comme un petit d'homme (et donc faisant partie de leurs « familiers »), en ont peur pour la plupart ou au contraire laissent parler leur instinct de prédateur.

Une histoire d'hormones ?

Chez les mammifères, après la mise bas et pendant un laps de temps qui varie de quelques heures à quelques semaines, la plupart des mères acceptent n'importe quel jeune de leur espèce ou d'une autre espèce, fût-elle naturellement crainte ou chassée. On a ainsi vu des chiennes allaiter des chatons, des chattes allaiter des ratons, des truies allaiter des tigrons orphelins dans un zoo... Pour les scientifiques, ce comportement maternel étonnant, presque contre nature (car essentiellement initié par l'homme), pourrait être expliqué par les bouleversements hormonaux liés à la mise bas et la lactation avec un rôle très net de l'ocytocine. Sécrétée par l'hypophyse, cette hormone est connue pour accélérer la parturition puis favoriser et entretenir la lactation. On l'appelle aussi l'« hormone de l'attachement » car il a été démontré qu'elle augmentait la tolérance et facilitait le lien entre la mère et son petit... ou celui d'une autre ! La tétée stimule sa production, or, souvenez-vous, au moment des faits, la chienne Mkombozi allaitait ses petits. Physiologiquement parlant, son état la prédisposait donc aux comportements de soin et d'attachement et pourrait, en partie, expliquer ce geste qui a sauvé une vie humaine. Mais attention, ici comme pour tout comportement, les hormones n'expliquent pas tout, et heureusement ! Et les adoptions hors norme restent des exceptions dans la nature.

Pour en savoir plus

• *Les crèches animales*
Le baby-sitting n'est pas une invention humaine. Faire garder sa progéniture par un ou plusieurs congénère(s) est une possibilité voire même une nécessité chez certaines espèces. Car comment se nourrir et donc chasser ou prospecter, tout en assurant la protection de ses petits ? Les éléphants, hippopotames, lions, loups et autres cachalots ont instauré un système de crèche. Dès que maman part « faire les courses », le rejeton profite de la protection et même de l'éducation de « nounous », souvent des femelles du groupe plus âgées ou écartées de la reproduction. Des systèmes de garde se mettent donc en place dont l'avantage premier est de décourager d'éventuels prédateurs. Chez les manchots et les flamants roses, le père et la mère élèvent ensemble leur unique petit puis, à l'issue d'un « congé parental » qui dure de quelques semaines à quelques mois, ils le confient à la crèche de la colonie. Pendant ce temps, ils partent pour subvenir à ses besoins : pêcher ses futurs repas !

• *Le mystère de la grossesse nerveuse*
Votre chienne fait son nid, dorlote une peluche, gémit sans cesse et oscille entre excitation et indifférence ? Sans doute fait-elle une grossesse nerveuse, encore appelée lactation nerveuse en raison de la montée de lait associée. En clair, elle montre des signes de gravidité 1 à 2 mois après les chaleurs, mais sans être gestante. Lui faire faire des petits n'empêchera pas les récidives,

ce qui prouve bien que ce n'est en rien un désir inassouvi de maternité. Il s'agit d'un état physiologique normal lié à des variations hormonales semblables à celles observées lors d'une gestation réelle. Dans la nature, il s'observe chez les louves dominées de la meute (qui ne se reproduisent pas) quand la femelle dominante met bas. Les éthologues l'interprètent comme un moyen d'accroître l'apport de lait pour la progéniture du groupe. La fonction chez la chienne reste un mystère mais, paradoxalement, les chiennes dominantes seraient plus souvent sujettes aux grossesses nerveuses... et aux rapts de petits. Ainsi, si dans un groupe canin une femelle dominée met bas (elle est théoriquement écartée de la reproduction mais des « accidents » arrivent toujours), la chienne dominante peut s'approprier la progéniture pour l'élever elle-même ou la dévorer...

Les lions
et la petite fille

Un petit village rural de la région de Jimma, dans le sud-ouest de l'Éthiopie, à mi-chemin entre Addis-Abeba et la frontière soudanaise. C'est là que vit Tewabech, avec sa mère et ses grands-parents. Elle n'a que 12 ans.

À 12 ans, dans beaucoup de pays, Tewabech serait encore une petite fille découvrant la vie par les bons côtés : les grandes amies, les chanteuses préférées, les premiers secrets... Mais dans cette région rurale reculée de l'Éthiopie, que l'on considère comme le berceau de l'humanité[1], les traditions ont la vie dure. Y compris celles que l'administration centrale éthiopienne souhaiterait voir disparaître. Comme l'enlèvement des filles, même très jeunes, pour les forcer au mariage, par exemple.

La nuit est tombée en quelques minutes sur le village et les habitants ont regagné leur maison. Pendant quelques minutes encore, les enfants jouent à l'extérieur pour profiter de la fraîcheur du crépuscule ; mais les plus âgés tombent de sommeil, épuisés par une journée de travail harassant dans une petite plantation de café accrochée à flanc de montagne, à une heure de marche du village. Sous le ciel constellé, sept jeunes hommes se dirigent en silence vers la maison de bois et de terre au toit de chaume qu'habite Tewabech. Elle est facile à repérer car elle est rectangulaire alors que ses voisines sont rondes. C'est un signe extérieur de « richesse » dans ce pays, l'un des plus pauvres de la planète.

---

1. C'est là qu'en 1974, fut découverte Lucy, notre lointaine ancêtre, par une équipe franco-américaine codirigée par Donald Johanson (paléoanthropologue), Maurice Taieb (géologue) et Yves Coppens (paléontologue).

Quelques secondes suffisent à la petite bande, qui n'en est pas à son coup d'essai, pour se saisir de Tewabech qui joue devant sa porte, l'emporter malgré ses hurlements et s'enfoncer dans la nuit noire à travers les hautes herbes et les broussailles, en direction de leur refuge dans la montagne. Là-bas, un acheteur doit les rejoindre dans quelques jours et échanger la fillette contre quelques billets.

Ce qui se passera ensuite tient du rituel. Il débutera par un viol révoltant. Puis les anciens du village du violeur iront s'excuser auprès de la famille de la petite fille, en lui demandant de consentir au mariage. La famille acceptera parce que désormais aucun homme « digne de ce nom » ne voudra de Tewabech. Et tout s'arrangera car, selon une vieille loi du code pénal éthiopien, les ravisseurs et les violeurs échapperont au châtiment dès lors que l'affaire se sera conclue par un mariage. Quant à l'épousée, à aucun moment on ne lui aura demandé son avis[2] !

Pendant toute la course à travers la campagne, Tewabech n'a pas cessé de crier et de se plaindre. Elle est maintenant allongée sur une paillasse sous un abri fait de branches et de grandes herbes séchées au cœur d'un massif d'acacias presque impénétrable. Même les coups ne l'ont pas fait taire et les ravisseurs se sont résignés à l'entendre gémir.

Dans le village, l'agitation est grande. La nouvelle de l'enlèvement a fait le tour des cases et, tandis que les oncles de Tewabech décident de partir à la recherche de l'enfant, sa mère et ses grands-parents préviennent les autorités de Jimma par le

---

2. Les Nations unies estiment que dans les régions rurales où vit la majorité des Éthiopiens, plus de 70 % des mariages font suite à un enlèvement. En 1995, l'Éthiopie a ratifié la Convention des Nations unies sur l'élimination de toutes les formes de discrimination à l'égard des femmes, dont l'article 16 exige que des mesures appropriées soient prises pour supprimer la discrimination contre les femmes en toutes questions relatives au mariage, mais la mise en application reste encore hypothétique.

seul téléphone disponible du village. Le poste de police le plus proche est à plus de 60 km, mais dès l'aube, une patrouille est formée. Il lui faudra 2 jours pour repérer le refuge des kidnappeurs et s'en approcher.

Et là, surprise !

Trois lions sont paresseusement allongés devant l'abri de fortune, tandis que les gémissements de Tewabech se font entendre. Ils semblent monter la garde. Pour eux, l'arrivée de la jeep de la police est le signal du départ. Sans perdre leur flegme ni se précipiter, les trois félins se lèvent et regagnent la forêt proche.

Fascinés par le spectacle, les policiers n'ont même pas pensé à sortir leurs armes.

« Les lions semblaient nous attendre », racontera par la suite le sergent qui n'a pu préciser s'il s'agissait de mâles ou de femelles. « Ils ont monté la garde jusqu'à ce que nous la retrouvions. Puis ils ont abandonné la fillette comme s'ils nous faisaient un cadeau, pour retourner dans la forêt. À notre avis, l'arrivée des fauves a fait fuir les ravisseurs qui ont laissé l'enfant sur place en pâture, pour les retarder. Mais les lions ne l'ont pas touchée pendant une demi-journée, jusqu'à l'arrivée de la police et de sa famille. C'est incompréhensible, un vrai miracle, car normalement les lions auraient dû dévorer l'enfant et nous attaquer. »

Sortie de l'aventure terrifiée et choquée, Tewabech a dû être soignée pour les coups infligés par ses ravisseurs. Depuis, quatre d'entre eux ont été arrêtés, mais trois autres courent toujours.

L'avis du véto

Le roi de la jungle peut-il aider son prochain ? Les spécialistes sont formels : les lions peuvent faire preuve d'entraide, de coalition, de compassion… entre eux ! Une attitude solidaire envers un individu d'une autre espèce est exceptionnelle chez ces grands prédateurs, qui, par définition, considèrent tout animal à poils, à plumes ou à écailles, comme un casse-croûte potentiel ou un concurrent de chasse. Pendant quelques heures pourtant, les lions ont considéré la jeune Tewabech comme une des leurs. Pourquoi ? Leur comportement se révèle ici encore plus fascinant que leur beauté légendaire. Les particularités de leur vie sociale apportent un début de réponse.

Une crèche familiale

Les lions sont les seuls félins à vivre en groupes sociaux. Chaque harde compte un à sept mâles adultes, trois à douze femelles adultes et leurs petits. Le noyau du groupe est représenté par les lionnes, toutes apparentées (mères, filles, sœurs, cousines). Le lien qui les unit est très fort. Elles aiment dormir ensemble, chasser ensemble, se toiletter mutuellement, sans qu'il y ait pour autant de relations de dominance entre elles. Si une lionne devient trop vieille ou trop faible pour chasser, elle aura malgré tout sa part de gnou (le met préféré des lions) et sera toujours attendue par ses compagnes lors des déplacements. Le bonheur au féminin… Néanmoins, c'est dans l'éducation des petits qu'elles se montrent les plus solidaires. Car même leur comportement maternel est social. Dans la famille des lions, les femelles entrent en chaleur en même temps si bien que les naissances sont synchronisées et tous les lionceaux de la troupe ont à peu près le même âge. La future mère s'isole pour mettre bas. Elle ne présente sa progéniture aux autres femelles qu'au bout de 4 à 6 semaines. Une crèche s'organise naturellement pour assurer la protection et l'éducation collectives des lionceaux. Très permissives, les lionnes allaitent leurs petits mais aussi ceux de celles parties à la chasse. Un jeune orphelin trouvera toujours une ou plusieurs « marraine(s) » pour l'élever. La petite Éthiopienne doit peut-être son salut à cette coopération maternelle instinctive. Si ses trois samaritains étaient en fait des samaritaines, on peut imaginer que les cris plaintifs et aigus de la fillette (proches de ceux d'un lionceau perdu?) aient « éveillé » en elles leur « instinct maternel », les poussant à lui porter secours. Soit. Et, c'est là que cela se corse : et s'il s'agissait de trois mâles?

Les « frères » lions

Les lions mâles cultivent aussi l'esprit de famille et le sens de l'amitié. Ils forment entre eux une véritable coalition fraternelle, sans réel rapport de dominance et donc sans accès privilégié aux femelles ou à la nourriture. Comme les lionnes entre elles, ils entretiennent des liens amicaux forts. À la différence près qu'il n'existe pas forcément des liens de parenté entre eux. En fait, à l'adolescence, les jeunes mâles sont chassés du clan familial alors que leurs sœurs et cousines restent avec leurs mères. Les premières années, ils connaissent une vie de nomades, parcourant de longues distances et cherchant éventuellement, au fil des rencontres, à s'allier avec d'autres mâles solitaires. Le but est de former une coalition pour pouvoir intégrer une harde par la force, à coups de griffes et de crocs! Oui, car pour conquérir ces belles – et accessoirement leur dot, un territoire de chasse –, il faut d'abord évincer le mâle ou la coalition de mâles déjà en place. Et l'union fait la force. Une fois la harde conquise, les mâles ont pour seule mission de défendre le territoire, les femelles et leur progéniture contre les étrangers. Ils sont de vrais papas poules avec les lionceaux mais jouent plus le rôle d'un compagnon de jeux que d'un père éducateur. À peine rugissent-ils de temps en temps pour signifier au jeune turbulent qu'ils en ont assez de ses pitreries. Ils aiment la vie de famille et, très protecteurs, ils s'éloignent rarement de leur troupe tant que les lionceaux sont petits. Il n'est donc pas impossible qu'un, deux ou trois mâles aient participé au sauvetage de la jeune Tewabech : père protecteur, ami fidèle, le fauve à la crinière nous révèle d'autres facettes de sa nature, bien éloignées de son image de bête sanguinaire, pourquoi pas aussi celle de sauveur de fillette en détresse?

Pour en savoir plus

• *Des lionnes nymphomanes*
Une lionne amoureuse n'est pas de tout repos pour le roi de la jungle. Elle se roule, se dandine devant lui, se frotte à lui jusqu'à ce qu'elle ait obtenu ses faveurs non sans lui avoir asséné, entre deux caresses, quelques coups de griffes! La chose faite, elle reviendra le charmer 15 minutes plus tard et ce, pendant 3 jours! De quoi épuiser même le plus vigoureux des lions. D'autant que, chez les lionnes, les périodes de chaleur sont synchronisées à quelques jours près. Grand seigneur, le mâle dominant ferme les yeux sur les infidélités de ses épouses avec ses « frères » de harde. L'esprit d'équipe!

• *Rugir ou ronronner*
Savez-vous pourquoi votre chat ronronne? Parce qu'il ne peut pas rugir! La différence tient à un tout petit os, appelé os hyoïde, situé au-dessus du larynx. Quand il est cartilagineux et souple comme chez les lions, panthères et autres tigres, il produit des rugissements en vibrant et ne permet pas au fauve de ronronner. Rigide, il déclenche, à défaut de rugissements, la machine à ronrons. C'est le cas des chats mais aussi du puma dont le ronron résonne à plus de 3 km à la ronde!

• *Infanticides*
Quand un lion ou une coalition de lions prend la tête d'une harde, ils commencent par tuer les petits de leurs rivaux. Ce comportement qu'on pourrait qualifier de cruel a pour effet de rendre à nouveau les femelles disponibles à la reproduction, n'ayant plus de petits à élever. Une façon pour les mâles d'assurer au plus vite leur propre descendance avant que d'autres ne viennent conquérir leur harem.

• *Le saviez-vous?*

Le roi de la jungle est du genre fainéant pour ne pas dire macho : pendant que le sire fait la sieste, ses reines chassent seules ou à plusieurs pour tout le clan. Mais ce sont toujours les mâles qui se servent en premier dans le festin! Une fois ces derniers rassasiés, les lionnes, et seulement en dernier les jeunes ont le droit de se nourrir. C'est de là que vient l'expression « la part du lion ».

Le sixième sens
de Thongdaeng

Dimanche 26 décembre 2004. Il est 8 heures au large de l'île indonésienne de Sumatra. Dans les profondeurs de l'océan Indien, l'un des plus violents tremblements de terre jamais enregistré dans le monde vient de se produire et une formidable lame de fond est en train de se former.

À 10 heures, à Khao Lak, localité touristique de l'île de Phuket au sud de la Thaïlande, Banyat se réveille en sursaut, la tête lourde. À ses pieds, traînent quelques bouteilles de bière Singha, rescapées d'une soirée entre amis copieusement arrosée de Sang Som, le whisky local.

Plus que le mal de crâne, ce sont les barrissements de Thongdaeng qui sortent Banyat de son brouillard alcoolique. Il n'est pas dans les habitudes de l'animal, ni de ses sept camarades à trompe, de s'agiter si tôt le matin. Sélectionnés pour leur tempérament particulièrement flegmatique, ces éléphants passent en général leurs journées à promener avec placidité des touristes grimpés sur leur dos.

Dehors, les trois collègues du jeune homme sont déjà debout et s'efforcent de calmer les bêtes quand un minibus pénètre dans le camp : les premiers Japonais de la journée débarquent. Une famille de cinq personnes qui, éberluées, sortent du véhicule, bobs sur la tête et caméras en sautoir. Quatre pachydermes viennent de briser leurs liens et, tournant le dos à la mer, s'enfuient dans un nuage de poussière vers les collines proches en agitant leurs oreilles. Les autres s'efforcent d'en faire autant.

Les cornacs sont jeunes, mais expérimentés. Une véritable complicité les lie aux animaux dont ils s'occupent à longueur de journée. Ils ont déjà compris qu'un drame se prépare et, voyant les regards terrorisés que les quatre éléphants encore entravés jettent vers la mer, ils les libèrent de leurs chaînes puis s'empressent d'entasser tout le monde dans le minibus qui démarre en trombe pour s'éloigner du rivage.

Banyat, debout à l'avant du bus et agrippé aux poignées qui pendent du plafond, jette un regard inquiet vers le ciel et remarque que les oiseaux aussi volent vers les collines… Il se retourne alors et voit, au loin, la première vague balayer la plage, coucher les arbres, renverser un poids lourd et emporter vers la mer quelques malheureux qui tentent vainement de résister en s'accrochant aux buissons. C'est à ce moment précis qu'il comprend que Thongdaeng, son éléphant, lui a sauvé la vie ainsi que celle des huit autres personnes qui s'entassent dans le petit véhicule fuyant vers les hauteurs…

Ce 26 décembre, le raz-de-marée va frapper l'Indonésie et le Sri Lanka ainsi que le sud de l'Inde et de la Thaïlande. Dans l'île touristique de Phuket, Khao Lak a été l'une des localités les plus touchées : les vagues ont pénétré jusqu'à 2 km à l'intérieur des terres et ont détruit les établissements hôteliers sur une vingtaine de kilomètres le long des côtes.

Le bilan est catastrophique : plus de 230 000 victimes. Le tsunami aurait pourtant pu être annoncé et l'alerte donnée si un réseau de surveillance approprié avait alors existé.

Au Sri Lanka aussi, on aurait pu sauver des vies en observant les animaux. Le directeur adjoint du ministère de l'Environnement srilankais l'a constaté devant la presse : dans le Parc national de Yala, la plus grande réserve naturelle de l'île, les vagues géantes ont tout recouvert, jusqu'à 3 km à l'intérieur des terres.

L'endroit abritait des centaines d'éléphants et de léopards. Or, aucun d'entre eux n'est mort alors que des dizaines de milliers d'hommes ont été surpris par le raz-de-marée.

L'avis du véto

Il est reconnu aujourd'hui que les animaux sont capables d'anticiper une catastrophe naturelle comme un tremblement de terre ou un tsunami. Certains leur prêtent un sixième sens, des pouvoirs supranaturels... Que de fantasmes alors qu'il serait plus simple – et plus raisonné – d'admettre que nos amies les bêtes sont tout simplement différentes : elles bénéficient d'un spectre de perception et d'un niveau de vigilance beaucoup plus élevés que nous, pauvres humains, qui malgré toutes nos machines de pointe, avons encore du mal à prévoir le pire.

Les éléphants entendent avec leurs pieds

L'éléphant partage avec la girafe, le rhinocéros, l'hippopotame, les baleines et certains poissons, la faculté d'émettre et de percevoir des infrasons. Les reptiles comme les serpents et les crocodiles peuvent, eux, les capter. Qu'est ce qu'un infrason ? C'est un son très grave que l'oreille humaine ne perçoit pas. Nous entendons les sons dont la fréquence est comprise entre 20 et 20000 hertz. En dessous de 20 hertz, on parle d'infrasons et au-dessus de 20000 hertz, d'ultrasons (utilisés par exemple par les dauphins et les chauves-souris). Les infrasons ont l'avantage sur les autres sons de pouvoir se transmettre sur de grandes distances – sur terre ou dans l'eau – et d'être moins affectés par la présence d'obstacles. L'éléphant, qui émet deux fois plus de sons en infra qu'en audible (pour nous) peut « converser » – sans fils ni réseau ! – avec des congénères se trouvant de 4 à 10 km de lui. D'un point de vue physiologique, son oreille serait sensible aux sons de très basse fréquence. Partie importante du répertoire vocal des pachydermes, les infrasons seraient probablement produits, comme le barrissement, dans les fosses nasales et la trompe. Récemment, des études ont montré que les éléphants pouvaient aussi communiquer avec... les pieds ! Ils seraient capables de capter les vibrations transmises, si infimes soient-elles, par les pas de leurs congénères. Cet « appel du pied » est par exemple utilisé pour prévenir une harde au loin d'un danger. Ceux qui ont côtoyé un éléphant savent que sa marche est étonnamment silencieuse pour un animal de son gabarit. Sous sa patte se trouve un épais coussin élastique fait de fibres tendineuses et de graisse, qui absorbe les chocs (comme les coussinets du chat). Et qui est particulièrement sensible aux vibrations du sol, même infrasonores. Des chercheurs ont démontré que les éléphants parvenaient à faire la distinction, à des kilomètres, entre les appels podaux amicaux venus de hardes familières et ceux provenant de congénères étrangers.

Une vague d'alertes

Les tremblements de terre, éruptions volcaniques, tonnerres, avalanches, ouragans, et plus généralement tout phénomène qui provoque de brutales variations de pression sont des sources naturelles d'infrasons. Le raz-de-marée appelé tsunami fait suite à un tremblement de terre (comme en décembre 2004), une éruption volcanique ou un glissement de terrain sous-marins, tous responsables d'ondes sismiques et de mouvements marins de forte amplitude. Il s'accompagne d'infrasons, de vibrations telluriques et d'émissions de gaz. Les premières ondes sismiques qui « annoncent » la catastrophe sont de fréquence si faible qu'elles ne peuvent être ressenties par les humains. Contrairement à beaucoup d'animaux qui peuvent s'enfuir avant l'arrivée de la vague meurtrière.

Revenons à nos éléphants : il ne fait aucun doute qu'ils ont anticipé l'arrivée du tsunami. Plusieurs hypothèses sont plausibles : ils ont entendu des bruits de basse fréquence inaudibles pour l'homme, leurs pieds ont capté une « signature au sol » de la vague ; ils ont senti des gaz suspects grâce à une olfaction particulièrement développée. Ils ont sûrement aussi été alertés par le comportement brusquement anormal de la faune environnante. Ou ont reçu des appels infrasonores de leurs congénères paniqués. On peut imaginer que c'est la conjugaison de plusieurs de ces informations, voire de toutes, qui a conduit les éléphants à réagir de manière si spectaculaire.

Pas un sixième sens mais d'autres sens

Les éléphants ne sont pas les seuls animaux à avoir échappé à la mort lors du tsunami d'Asie du Sud. Ne parlons pas de « sixième sens » mais plutôt de capacités sensorielles, d'aptitudes de perception que nous n'avons pas ou plus, tout simplement. Car nombreux sont les animaux qui peuvent percevoir et décrypter les vibrations infimes du sol, tels le lapin ou le serpent qui nous « sentent » arriver. Les oiseaux ont un odorat développé et captent les changements gazeux dans l'atmosphère. Les abeilles, les oiseaux migrateurs, les baleines perçoivent les variations du champ magnétique terrestre. D'autres sont sensibles aux fluctuations du taux d'humidité, aux champs électriques. Les moustaches du chat ou du rat, aussi appelées vibrisses, sont des antennes sensibles aux gradients de chaleur, aux turbulences, aux vibrations les plus minimes... Détenteurs d'une palette sensorielle nettement plus développée que chez l'homme, les animaux se montrent en outre beaucoup plus vigilants que nous, car davantage à l'écoute de la nature qui les entoure. Proie ou prédateur, parfois les deux, les animaux s'observent les uns les autres. Tous analysent continuellement leur environnement et sont instinctivement sur le qui-vive, prêts à fuir au moindre changement inhabituel : odeur, secousse ou bruit suspects, oiseaux qui crient ou au contraire se taisent, bêtes qui se déplacent brusquement... Dans les régions dévastées par le tsunami de décembre 2004, des hommes, souvent proches de la nature comme les pêcheurs, doivent leur salut à leur don d'observateur : peu avant le raz-de-marée, ils ont perçu certains signes d'une catastrophe imminente – mer anormale, nervosité chez les animaux, silence des oiseaux –, et ont pu se réfugier dans les terres à temps. Ne dit-on pas « qui n'observe rien, n'apprend rien » ? Et nous avons encore beaucoup de choses à apprendre des animaux...

Pour en savoir plus

• *Des animaux « sentinelles »*
Beaucoup d'animaux anticipent les catastrophes naturelles comme les tremblements de terre, les éruptions volcaniques, les ouragans. D'autres sont les premiers touchés par la pollution et les bouleversements écologiques. On les appelle les « animaux sentinelles » puisqu'ils nous informent des dangers qui menacent notre planète. Aujourd'hui, de plus en plus de scientifiques et de laboratoires utilisent ces animaux comme auxiliaires à leurs recherches. En effet, l'observation de leur comportement et de leur état de santé donne parfois beaucoup plus de renseignements que des appareils de mesure sophistiqués, et de manière plus précoce. Par exemple, de grandes villes américaines utilisent des perches, poissons très sensibles aux toxines, pour garantir la qualité de leur eau potable et se protéger contre une éventuelle attaque chimique. En Chine, un centre de sismologie dans la région de Guangxi a décidé de se servir de serpents comme « sonnette d'alarme ». Selon les chercheurs de ce centre, les serpents pourraient sentir une secousse à 120 km de distance et ce 3 à 4 jours à l'avance ! Le comportement de serpents élevés dans un local spécial est observé 24 heures/24 grâce à des caméras reliées au réseau Internet. S'ils sortent de leur nid, il faut se méfier. S'ils se jettent sur les parois du terrarium, tous aux abris !

• *Lire les lignes du pied*
Semblables aux empreintes digitales de l'homme, les empreintes de pas d'un éléphant sont uniques et individuelles. La forme de l'empreinte, la taille, le réseau de stries et de bosses de la sole plantaire, donnent des informations sur le sexe et l'âge de l'animal. Les mâles ont des empreintes ovales, les femelles, plus arrondies.

Les pieds arrière de l'éléphante se posent précisément dans les traces des pieds avant. Les mâles eux posent leurs pieds arrière à côté de ces marques. Les jeunes ont des « rides » bien marquées alors que les seniors ont des « rides » plus lisses et des talons usés. Jusqu'à l'âge de 20 ans, la longueur des empreintes est proportionnelle à la taille du pachyderme.

• *Pourquoi l'éléphant secoue-t-il ses oreilles régulièrement?*
Ses oreilles lui servent de climatiseur: il les secoue pour se rafraîchir! Plus la température grimpe et plus il les agite comme des éventails. Quand le vent souffle, il se met de face, les oreilles bien déployées, pour s'aérer. C'est nécessaire car il ne transpire pas. Les pavillons auriculaires sont irrigués par un faisceau très dense de vaisseaux sanguins superficiels qui permettent les échanges thermiques. Ils jouent un rôle dans la dissipation de l'excédent de chaleur corporelle.

• *L'animal de tous les records*
L'éléphant est le recordman… des records. L'éléphant d'Afrique – celui aux grandes oreilles – est le plus gros animal terrestre: une taille de 3,5 m en moyenne et un poids de 4 à 6 tonnes soit autant que 80 personnes adultes! Le mâle peut être deux fois plus gros que la femelle. Il possède les plus grandes oreilles au monde, les pavillons auriculaires pouvant atteindre 1,80 m d'envergure, et le plus grand nez, jusqu'à 2,10 m de long. Il est le seul animal sur terre à posséder quatre genoux. Enfin, il présente la plus longue durée de gestation: 660 jours soit 22 mois, presque 2 ans!

• *Une mémoire d'éléphant*
L'éléphant semble bien doté d'une mémoire exceptionnelle: les cornacs témoignent qu'il peut établir des liens d'affection durables avec des humains qu'il a côtoyés pendant son enfance. Il

n'oublie jamais ses premiers maîtres. A contrario, tous ceux qui lui ont fait du mal resteraient gravés à jamais dans sa mémoire et des histoires de vengeance plusieurs années après les faits, vraies ou fausses, ne manquent pas. Le pachyderme se souviendrait précisément des pistes préalablement empruntées pour chercher de la nourriture. Pour lui, pas besoin de carte ni de GPS.

Sauvés
à coups de griffes

Poil court, robe tigrée caramel, tête ronde avec un museau pointu et de grands yeux mordorés, Timmy est ce qu'on appelle une chatte de gouttière… civilisée.

D'un naturel plutôt pantouflard, elle a de brefs moments d'extrême excitation quand elle joue mais, son énergie, elle la dépense surtout à la chasse. Une activité qu'elle adore et à laquelle elle s'adonne le soir venu dans les champs qui entourent la douillette maison des MacMurray, posée en pleine campagne avec vue sur le mont Pyramid, à quelques kilomètres au sud de Cairns, dans le Queensland.

À son tableau de chasse : quelques petits lézards et deux ou trois souris. Quand le quorum est atteint, il est à peu près 2 heures du matin. Elle est lasse et c'est avec empressement qu'elle regagne le coussin qui lui est réservé, près de la porte de la chambre des parents MacMurray.

Dans 4 heures, le soleil va se lever, la maison va s'animer et chacun reprendra ses activités… Pour Timmy, l'essentiel de la journée consistera à se déplacer de point d'ombre en point d'ombre, histoire d'échapper le plus possible à la chaleur tropicale qui règne au mois de décembre dans cette région d'Australie.

Mais ce n'est pas le soleil qui réveille Timmy ce matin-là ; d'ailleurs il fait encore nuit. C'est une odeur âcre de fumée. Le feu, il y a le feu dans la maison.

Timmy se redresse et saute de son coussin. Son premier réflexe est la fuite… mais, dieu sait ce qui la pousse à tourner le dos à la chatière qui n'est qu'à quelques mètres, à se glisser dans la chambre et à se jeter sur le lit, justement là d'où vient la fumée. Le matelas est en feu.

Normalement, ce genre d'arrivée brutale et matinale réveille ses maîtres à coup sûr. Mais là, rien à faire. Ils ne réagissent pas. La fumée s'est accumulée dans la pièce et l'atmosphère sera bientôt irrespirable.

Jouant le tout pour le tout, Timmy plante ses griffes dans le visage de l'homme et se met à lui labourer les joues et le front de plus en plus fort. Un traitement de choc qui a le mérite de le réveiller. Après avoir écarté Timmy d'un revers de bras, il reprend ses esprits, secoue sa femme qui se réveille à son tour et grimpe à l'étage alerter les enfants tandis que Mme MacMurray compose le 000, le numéro des urgences en Australie.

Quelques minutes plus tard, alors que les MacMurray attendent devant la maison en flammes, les pompiers arrivent.

« Le feu a pris à cause d'une cigarette mal éteinte, déclare le lendemain le porte-parole des pompiers de Cairns sur ABC-News. Les dégâts sont considérables, mais cela aurait pu être tragique et la chatte a été la meilleure des alarmes antifumées. Elle a sauvé toute la famille car tout le monde commençait à être intoxiqué et personne ne se serait réveillé. »

Pendant quelques semaines, M. MacMurray a conservé ostensiblement sur le visage la marque des griffes de Timmy. « Ce sont des marques d'amour », expliquait-il alors à ceux qui s'inquiétaient. Et devant l'air ébahi de ses interlocuteurs, il ajoutait : « Elles nous ont sauvé la vie, à moi et à tous les miens. »

L'avis du véto

La plupart des feux meurtriers dans les habitations ont lieu la nuit. L'inhalation de fumées toxiques est la première cause de mortalité et les victimes périssent dans leur sommeil, asphyxiées par ces fumées... Or, les témoignages le prouvent : les animaux de la maison, eux, ont fui ou tenté de fuir dès les premières flammes. Ont-ils un sommeil moins profond que le nôtre ? De toute évidence. Les chiens et surtout les chats ont, même la nuit, un état de vigilance supérieur avec des sens bien aiguisés. Ils ne dorment que d'une oreille.

Des sens en éveil

Nos compagnons à quatre pattes évoluent dans un univers où tous les sens sont sollicités. À la fois prédateur et proie, le chat est très sensible au moindre changement dans son environnement. Son nez possède 4 fois plus de cellules olfactives que celui de l'homme (le chien 50 fois plus). Il peut donc repérer une fumée suspecte bien avant nous et bien avant d'être intoxiqué. Même s'il ne distingue que certaines couleurs (il ne perçoit pas le rouge par exemple), il voit aussi bien le jour que la nuit et a une excellente perception des mouvements au loin : la fumée qui commençait à s'échapper de la chambre de ses maîtres, n'a pas échappé à l'œil averti de Timmy. Autre singularité, les félins ont une perception plus élevée des sons que l'être humain (jusqu'à 65 000 hertz alors que notre seuil d'audition est à 20 000 hertz) : ils peuvent sûrement entendre le crépitement des flammes à l'autre bout de la maison comme ils entendent très bien les « papotages » des souris au fond d'un grenier. *Last but not least*[3], le chat possède des capteurs sensoriels ultrasensibles aux vibrations les plus infimes, aux changements de pression atmosphérique, aux turbulences et aux gradients de chaleur. Cet organe ultra-sophistiqué n'est autre que sa moustache. Ou plutôt ses vibrisses, ces longs poils sensibles présents sur ses lèvres supérieures mais aussi sur ses

---

3. Enfin et surtout.

joues, ses arcades sourcilières et sur l'arrière de ses pattes avant. Elles sont une source d'informations tactiles et environnementales indispensables à l'animal. Elles lui permettent notamment de se diriger la nuit, de localiser une souris ou le radiateur le plus proche. Elles « sentent » arriver la pluie, l'orage mais aussi un tremblement de terre. De toute évidence elles n'ont aucun problème pour capter une source de chaleur inhabituelle comme un matelas qui commence à prendre feu.

Sommeil léger

Le chat est un des plus gros dormeurs que connaisse le règne animal (12 à 17 heures de sommeil par 24 heures tout de même !) et, paradoxalement, il est incapable de dormir profondément 8 heures d'affilée. Il serait plutôt un adepte des siestes multiples, un cycle de sommeil durant environ 30 minutes chez cette espèce. Si bien qu'instinctivement, jour et nuit, sommeil ou pas, son corps est aux aguets à la fois pour savoir si un rongeur n'a pas la bonne idée de s'aventurer dans les parages, et surtout pour détecter un éventuel danger. On comprend pourquoi Timmy a été alertée dès les premières fumées de l'incendie alors que toute la maison était plongée dans un sommeil profond. Le chat est, avec le chien, le meilleur détecteur d'incendie, de fuite de gaz ou de cambrioleurs jamais inventé !

Mon chat, ce héros

Chaque année, l'Académie vétérinaire du Québec intronise des animaux de compagnie qui se sont distingués par leur bravoure. Et dans neuf cas sur dix, il s'agit de vies humaines sauvées lors d'un incendie. Il existerait des centaines d'histoires vraies de chats, de chiens ou d'autres animaux (*voir aussi* Un lapin pompier, p. 36) qui se sont illustrés ainsi. Pour les éthologues, le comportement solidaire du chien envers l'homme s'explique par sa nature d'animal de meute : pour préserver la cohésion sociale d'un groupe (sa famille), la hiérarchie et la solidarité sont fondamentales. Le chien a de ce fait un instinct protecteur envers les membres de sa « meute » et envers le territoire, la maison. Quand il sent un danger, il alerte les siens et en particulier son chef de meute, son maître. Soit. Mais qu'en est-il du chat ? Car si le chien aime vivre en monarchie, le chat aurait plutôt un fonctionnement anarchiste. On le dit indépendant, il serait plutôt du genre solitaire. Pas de meute, pas de hiérarchie, ses relations aux hommes ne se basent pas sur le concept dominant-dominé. Il serait pour certains auteurs un opportuniste : il vivrait à nos côtés pour la gamelle, les câlins et le confort… Le chat, un animal intéressé ? Mais comment expliquer alors que Timmy ait préféré réveiller à tout prix son propriétaire au risque d'être brûlée plutôt que de s'enfuir par la chatière ? Tout n'est pas si simple et le chat n'est pas l'animal que l'on croit.

Spliffou, pas si fou

Une de mes amies, Marina, doit elle aussi la vie à son chat Spliffou, un gouttière gris et blanc. Étudiante, elle habitait seule avec son animal dans une chambre de bonne sous les combles. Un soir, elle fut prise d'un malaise et perdit connaissance. Son chat sortit alors par la fenêtre entrouverte et longea la gouttière pour atteindre la fenêtre du voisin de palier. Selon le témoignage de ce dernier, le félin miaulait avec insistance tout en grattant la vitre, chose qu'il n'avait jamais faite auparavant. Intrigué, le voisin le fit entrer et voulut le rendre à Marina. Celle-ci ne répondant pas, il appela les secours. Marina se réveilla aux urgences : elle souffrait d'un ulcère perforant à l'estomac, quelques minutes de plus et elle décédait…

Spliffou a bien compris que sa maîtresse était anormalement inconsciente. Il a « senti » un danger et, comme elle ne se réveillait pas, il est parti chercher de l'aide. Peut-on l'expliquer ? Certains éthologues avancent que le chat élevé par l'homme est un animal infantilisé, resté bébé dans sa tête et ses comportements. En témoigne la persistance, adulte, de comportements de chaton comme le ronronnement ou le pétrissage. Le lien qui l'attache à l'homme serait équivalent à celui, fort, qui existe entre le chaton et sa mère. Et quand un chaton a peur, il appelle sa mère. Si celle-ci est introuvable ou inanimée, il miaule et recherche un congénère pour se rassurer. Si on considère ce point de vue, Timmy, l'héroïne de notre histoire, aurait eu l'attitude d'un chaton paniqué qui demande du secours à ses « parents d'adoption », les MacMurray. Et Spliffou, celui d'un chaton en détresse recherchant une présence humaine. Je ne doute pas un seul instant que le chat puisse développer des liens affectifs forts avec une personne (et pas forcément celle qui lui prépare sa gamelle !). Qu'ils soient de type amical ou maternel, peu importe après tout : ils vont de pair avec l'entraide, comme nous le montrent Timmy et Spliffou, et c'est ce qui est le plus formidable. Cet animal réputé solitaire et indépendant, peu enclin aux démonstrations d'affection comme peut l'être un chien, a toujours dérouté l'homme. Par ces actes de bravoure, il nous montre qu'il est beaucoup plus proche de lui qu'on ne le pense et beaucoup plus complexe. Je dirais même que l'attachement indéfectible qu'il nous porte – ou plus précisément qu'il a choisi de nous porter –, est un privilège qu'on ne doit pas ignorer.

Pour en savoir plus

• *Un lapin pompier*
Les chats et les chiens ne sont pas les seuls à avoir des comportements troublants. En témoigne l'histoire qui est arrivée en mars 2009 à monsieur et madame Taylor, résidant dans la ville britannique de Thatcham. Une nuit, une fuite de gaz s'est déclarée dans la cuisine, pièce où se trouvait leur lapin nain âgé de 2 ans. L'animal avait bien senti le danger mais comment crier « à l'aide » quand on ne sait ni aboyer, ni miauler ? Ni une, ni deux, notre boule de poils a bondi sur la poignée pour ouvrir la porte de la cuisine et est parti gratter avec insistance celle de la chambre. Ses maîtres, réveillés par le bruit de la petite bête aphone, sont intervenus avant le drame. Mais le plus incroyable dans l'histoire n'est pas uniquement l'instinct de secouriste du

petit lapin : comment a-t-il réussi à sauter à plus d'un mètre de hauteur ? Et comment a-t-il eu la présence d'esprit d'associer la poignée à l'ouverture de la porte, et l'ouverture de la porte à la fuite loin du danger ? Même les lapins n'ont pas fini de nous étonner.

• *Une audition au poil!*
Savez-vous pourquoi les tempes des chats sont très peu poilues ? Vous avez sans doute remarqué cette zone plus ou moins glabre formant un triangle partant du coin externe de l'œil et allant jusqu'à l'entrée des pavillons auriculaires. Ce triangle est particulièrement visible chez les félins à pelage noir. L'absence de pelage (donc d'obstacles) permet une meilleure transmission du son vers le pavillon, facilite donc l'audition et la localisation d'une source sonore d'une manière très précise.

S.O.S., un chien
au téléphone !

Aujourd'hui, Belle prend l'avion pour Washington. On l'attend, là-bas, pour lui remettre une médaille car elle a sauvé une vie : aux États-Unis, la célébration des héros est un des rituels fondateurs de la nation ! Sauf que l'héroïne, aujourd'hui, n'a que 3 ans. C'est une mignonne petite bâtarde avec de forts antécédents beagle et si elle vient de s'envoler pour la capitale, ce n'est pas dans la soute à bagages, comme ses congénères, mais bien en première classe, s'il vous plaît !

Ce matin-là, alors qu'il s'apprêtait à sortir, Kevin Weaver, 34 ans, ne se sentit pas très en forme. Le réveil avait été pénible. Se relever pour seulement s'asseoir sur le bord de son lit lui avait demandé un effort inhabituel. Belle, le beagle de 3 ans qui dormait à ses pieds, avait alors relevé la tête, avait gémi et lui avait donné un léger coup de patte pour l'encourager. Même une douche intensive ne l'avait pas sorti de son engourdissement.

Tandis qu'il enfile pantalon et chemise en tentant de s'extraire de cette brume tenace, Belle s'agite. Elle lui semble plus excitée que d'habitude et lui lèche frénétiquement les mains en **gé**missant. Assurément, elle veut sortir. Un peu d'exercice ne pourra que leur faire du bien, à l'un comme à l'autre.

Soudain, Kevin sent ses genoux fléchir. Il tente de s'accrocher à une chaise mais s'effondre sur le sol de la cuisine tout en restant semi-conscient. Comme plus de 20 millions de ses compatriotes, Kevin est diabétique. En une quinzaine d'années, le diabète est devenu une véritable pandémie, même si l'on en parle peu. Elle s'étend dans le monde entier, et en particulier aux États-Unis où l'on diagnostique plus de 1 500 nouveaux cas par jour.

Allongé, incapable du moindre mouvement, Kevin a compris. Il sait que s'il ne trouve pas le moyen de réagir et de se relever pour se faire une piqûre, il va peu à peu s'endormir pour ne plus se réveiller.

Belle se précipite sur son maître immobile. Elle aussi a compris ce qui se passe et sait ce qu'elle doit faire. Avec son museau, elle écarte le blouson que son maître vient d'enfiler et saisit dans sa gueule le téléphone portable qu'il conserve en permanence dans la poche de sa chemise. Elle pose l'appareil sur le sol, appuie sa truffe sur le 9 puis se met à japper.

Au bout du fil, un permanent des urgences de l'hôpital décroche. Tout ce qu'il entend, ce sont les aboiements de Belle mais, sur son ordinateur, le dossier médical de Kevin vient d'apparaître. Le jeune homme sait qu'il s'agit d'un coma diabétique et qu'il est urgent d'intervenir. Quelques minutes plus tard, le médecin est sur les lieux…

Dans l'ambulance qui le conduit à l'hôpital, Kevin sort lentement de son coma, faible et encore désorienté. Belle, que les infirmiers ont exceptionnellement prise dans l'ambulance, est à ses côtés. Kevin avait acheté Belle deux ans plus tôt, pour lui tenir compagnie. Mais quand il avait entendu parler d'une association basée à Atlanta en Georgie, spécialisée dans le dressage des chiens pour diabétiques, il avait décidé de lui faire suivre ce programme. En quelques mois, Belle avait appris à évaluer le niveau de sucre dans le sang de son maître et surtout à appeler les urgences à temps en cas de problème.

Tandis qu'à Washington Belle est fêtée et reçoit *The VITA Wireless Samaritan Award,* un prix qui vise à promouvoir le rôle des téléphones portables dans les situations d'urgence, Kevin

Weaver rend hommage à sa chienne : « Si Belle n'avait pas été avec moi ce matin-là, je ne serais pas là aujourd'hui. Mais, plus que mon sauveur, c'est ma meilleure amie. »

L'avis du véto

L'idée d'utiliser des animaux comme « alarme » auprès de personnes diabétiques est née tout naturellement de l'observation de chiens de compagnie au comportement inhabituel à l'instant où leur maître traversait une crise d'hypoglycémie. Rappelons que le diabète est une maladie caractérisée par un taux de sucre (ou glycémie) anormalement élevé dans le sang. Elle est provoquée par un déficit ou un mauvais fonctionnement de l'hormone pancréatique, l'insuline, dont le rôle est d'abaisser ce taux. Même traité à l'insuline, un diabétique n'est jamais à l'abri d'un épisode d'hypoglycémie ou a contrario d'hyperglycémie, des états qui, non détectés à temps, peuvent entraîner une perte de conscience et un coma. Et c'est là que le meilleur ami de l'homme peut intervenir.

Candy, Susie et Natt, sont les noms des chiens dont l'histoire, rapportée en 2000 dans le sérieux British Medical Journal, a ouvert les yeux de la communauté scientifique sur les capacités canines à détecter des variations dangereuses de glycémie chez l'homme. D'après le journal, chacun de ces chiens a une maîtresse souffrant de diabète et traitée par insuline. Tous les trois sont perturbés quand ils « sentent » arriver un malaise hypoglycémique chez elle, c'est-à-dire bien avant qu'elle ne ressente quoi que ce soit. Candy, une chienne berger de 9 ans, va se cacher sous un meuble et n'en ressort que lorsque sa maîtresse a pris du sucre. Susie, 7 ans, un corniaud, s'agite, aboie, réveille sa propriétaire la nuit et attend que celle-ci se soit alimentée pour aller se recoucher. Enfin, Natt, un golden retriever de 3 ans, fait les cent pas et pose sa tête sur les genoux de sa maîtresse en la regardant avec insistance. À chaque fois, un autocontrôle glycémique par un test confirme une chute dangereuse de sucre dans le sang.

Chiens d'assistance médicale

De ces cas et de bien d'autres encore, a germé l'idée de former des chiens d'assistance médicale pour diabétiques. Ainsi, ces dernières années, au Québec et aux États-Unis, des écoles de chiens d'assistance (pour aveugles, handicapés, etc.) entraînent aussi des beagles ou des cockers anglais à reconnaître les signes annonciateurs d'hypo- ou d'hyperglycémie chez une personne diabétique et à agir en conséquence. Les chiens détecteurs apprennent à venir « sentir » régulièrement leur maître de jour comme de nuit. Ils adoptent alors un rituel d'approche comme tourner sur eux-mêmes avant de sauter sur ses genoux. Quand ils repèrent une anomalie, ils la signifient soit en léchant sans relâche leur maître, soit en gémissant et en donnant des coups de patte jusqu'à ce que ce dernier vérifie son taux de sucre à l'aide d'un glucomètre. En cas d'urgence (un malaise, une personne qui ne se réveille pas), ils sont entraînés pour avertir l'entourage ou bien, comme dans le cas de Belle, pour actionner une touche sur un téléphone, reliée directement à un service de secours. Le dressage dure au minimum 18 mois. Contrairement aux futurs chiens guides d'aveugles qui ne suivent l'entraînement spécifique à leur mission qu'à l'âge d'un an, le chiot détecteur est mis en contact très tôt avec un patient diabétique afin de se sensibiliser rapidement aux variations de glycémie liées à la maladie. Le coût de la formation d'un chien d'assistance médicale est évalué à plus de 15 000 dollars...

Le nez est-il un glucomètre ?

Au cours de cette formation, les éducateurs partent du postulat que le chien détecte les variations brusques de glycémie grâce à un odorat qui perçoit des modifications significatives de l'haleine ou de l'odeur corporelle. Ils apprennent ainsi à leurs élèves à quatre pattes à venir régulièrement renifler le visage de la personne diabétique voire à lui lécher le bout du nez pour mieux capter les molécules odorantes. Qu'en est-il réellement ? On sait que l'hyperglycémie (taux élevé de sucre dans le sang) induit chez le diabétique la production de corps cétoniques volatiles qui se retrouvent dans le sang, l'haleine (avec une odeur typique de « pomme verte »), la sueur (sécrétée en excès), le sébum sur la peau, le mucus des voies nasales, l'urine... Ces molécules sont en théorie détectables même en faible quantité par la truffe d'un chien, mais rien ne prouve qu'elles constituent des indicateurs d'alerte pour ce dernier. Lors d'hypoglycémie (taux bas de sucre dans le sang), l'organisme réagit par la production d'hormones « de stress » (adrénaline, cortisol, glucagon) : est-ce que le chien capte dans l'odeur corporelle et l'haleine ces bouleversements hormonaux ? Ceci est fort probable même si aucune étude à ce sujet n'est venue le confirmer. Il est également probable que le chien soit sensible à d'autres signes accompagnant un état d'hypoglycémie comme des palpitations, des sueurs, un tremblement, une pâleur, une fatigue, une nervosité, des hésitations... Des signes si discrets au début que la personne elle-même et son entourage n'y prêtent pas attention mais qui n'échappent pas à la vigilance du chien assistant médical.

Pour en savoir plus

• *Ces odeurs qui nous trahissent*
Savez-vous que chaque individu est caractérisé par une odeur propre, aussi unique qu'une empreinte digitale ? C'est d'abord par l'odeur que le chien identifie son maître, ses congénères ou le chat de la famille. L'odeur propre est en fait une combinaison de différents effluves cutanés liés en grande partie au fonctionnement des glandes sudoripares (qui produisent la sueur) et des glandes sébacées (qui sécrètent le sébum). Elle dépend de l'âge, du sexe, de l'origine ethnique, et varie sensiblement selon l'équilibre hormonal, les émotions et l'état de santé... Des variations perceptibles par le nez d'un chien. Ainsi ce dernier « sent » votre colère comme votre tristesse. Il sait, avant tout le monde, qu'une femme attend un heureux événement ou qu'un garçon va devenir pubère. Il détecte les modifications olfactives dues à un état pathologique, une fièvre,

une infection et même un cancer (*voir aussi* Le diagnostic de Ringo, *p. 114).* Difficile de lui jouer la comédie!

• *Une attention innée*

Tous les propriétaires de chiens savent combien leur animal épie leurs faits et gestes et est perméable à leurs émotions et intentions. Des scientifiques viennent de prouver que l'extrême attention que les chiens nous portent est inscrite dans leurs gènes, qu'elle a favorisé leur domestication et la communication entre les deux espèces. Ainsi, le chien est capable de tenir compte des indications corporelles données par l'homme (regard, mouvement de tête, doigt tendu) pour résoudre un problème (trouver une friandise dans un récipient hermétique, par exemple). Et ce, quels que soient son âge, son éducation et son niveau de familiarisation à l'homme. Le loup ou le chimpanzé, même élevés par l'homme, en sont incapables. Cette aptitude naturelle à observer l'homme est bien entendu mise à profit pour la formation de chiens d'assistance.

• *Des chiens au secours des épileptiques*

En Grande-Bretagne, un centre de dressage canin s'est spécialisé dans la formation de chiens d'assistance pour épileptiques. Ces chiens apprennent à reconnaître et repérer chez l'homme les plus infimes changements, annonciateurs d'une crise d'épilepsie, comme une dilatation des pupilles, un tressaillement des doigts, une expression du visage et sûrement d'autres caractéristiques physiques ou chimiques. Ces signes seraient perceptibles par un chien 20 à 40 minutes avant la crise, ce qui laisse le temps à la personne de prendre ses dispositions comme s'administrer un médicament, arrêter une activité dangereuse ou tout simplement s'asseoir. L'animal donne l'alerte en s'agitant et en aboyant. Il est alors récompensé par des caresses et des friandises.

Le gentil géant
au dos d'argent

Joliment surnommé l'« Arche de Jersey », le zoo de l'île anglo-normande est réputé pour ses programmes pilotes en matière de reproduction d'espèces animales menacées d'extinction. Il est le siège social de l'association *Durrell Wildlife Conservation Trust*, du nom de son fondateur, Gerald Durrell, et s'est fait une spécialité : héberger des groupes d'animaux, des familles et non des spécimens uniques, dans un cadre naturel fidèlement reconstitué.

N'Pongo, Jambo... Pour toute une génération de Jersiais (les habitants de l'île de Jersey), ces noms sont aussi familiers que ceux de leurs propres familles. Parce que ceux qui les ont portés ont été, il y a plus de vingt ans, les héros d'une aventure qui non seulement émut l'opinion, mais aussi changea la perception qu'elle avait des gorilles, réputés jusqu'alors dangereux, féroces et agressifs.

C'est en novembre 1959, quelques mois seulement après l'ouverture du zoo, que N'Pongo, gorille femelle des plaines occidentales, est arrivée. C'était une femelle âgée de deux ans. Dans les premiers temps, pour des raisons financières, le zoo ne put lui offrir un compagnon. On mit beaucoup d'espoir dans le gorille Nandi qui débarqua deux ans plus tard mais s'avéra être... une femelle, également !

Le zoo dut attendre 1971 pour qu'une aide de la fondation lui permette enfin d'acheter Jambo, un mâle né en Suisse dix ans plus tôt, qui avait une particularité : il était le premier mâle né en captivité et élevé par sa mère et non par des humains. Jambo s'est tout de suite très bien entendu avec N'Pongo, et Nandi et s'est avéré être un reproducteur prolifique.

Sa famille comptait sept membres en 1986, quand le drame eut lieu…

Il fait chaud en ce dimanche après-midi du mois d'août. Levan Merritt, un garçonnet de 5 ans est en vacances avec ses parents, Pauline et Steve, son frère Lloyd et sa sœur Stephanie. La famille vient de terminer son pique-nique à proximité de l'enclos des lémuriens. La foule des visiteurs commence à se diriger vers la maison des gorilles pour assister à l'une des attractions les plus appréciées, le repas, qui doit débuter à 14 heures. Les Merritt décident de suivre le mouvement.

Le *Gorilla Breeding Centre* a été inauguré le 30 mai 1981. Il se compose d'un enclos de 2000 m² et d'une maison (la *Gorilla House*) que les visiteurs peuvent traverser et qui abrite deux grandes cages refuges vitrées. L'extérieur est aménagé avec des monticules de terre et de sable, de grands troncs d'arbres, des filets, des cordes… L'herbe n'est jamais fauchée et le terrain est soigneusement aménagé pour fournir des zones variées et des cachettes où les animaux peuvent s'isoler. Un bassin et des chutes d'eau complètent le paysage. Toute la périphérie est en pente et entourée par un mur, formant ainsi une fosse bétonnée pour faciliter le drainage. Le centre de l'installation étant plus haut que le mur, la vue est remarquable et le public a l'impression d'observer des gorilles en liberté évoluant tranquillement sur une colline.

Levan, lui, a beau se tenir sur la pointe des pieds, le mur est encore trop haut pour lui. Cédant à sa demande, son père l'assied sur le mur. Une place de choix. Aussitôt, son frère s'estime défavorisé et, pour couper court à toute dispute, Steve lâche Levan pour installer Lloyd à côté de lui. Un moment d'inattention… et Levan bascule à l'intérieur de la fosse.

Quelques spectateurs ont tout vu, des cris fusent et un grand remue-ménage s'ensuit pour retenir Steve qui tente d'enjamber le mur et Pauline qui hurle et veut aussi sauter. Pour calmer et éloigner les parents, on leur assure que Levan est tombé dans l'herbe et que les gorilles sont retenus à distance. Mais ce n'est pas vrai. Le jeune garçon gît, quatre mètres plus bas sur le chemin de drainage en béton. Il est inanimé et du sang coule de sa tête. Il a dû se fracturer le crâne en tombant et nombreux sont ceux qui le croient mort.

Les gorilles sont assez loin mais Nandi s'approche prudemment suivie par Jambo qui s'empresse de la dépasser. Toute la famille gorille suit, curieuse. Trouvant que son fils Rafiki est trop près de l'enfant, Jambo s'interpose délibérément, retenant les autres gorilles par des mimiques semblant dire: « On ne touche pas! »

Puis il s'assoit près du garçonnet, pose une patte protectrice sur le corps inanimé et, regardant le public au-dessus de lui, semble le prendre à témoin et demander: « Mais qu'est-ce qu'il fait là? ».

Plus haut, il y a beaucoup de cris et d'agitation. Certains s'apprêtent à jeter des cailloux sur l'animal pour le forcer à s'éloigner mais un soigneur du zoo les en empêche. Une telle action ne peut que mal tourner. Une ambulance est bientôt sur les lieux.

C'est à ce moment que Levan se met à bouger et à pleurer. Immobile, il ne représentait pas un danger pour Jambo, mais s'il commence à s'agiter… « Ne bouge pas, reste tranquille! », hurle la foule.

Jambo, qui semble maîtriser la situation, fait un rapide tour pour rassembler sa troupe et la pousser vers la *Gorilla House*.

Mais, avant que la porte de la maison des gorilles ne soit refermée, Hobbit, un mâle de 7 ans, non apparenté à Jambo est ressorti. Il est très agité et ses manières inquiètent les gardiens, Andy et Gary, qui viennent de descendre dans l'enclos. L'un armé d'un bâton s'interpose, tandis que le soigneur qui a sauté près de Levan vérifie que l'enfant peut être transporté, sans perdre de vue Hobbit qui commence à jeter des pierres dans la direction des sauveteurs.

Une corde est jetée par-dessus le mur et le soigneur la noue sous ses bras. Il saisit Levan avec précaution et tous les deux sont hissés hors de l'enclos. La foule, soulagée, acclame les sauveteurs. Andy et Gary sont les derniers à quitter l'enclos tandis qu'Hobbit semble de plus en plus excité.

Levan est aussitôt transporté par avion à l'hôpital de Southampton, au sud de l'Angleterre, pour soigner ses blessures à la tête. Rien de cassé, contrairement à ce que l'on aurait pu craindre.

Pendant ce temps, Jambo est le héros du jour. Il a gagné son surnom de « Gentle Geant » à la une des journaux. Grâce à lui le jeune Levan est sauf et les gorilles ne sont plus regardés comme des King Kongs agressifs. Dès le lendemain, il reçoit des lettres de félicitations et des cartes de remerciements de la part de milliers d'admirateurs. Et même des demandes de photos dédicacées…

C'est arrivé il y a 23 ans. Les années ont passé. Jambo le héros est mort d'un accident cardio-vasculaire en 1992. Aujourd'hui, le zoo a ajouté des systèmes d'alarme et des barres de métal sur le sommet du mur des gorilles pour empêcher les enfants de s'y asseoir. Le parc et la fondation sont devenus un pôle incontournable dans la sauvegarde des espèces menacées, dans la recherche zoologique, dans l'éducation du public et dans la formation professionnelle des soigneurs que les parcs du monde entier s'arrachent.

Si vous visitez le Jersey Zoo, l'un des plus extraordinaires qui soit, ne manquez pas de vous arrêter devant la statue grandeur nature du « Gentil Géant ». Posé sur son promontoire, Jambo semble surveiller en permanence l'espace réservé à ses descendants et vérifier que Kwanza, l'impressionnant gorille à « dos argenté » qui lui a succédé en juin 1993, fait son travail de mâle dominant et tient bien ses troupes.

L'avis du véto

De nature très sociable, les gorilles vivent en groupes familiaux ou plutôt en harems, composés d'un mâle, de trois à quatre femelles et de leurs descendants. Quand ces derniers deviennent pubères (12 ou 13 ans pour les mâles, entre 8 et 10 ans pour les femelles), ils quittent généralement le groupe, ce qui évite les mariages consanguins. Comme quoi le tabou de l'inceste existe aussi chez les grands singes ! L'entrée dans la vie adulte se caractérise chez le gorille mâle par un pelage prenant une couleur grisonnante sur le dos, ce qui lui vaut le nom de « dos argenté ». Il peut alors peser jusqu'à 160 kg (soit deux fois le poids d'une femelle). À la différence d'autres primates grégaires comme les chimpanzés ou les macaques, il n'existe pas de véritable hiérarchie dans la société de gorilles : c'est le « dos argenté » qui assure la cohésion du groupe et chaque membre trouve un intérêt à rester à ses côtés. Il est à la fois le « guide », qui décide des pérégrinations de sa troupe dans la forêt, et le « garde du corps » qui assure une protection rapprochée des siens. Car même le plus gros des primates a des ennemis : quelques grands fauves et... des mâles célibataires qui, pour s'octroyer les femelles du harem, sont prêts à aller jusqu'à tuer leurs petits !

Tambouriner pour impressionner

Au zoo de Jersey, la foule craignait que Jambo, le « dos argenté » de la colonie, attaque le petit Levan comme l'aurait fait un tigre dans pareille situation. Pourtant les gorilles n'ont rien à voir avec l'image du mangeur d'hommes véhiculée par le célèbre King Kong. Ces colosses sont végétariens et se nourrissent de fruits et de feuillages. Ils comptent parmi les primates les plus pacifiques. Les combats au corps à corps entre gorilles sont exceptionnels. Face à un ennemi, de son espèce ou d'une autre, le « dos argenté » préfère jouer les gros durs plutôt que d'en venir aux mains et aux crocs : il fonce en « aboyant » puis se dresse et tambourine de ses deux poings sur sa poitrine, façon Tarzan. Le son est impressionnant : il est dû à la présence de « sacs vocaux » situés sous la poitrine, remplis d'air et jouant le rôle de caisses de résonance. Il peut aussi repousser l'intrus en lui lançant des branches, de la terre ou du gravier. Pour en revenir au petit Levan, Jambo sentait bien, comme tous les primates, qu'il s'agissait d'un enfant et non d'un adulte. Levan représentait donc un danger minime. Le « dos argenté » n'avait alors aucune raison de s'en prendre à lui. A contrario, dans l'excitation générale et avec l'impétuosité due à leur âge, les jeunes mâles du groupe comme Hobbit auraient réellement pu faire du mal au garçonnet : le risque était qu'ils le traînent et se le disputent comme un vulgaire jouet convoité et soutiré au patriarche.

Preuve d'empathie

Jambo a bien senti le danger pour l'enfant et l'a protégé. Comme il a toujours protégé les jeunes de son harem. Le « dos argenté » est connu pour être un vrai papa poule : il joue volontiers avec ses rejetons, participe à leur éducation, intervient si un jeu dégénère. Il s'oppose parfois à la mère s'il considère qu'elle est trop sévère avec son petit ! Les primatologues observent même que certains jeunes ont tendance à passer plus de temps avec les gros mâles qu'avec leur mère. Mieux, le mâle n'hésite pas à prendre sous son aile un jeune orphelin juste sevré : comme une mère, il l'élève, le toilette et accepte qu'il partage sa couche. Une attitude paternelle qui montre que ces grands singes peuvent faire preuve de cette faculté que l'on ne croyait qu'humaine, l'empathie. Ils sont sensibles au sort d'autrui, qu'il soit un congénère ou, comme dans le cas de Jambo, un individu d'une autre espèce, et sont capables de l'aider. Un événement survenu presque dans les mêmes conditions quelques années plus tard au zoo de Brookfield, à Chicago (États-Unis) apporte une nouvelle preuve de cette empathie interspécifique chez les gorilles. Mais cette fois-ci ce fut une femelle du nom de Binti Jua qui sauva l'enfant en le portant en lieu sûr (près d'une des portes de sortie) et en grognant dès qu'un autre gorille faisait signe d'approcher. Et dire que pour nombre d'entre nous, le gorille est un géant sanguinaire!

Pour en savoir plus

• *De très proches cousins*
Plus on les étudie et plus on s'aperçoit que les grands singes ont beaucoup de similitudes avec leurs cousins, les hommes :

– **ils ont une conscience de soi** : comme l'homme et quelques rares animaux (éléphants, dauphins, orques), les grands singes se reconnaissent dans un miroir, c'est-à-dire qu'ils savent que l'image renvoyée est leur propre reflet ;

– **ils savent utiliser des outils** : les grands singes sont aussi des as du bricolage ! Les chimpanzés se servent de brindilles pour extirper les termites de leur cachette et de pierres plates pour casser des noix. Les gorilles utilisent un bâton pour sonder la profondeur d'une rivière. Les bonobos et les orangs-outans se fabriquent un parapluie à base de feuilles. Les orangs-outans mâchouillent du bois pour s'en servir comme d'une cuillère afin de recueillir le miel dans le nid des abeilles ;

– **ils peuvent transmettre une culture** : les grands singes possèdent également des cultures et traditions qu'ils transmettent à leurs descendants. L'exemple le plus connu est celui d'une femelle macaque japonais qui eut un jour l'idée de laver ses aliments souillés de sable avant de les manger. La pratique se propagea au sein du groupe et fut transmise ensuite au reste de la communauté d'année en année ;

– **ils sont fins politiciens** : pour accéder à une place hiérarchique élevée ou détrôner un dominant, les chimpanzés et les babouins sont capables de s'entourer d'alliés, parfois d'anciens ennemis, et de former des coalitions. Les mâles les plus rusés courtisent les femelles haut placées car leur appui suffit souvent à renverser le chef de bande ;

– **ils rient** : gorilles, orangs-outangs, chimpanzés et bonobos savent sourire et même piquer des crises de rire. Leur chatouiller les aisselles suffit à les rendre hilares ! ;

– **ils ont plus de 99 % de gènes communs avec l'homme !**

• *La médecine des singes*
Nombre d'animaux et en particulier les primates, reconnaissent, choisissent et utilisent des plantes à des fins médicinales. De vrais apprentis pharmaciens. Ainsi les chimpanzés se vermifugeraient eux-mêmes en ingérant sans les mâcher des feuilles entières d'Aspilia (une plante de la famille des tournesols). À les voir les avaler en plissant le nez, ils ne semblent pas du tout apprécier le goût de cette plante à la texture rugueuse. En l'analysant, les biologistes ont découvert que l'Aspilia contenait une molécule efficace contre les parasites et les champignons ! Les singes capucins ont, eux, l'habitude de se frotter le corps avec des écorces d'agrumes (orange, citron, lime…), ce qui aurait un effet répulsif contre les moustiques et aiderait à la cicatrisation des plaies. Les gorilles et les macaques ingèrent de la terre qui,

riche en minéraux et en argile, constitue un pansement naturel des intestins. Au Costa Rica, les femelles singes hurleurs choisissent parfois de consommer avant et après la copulation, et uniquement à ces moments, une herbe bien spécifique aux vertus abortives. Elles maîtriseraient ainsi leur reproduction avec cette « pilule du lendemain »! Plus incroyable : l'absorption de certaines plantes, en modifiant l'acidité de leur vagin, leur permettrait de choisir le sexe de leur bébé! Aujourd'hui, l'industrie pharmaceutique s'intéresse de très près au comportement alimentaire de nos cousins primates : grâce à eux de nouvelles molécules médicinales sont ou seront découvertes avec l'espoir qu'elles figureront un jour dans la pharmacopée. Et sauveront des vies humaines.

• *Quel avenir pour les gorilles?*
Le constat est plus qu'alarmant : près de la moitié des 634 espèces de primates serait en voie de disparition. Quant au gorille pourtant protégé, il frôlerait l'extinction. En Afrique, on dénombre environ 110 000 à 130 000 gorilles de plaine (Nigeria, Cameroun, Congo, République centrafricaine, Guinée équatoriale, Angola, Gabon) et seulement 700 gorilles de montagne (Ouganda, Rwanda, République démocratique du Congo). Rien ne les épargne : la déforestation massive qui réduit leur milieu de vie comme une peau de chagrin, le braconnage, les guerres, l'épidémie de virus ebola… Étonnamment leur salut pourrait venir du tourisme ou plutôt de l'écotourisme, ce safari d'observation en milieu naturel. Il connaît un grand engouement et, parce qu'il est très onéreux et très surveillé, il apporte des revenus substantiels aux parcs et aux populations locales, ce qui permet de protéger indirectement les gorilles. Si vous voulez avoir la chance d'admirer de près, tel un primatologue, un groupe de gorilles, il vous en coûtera plus de 500 dollars (environ 330 euros) sur place. Parce qu'il le vaut bien!

Des dauphins
« casques bleus »

Novembre à Whangarei, c'est le début de la belle saison. La température de l'eau repart vers les hauteurs après avoir oscillé pendant quelques mois entre 13 et 14 °C. Les plages se repeuplent et Rob White revit. Car la mer, c'est la passion de ce trentenaire néo-zélandais sportif, archétype des « beach boys » qui hantent les stations balnéaires du monde entier, et en particulier du Northland, en Nouvelle-Zélande.

Novembre, c'est le moment de fourbir son matériel de plongée et d'exploration sous-marine et Rob a ses terrains de chasse privilégiés : la sublime *Bay of Islands* et surtout les *Poor Knights*, deux îles situées à 24 km des côtes qui constituent un écosystème très préservé des agressions du monde moderne.

Mais, une virée dans ce paradis, que le commandant Cousteau considérait comme l'un des dix plus beaux sites de plongée du monde, n'est pas à l'ordre du jour. Au programme de la belle journée qui s'annonce : un round d'échauffement. Un entraînement en compagnie de trois amis maîtres nageurs qui, eux aussi, ont besoin de se « dérouiller les palmes ».

Comme dans toute publicité touristique qui se respecte, à Ocean Beach ce jour-là, la mer est bleu turquoise, la plage est presque déserte, le sable est blanc et les gardes-côtes cabotent à quelques encablures. À peine arrivés, les quatre hommes sont dans l'eau et gagnent le large.

Une heure plus tard, la fatigue commence à se faire sentir. Les jeunes gens ne se sont pas économisés et ont enchaîné les apnées et les exercices de sauvetages, sans compter quelques sprints, non prévus au programme, mais intensément jubilatoires. La décision est prise de regagner le rivage et de faire une pause. C'est alors que… Mais laissons Rob raconter la suite des événements.

« La plage était à une centaine de mètres, mais nous nagions lentement pour économiser nos forces. J'ai alors entendu Charlie, qui traînait à l'arrière, pousser un cri: "Hep, regardez, nous avons de la compagnie!". Je me suis arrêté. Effectivement, une troupe de dauphins nous entourait. Se baigner en pleine mer avec des dauphins, c'est le rêve de beaucoup de gens et nous l'avions déjà fait. Mais là, nous nous sommes tous arrêtés de nager pour apprécier le spectacle. Ils étaient très nombreux et avaient formé une sorte de ronde autour de nous. L'air résonnait de leurs grincements suraigus. Et, tout de suite, j'ai compris. Je venais de voir, à une quinzaine de mètres, un aileron fondre sur nous puis disparaître sous l'eau. Mes amis aussi avaient aperçu ce qu'aucun nageur sensé ne souhaiterait voir une fois dans sa vie! Sans vraiment le vouloir, nous nous sommes retrouvés proches à nous toucher les uns les autres. Comme des chiens de berger à l'arrivée du loup, les dauphins avaient resserré les rangs pour limiter les risques et garder la maîtrise des opérations. Le grand méchant loup, en l'occurrence, était un grand requin blanc au dos noir et gris qui faisait plus de trois mètres. À un moment, il n'a été qu'à deux mètres de moi. L'eau était claire et j'ai pu le voir distinctement. Ma crainte était qu'il plonge puis resurgisse comme une torpille au milieu de notre groupe pour nous séparer. J'ai réalisé aussitôt que les dauphins ne cherchaient qu'une chose, nous protéger… »

Ce n'est que quarante minutes plus tard, et avec l'arrivée des secours, que les nageurs ont définitivement échappé aux « dents de la mer » et pu regagner le rivage, sains et saufs. Pendant tout ce temps, les dauphins se sont systématiquement interposés entre eux et le prédateur qui tournait autour du petit groupe, sans cesse de « discuter », à grand renfort de cliquètements et de stridulations.

Interrogé par les journalistes le lendemain de cet incident, un chercheur de l'université d'Auckland, spécialiste des mammifères marins, a déclaré ne pas être surpris par l'attitude altruiste des dauphins : « Vous comprenez, ils aiment aider ceux qui sont sans défense ». Inutile de préciser que Rob et ses amis en sont aussi convaincus.

L'avis du véto

Les dauphins sont des animaux sociaux qui vivent en groupes de deux à vingt individus, parfois plus. Ils sont connus pour leur comportement altruiste : ils s'entraident les uns les autres et peuvent aussi se montrer solidaires d'autres espèces et en particulier de l'homme.

Solidarité entre dauphins

Quand une delphine met bas, elle est entourée de plusieurs femelles, les « marraines », qui veillent à sa sécurité et guident – pour ne pas dire poussent – à la surface le nouveau-né afin qu'il prenne son premier bol d'air. Pendant toute la croissance du delphineau, elles restent à proximité de la mère et de son petit pour les protéger. Elles font même office de « baby-sitters » à chaque fois que cette dernière s'éloigne pour aller chasser.

Ces cétacés ont bien compris que, pour se défendre et pour chasser, l'union fait la force. Quand le groupe se déplace, des « éclaireurs » nagent en périphérie : dès qu'ils repèrent une source alimentaire ou un danger, l'information est aussitôt relayée et permet une réponse coordonnée de toute la troupe. Par exemple, quand un banc de poissons ou de calamars se présente, les dauphins l'entourent en nageant rapidement, sifflent, lâchent des bulles par leurs évents pour effrayer leurs proies et resserrent le cercle. Dès que le banc forme une boule, ils foncent à tour de rôle pour happer les poissons ! Ils peuvent aussi coopérer pour rabattre les proies sur une plage, une côte, un récif et ainsi les « coincer ».

Autre exemple de solidarité chez ces cétacés : quand un dauphin est blessé, malade ou a du mal à respirer, ses congénères lui portent secours. Ils l'aident à remonter et se maintenir en surface pour respirer. On a vu ainsi des dauphins soutenir un des leurs à la surface de l'eau durant plusieurs heures ! Comment comprennent-ils qu'il a besoin d'aide ? L'individu en détresse émettrait des sifflements particuliers pour alerter les autres. Les éthologues pensent aussi que ces animaux évolués qui font preuve de compassion, sont parfaitement capables de sentir et comprendre l'état émotionnel de leurs congénères et, pourquoi pas, d'autres espèces.

Amis des hommes

Depuis l'Antiquité, de multiples récits, dont certains sujets à caution, retracent des sauvetages d'hommes par des dauphins. Le mythe du gentil dauphin sauveur a ainsi traversé les siècles. Tels dauphins auraient sauvé des marins victimes d'un naufrage, tels autres auraient évité à des bateaux d'aller droit sur des récifs, d'autres encore se seraient interposés entre un requin et un nageur... Qu'ils fassent preuve instinctivement d'altruisme et de compassion entre eux est acquis et compréhensible, mais pourquoi en font-ils autant avec les humains ? Nous considèrent-ils comme si nous étions des leurs ? Personne ne peut vraiment donner la raison profonde.

Le dauphin est naturellement curieux, joueur, peu farouche et sociable. Chacun sait que les dauphins même sauvages s'approchent volontiers de l'homme dans une démarche qui n'est pas forcément intéressée. Ils accompagnent les bateaux, profitant ainsi de la poussée de l'étrave mais pas seulement. Le cas extrême de recherche de contacts est le dauphin « ambassadeur », si familier avec nous (*voir aussi* Les dauphins ambassadeurs, p. 60). Plus remarquable, le dauphin est un des rares animaux à pouvoir développer une relation symbiotique avec l'homme car pendant des millénaires, des dauphins se sont associés à des communautés côtières pour pêcher. Aujourd'hui encore, en Mauritanie, les pêcheurs Imragen tapotent la surface de l'eau avec des bâtons pour appeler leurs alliés, les dauphins. Ceux-ci poussent les poissons vers le rivage et donc dans les filets. Ils profitent de la confusion au sein du banc de poissons pour prendre leur part de pêche. Une coopération qui se perpétue de génération en génération au sein des deux espèces et qui témoigne du lien ancestral qui unit l'homme au dauphin.

Comme chiens et chats

Je comparerais les relations qu'entretient le dauphin avec le requin à celles qui peuvent exister entre un chien et un chat : tantôt ennemies, tantôt amies, tantôt basées sur une indifférence réciproque ! Si un requin affamé approche un delphineau, tout le groupe fait barrage puis éventuellement lance une attaque contre le poisson carnassier. Au risque d'être sérieusement blessés, les dauphins lui donnent des coups de rostre dans le foie et les fentes branchiales causant parfois sa mort. D'autres fois, requins et dauphins sont observés nageant « pacifiquement » et se nourrissant dans les mêmes endroits. Il arrive même que les deux espèces s'allient pour chasser : ils poursuivent ensemble des bancs de poissons ou de calamars, mus par un pacte mystérieux de pêche. Les dauphins savent évaluer selon les circonstances — compétition alimentaire ou pas, présence de jeunes ou de delphine mettant bas — le danger représenté par un requin. Ils adaptent leur comportement en conséquence. Dans le cas relaté ici, ils ont compris le danger qu'encouraient les nageurs, ce qui veut dire qu'ils sont parfaitement conscients de notre vulnérabilité d'humains face aux requins. Et ce, même s'ils n'ont jamais été témoins auparavant de ce type d'attaque ! Encore une preuve d'intelligence supérieure chez ces mammifères marins qui n'ont pas encore livré tous leurs secrets.

Pour en savoir plus

• *Le saviez-vous ?*
Longtemps les spécialistes se sont demandé si le dauphin dormait. Il a en effet besoin de remonter régulièrement à la surface pour s'oxygéner et semble continuellement en mouvement dans l'eau. Des études ont montré qu'il avait besoin de ses 8 heures de sommeil par jour. Comme l'homme. Mais comment fait-il ? Il a trouvé un moyen infaillible : il ne dort que d'une moitié de cerveau à la fois ! Pendant une tranche de 5 minutes à 2 heures, une moitié se repose pendant que l'autre veille, puis il change. Cette vigilance unilatérale permet au dauphin de maintenir sa tête à la surface de l'eau et de réagir immédiatement en cas de danger.

• *De fabuleux nageurs*
Le dauphin est, grâce à sa silhouette et à sa peau si particulière, le roi de l'hydrodynamisme. Son corps est fuselé à l'extrême. Sa peau est imberbe, lisse et ferme et se caractérise par de fines ondulations qui absorbent les petites turbulences dues au frottement de l'eau. Il est ainsi moins freiné dans sa nage. En outre, sa peau sécrète en permanence une « huile » lubrifiante qui améliore la glisse. Il peut alors nager à plus de 40 km/h. Mieux : pour accroître encore plus sa vitesse, il bondit au-dessus de l'eau car l'air est 800 fois moins résistant au mouvement. Il lui arrive de « voler » à plus de 70 km/h !

• *Les dauphins ambassadeurs*
Parfois des dauphins solitaires s'installent plus ou moins longtemps dans des ports ou des baies, recherchant ainsi la compagnie des humains. Séparés de leur groupe pour des raisons obscures (chassés par leur groupe ? seul survivant d'une épidémie ?), ils éprouveraient simplement le besoin de ne pas rester seuls. Ce

phénomène est connu dans le monde entier depuis l'Antiquité. En France en 1991, une delphine du nom de Dolphy, s'est installée dans le port de Collioure (Pyrénées-Orientales) et prenait plaisir à suivre les bateaux et jouer avec les enfants et même Rocky, un chien berger. Quelques années plus tard, elle a rejoint un clan. Depuis 2004, un mâle prénommé Randy fait des apparitions sur les côtes bretonnes. Il s'approche des baigneurs et se positionne ventre en surface pour recevoir des caresses! Cependant, chercher à toucher les dauphins ambassadeurs est vivement déconseillé car par peur, agacement ou même par jeu, ils risquent de vous blesser d'un coup de nageoire.

• *Nom et prénom*
Dès la naissance de son petit, la delphine répète plusieurs fois par jour une série de sons (sifflements, cliquetis, gazouillis) bien particuliers pour qu'il apprenne à la reconnaître même au milieu d'un groupe de dauphins. À son tour, le delphineau émet une série de vocalises bien individuelle qui deviendra sa « signature acoustique ». Ainsi les dauphins s'appellent et se répondent par leur « nom ». Les chercheurs ont découvert que cette « signature » donne des informations sur l'individu mais aussi sur sa mère et sur l'appartenance au clan (« *je m'appelle Flipper, né de Tara, du clan des Terribles* »).

Skippy pour de vrai

Ce matin-là, un dimanche de septembre, le fermier Leonard Richards est inquiet. La nuit a été très agitée. Des rafales de vent ininterrompues ont balayé le bush autour de son ranch. La tempête, Len connaît. Elle ne l'a jamais empêché de dormir, ni lui ni sa femme Lisbeth ni même son fils Luke. Depuis plus de trente ans, la famille est installée dans une exploitation à 10 minutes du bourg de Tanjil South et à 130 kilomètres de Melbourne, la capitale de l'État de Victoria, au sud de l'Australie.

Ce matin-là, pourtant, Leonard est inquiet. Il craint pour la grange qu'il est en train de construire à quelques encablures de la maison et décide, malgré l'orage, d'aller inspecter le chantier.

Alors qu'il traverse une plantation d'eucalyptus à plus de 200 mètres de la grange, le vent redouble de violence. Une branche se détache et, telle un énorme balancier, vient le heurter derrière la tête. L'homme est violemment projeté au sol où il demeure inconscient, le souffle court et le visage tourné vers la terre détrempée par la pluie. Dans quelques minutes, il sera trop tard, Leonard sera mort, noyé dans 10 centimètres de boue.

À quelques mètres de là, abritée sous des buissons, Lulu a tout vu.

Quatre ans plus tôt Lulu avait frôlé la mort. Sa mère, un kangourou de belle taille avait été percutée par un de ces trucks monstrueux qui sillonnent le pays à très grande vitesse et ont droit de vie et de mort sur les animaux qui ont l'impudence de traverser les routes australiennes. Lulu venait de naître quand le drame est survenu. Elle est longtemps restée dans la poche de sa mère qui gisait, sans vie.

Puis une voiture s'est arrêtée, un jeune garçon en est sorti et a pris la petite boule de poils dans ses bras pour la ramener au chaud, dans une grande maison. Ce garçon, c'était Luke, le fils de Leonard. Il avait 14 ans.

Quelques mois et des centaines de biberons plus tard, Lulu était devenue une jolie kangourou adulte. On la laissait aller à sa guise, mais un jour elle décida de reprendre son autonomie, sans jamais vraiment s'éloigner de son refuge, ni de ses parents adoptifs, les Richards, dont elle observait de loin les allées et venues.

Lulu a vu la branche tomber et Leonard s'écrouler. Elle s'approche du corps et, délicatement, du bout du museau, repousse hors de la boue la tête de l'homme évanoui. Puis, assise sur ses pattes de derrière, elle se met à s'agiter frénétiquement, tapant des pieds, grognant et émettant force cliquetis. Un comportement inhabituel pour cet animal qui, comme disent les fermiers du bush, « n'est pas d'un naturel très causant ».

L'orage s'est tu, mais un bruit curieux a remplacé celui du vent. Dans la maison, Lisbeth et son fils s'interrogent sur l'espèce de jappement qui leur parvient du petit bois d'eucalyptus. À son tour, la femme enfile un long manteau de pluie et se précipite dehors.

Au loin, elle aperçoit Lulu qui monte la garde près de Leonard inconscient. Bizarrement, le corps du fermier est à moitié retourné, note Lisbeth qui, en voyant son visage maculé de boue comprend que Lulu lui a sauvé la vie. Elle appelle les urgences et, quelques minutes plus tard, Leonard roule vers l'hôpital, toutes sirènes hurlantes.

Trois mois plus tard, Lulu, kangourou femelle de son état, est officiellement décorée de la croix du Mérite, par la *Royal Society for the Prevention of Cruelty to Animals* et devient la nouvelle héroïne des petits Australiens.

On a souvent l'habitude de dire que la réalité dépasse la fiction et cette histoire, vraie, doit rappeler de bons souvenirs aux nostalgiques qui, enfants dans les années soixante, regardaient chaque semaine à la télévision Skippy, le kangourou apprivoisé de Sonny, fils d'un garde du *Waratah National Park*, sauver des gens en détresse dans le bush australien.

L'avis du véto

L'histoire de Lulu témoigne bien du fait que les animaux sont capables d'altruisme envers un membre de leur espèce et, pourquoi pas, envers une autre espèce. Lulu a agi avec Leonard comme elle l'aurait probablement fait avec un kangourou apparenté (sa mère?). Élevée et apprivoisée bébé, Lulu considère la famille Richards comme faisant partie des siens. Le lien qui unit un animal apprivoisé à l'homme est souvent un handicap à son retour à la vie sauvage mais dans ce cas précis, il a été une chance pour Leonard.

Dans leur milieu naturel (le bush australien), les kangourous vivent généralement en petits groupes mixtes et de tous âges. Pas de rapports de hiérarchie, pas de conflits au sein du groupe, les kangourous sont de grands pacifistes. Seuls les mâles se querellent et s'affrontent pour s'approprier les femelles. En dehors de l'homme, les kangourous ont peu d'ennemis : le dingo, les chiens, et, autrefois le tigre de Tasmanie aujourd'hui disparu. S'ils sentent un danger, au lieu de se disperser, ils se regroupent et... tapent des pieds pour sonner l'alerte! Une fois le danger écarté, ils se séparent. Lulu, sur le qui-vive en raison de la tempête, a vu son parent adoptif tomber et ne plus bouger. Intriguée par ce comportement inhabituel, elle est venue renifler le corps à terre et, en repoussant la figure hors de la boue, a sauvé Leonard. L'a-t-elle fait sciemment? Elle a probablement voulu simplement le réveiller et le faire se lever : c'est un comportement d'entraide que l'on observe dans la nature. Quand un animal est immobilisé par une blessure, une maladie ou même la mort, il arrive qu'un parent, un partenaire ou les membres de son groupe s'évertuent à le « réveiller », le bousculent pour le forcer à se lever et éviter un triste sort : se faire dévorer par un prédateur. Comme ses efforts sont restés vains, Lulu est restée près de Leonard pour le protéger et a donné l'alerte d'un danger en tapant des pieds. Une grande preuve d'attachement et de solidarité entre l'animal et l'homme.

Pour en savoir plus

• *Pourquoi les kangourous s'appellent kangourous ?*
« Kangourou » est la traduction du mot anglais *kangaroo*, nom donné à l'origine par des colons anglais. La légende dit qu'en 1770, lorsque ces derniers accostèrent pour la première fois sur le continent australien, ils demandèrent aux aborigènes locaux comment s'appelait cet étrange animal à grands pieds. Les aborigènes répondirent *gangurru* que leurs interlocuteurs transcrivirent en *kangooroo* qui devint plus tard *kangaroo*. Ce que nos Anglais ne savaient pas est que *gangurru* voulait dire en langue locale : « je ne comprends pas » !

• *Dans la famille des grands pieds je demande…*
Il n'existe pas *un* mais *des* kangourous, des petits, des moyens, des grands. Ils font tous partie de la famille des macropodidés, littéralement « les grands pieds », en raison de leurs deux pattes sauteuses développées et puissantes. Les plus grands sont, par taille décroissante, le kangourou roux (le plus répandu) qui mesure jusqu'à 2,40 m, queue comprise, le kangourou antilope, le kangourou gris et – le plus petit des quatre – le kangourou géant (!). Il existe une cinquantaine d'espèces de macropodidés, dont font partie les wallaroos et aussi les wallabys, ces « kan-

gourous nains » vendus aujourd'hui comme animaux de compagnie ou d'ornement dans les parcs. Les kangourous sont répandus en Australie, Tasmanie et Nouvelle-Guinée. Au sud de l'Angleterre, vivent en liberté des wallabys de Bennett qui, introduits à la fin du XIXe siècle, se sont bien adaptés au climat humide britannique. Vous pouvez aussi en croiser en totale liberté dans la forêt de Rambouillet, au sud de Paris : il s'agit d'une colonie issue d'individus échappés d'un parc zoologique proche !

• *Le saviez-vous ?*
Aux jeux Olympiques des animaux, le kangourou gris serait médaille d'or du saut en longueur : 12 m ! Avec un bond allant jusqu'à 3 m de haut et une vitesse de pointe à 70 km/h. Chapeau !

• *Des mères porteuses*
Les kangourous sont des marsupiaux, dont la particularité est l'existence chez la femelle d'une poche ventrale *(marsupium)* dans laquelle elle porte son petit après la naissance. Un accouchement sans douleur pour la mère kangourou : en effet, le nouveau-né, grand prématuré, est une larve sans poils d'à peine 1 gramme (quand une femelle kangourou roux affiche 50 kg) qui doit se débrouiller seule pour rejoindre la poche maternelle. Consciencieuse, la maman prend soin de tracer un chemin de salive entre le périnée et la poche afin de guider son petit. Aveugle et à peine développé, le nouveau-né est pourtant capable de ramper jusqu'à l'intérieur de la poche où se trouvent – oh miracle ! – les mamelles. Il s'agrippe à un téton et ne le lâchera plus pendant 2 mois. Il ne sortira pas de sa couveuse douce et chaude avant d'avoir 6 mois. Au début, étant trop faible pour téter, c'est sa mère qui régulièrement lui injecte du

lait nourrissant. Si elle est de nouveau gestante (certaines s'accouplent dès le lendemain de la mise bas), l'œuf fécondé stoppe son développement dans l'utérus jusqu'à ce que la poche se libère de son occupant. Au suivant! Ainsi, une femelle peut être gestante tout en transportant dans sa poche un embryon accroché à une tétine, et en élevant son frère (ou sa sœur) aîné.

Les animaux
miraculés

De vraies forces de la nature

Molly au Pays des Merveilles

Depuis 6 mois, Molly est employée chez *Myers of Keswick*. Un véritable lieu de culte où se donnent rendez-vous les dévots de la cuisine anglaise à New York. Manhattan ne compte pas moins de 250 000 Britanniques parmi ses résidants. Le travail de Molly ? Traquer les souris. Et la jolie chatte noire de 11 mois, est une experte dans ce domaine !

Comme la plupart de ses congénères, du moins celles et ceux qui n'ont pas adopté le rythme de vie de leurs maîtres, Molly dort souvent dans la journée mais, la nuit venue, elle quitte son panier, baille et s'étire pour se mettre au travail. Et du travail, il y en a dans cette vieille maison à trois étages datant du XIXe siècle, située au cœur de Greenwich Village et classée monument historique. Les souris pullulent dans la « grosse pomme » et, la nuit, on les entend souvent courir entre planchers et plafonds, et dans ces véritables labyrinthes que sont les espaces ménagés dans les cloisons au fil des aménagements divers et des rénovations d'immeubles. Un terrain de chasse fabuleux pour Molly qui rêve de rejoindre ce véritable Pays des Merveilles.

Un chat dans une boutique d'alimentation ? Ce n'est pas très sain, a jugé le département chargé de l'hygiène publique qui condamne régulièrement à des amendes Peter Myers, le propriétaire des lieux. Mais Peter reste philosophe : « Si je n'avais pas de chat, je paierais de toute façon parce que j'ai des souris dans mon magasin. Et mes clients, qui connaissent Molly et la dorlotent à l'occasion, seraient certainement moins fidèles s'ils devaient supporter des bestioles se faufilant entre leurs jambes ! »

Le vendredi 31 mars, lorsque Molly, reprend son « travail », elle ne se doute pas que, telle la petite Alice de Lewis Carroll, elle va pousser la mauvaise porte et entrer dans un monde où elle va se perdre pendant deux semaines.

C'est qu'elle est tentante cette porte, un simple carreau de faïence déplacé laissant filtrer un léger courant d'air chargé d'odeurs alléchantes. Molly passe d'abord prudemment la tête dans la cavité puis se faufile dans l'espace étroit entre le mur et le doublage. L'obscurité est presque complète, mais le noir n'a jamais gêné Molly qui utilise aussi ses moustaches, de véritables antennes à tout faire. Quelques mètres plus loin, le passage se rétrécit, fait un coude puis s'ouvre sur un vide. Impossible de faire demi-tour. Une seule issue possible : aller de l'avant. Molly n'hésite pas longtemps avant de sauter et d'atterrir en douceur, 1,5 m plus bas. Le piège vient de se refermer sur elle.

Ce n'est que le lendemain soir, au moment de fermer sa boutique que Peter s'aperçoit de l'absence de Molly. Comme tous les samedis, la journée a été très animée et le magasin n'a pas désempli. Gênée par le remue-ménage, la chatte s'est certainement réfugiée quelque part dans les étages et reviendra au cours de la nuit. Mais le lendemain, dimanche, Peter voit bien que Molly n'a pas touché à ses croquettes ni vidé son écuelle d'eau. Il n'est pas encore réellement inquiet : elle a dû profiter du va-et-vient permanent de la veille pour quitter discrètement les lieux. Peut-être un habitant du quartier l'a-t-il recueillie et va-t-il la rapporter : tout le monde connaît Molly dans les rues avoisinantes.

Mais le soir même, le doute n'est plus permis : miaulements, grattements, bruits de course... la chatte est là, quelque part dans la maison, mais où ? Peter fait alors le tour du propriétaire, et découvre le trou dans le mur d'une dizaine de centimètres par lequel la petite chatte est certainement passée et qu'elle n'arrive plus à retrouver.

Depuis deux jours, maintenant, Molly erre dans le dédale des cloisons creuses. Il est temps d'appeler *Animal Care and Control of New York City*, une organisation chargée par la ville de coordonner des secours dès qu'un animal est en danger. C'est le début d'une opération de sauvetage de grande envergure. Une entreprise qui mobilisera pendant 15 jours les pompiers, la police et une quarantaine de secouristes équipés de tout un arsenal technologique (stéthoscopes sophistiqués, perceuses, caméras miniatures...) et lancés dans une course contre la montre pour sauver Molly.

Or, ces sauveteurs se retrouvent rapidement devant un gros problème : la maison est un site protégé et il n'est pas question d'abattre une cloison ni même de percer des trous dans les murs sans autorisation. D'autre part, Molly est un peu sauvage et tout ce remue-ménage ne lui dit rien qui vaille. Même le poisson frais qu'un restaurateur italien a fait livrer ne la convainc pas de regagner la sortie !

Au fil des jours les candidats sauveteurs se succèdent. On fait même appel à un thérapeute pour chat accompagné de deux chatons miaulant pour tenter d'éveiller l'instinct maternel de Molly. Peine perdue.

Alors que les jours passent, les télévisions se font plus nombreuses devant le magasin, resté ouvert, et qui n'a jamais fait de si bonnes affaires. C'est que la guerre est déclarée entre les défenseurs des animaux qui veulent que l'on emploie la manière forte, en l'occurrence la masse pour casser les murs, et les protecteurs des sites classés qui refusent qu'on déplace la moindre brique.

Jusqu'au jour où, cédant à la pression médiatique (Molly fait les gros titres des journaux télévisés comme des quotidiens locaux!), la Commission de Préservation des Monuments cède enfin et autorise le percement des trous nécessaires pour récupérer la petite chatte imprudente.

Deux jours plus tard, le chef des opérations, Mike P., d'*Animal Care and Control*, peut enfin déclarer à la foule qui s'était massée devant la boutique : « Elle va bien. Elle est maintenant entre les mains de son propriétaire. »

Aujourd'hui, Molly est une héroïne au Village et sa photo est en vedette sur le site internet de *Myers of Keswick*. Et, si l'on entre dans le magasin de Peter Myers, c'est toujours pour déguster ses tartes, ses scones et ses saucisses maison ; mais c'est aussi pour faire une caresse à Molly, la petite chatte qui est passée, un jour, « de l'autre côté du miroir ».

Emily, globe-trotter

Appleton, Wisconsin. Emily est une chatte tigrée. Elle partage depuis un an une petite maison avec Nick, un garçonnet de 9 ans, et ses parents, les McElhiney, à proximité de la Fox River, un fleuve qui va se jeter dans le lac Michigan, 70 km plus loin.

Pour Emily, les abords de cette « rivière du renard » sont un terrain de jeux idéal. La petite chatte ne se contente pas de parcourir les friches environnantes, elle s'aventure souvent sur les entrepôts de la *Fox River Paper Co*, une fabrique de pâte à papier qui occupe un territoire immense. Elle n'est pas la seule d'ailleurs et, en compagnie de quelques dizaines d'autres chats plus ou moins sauvages, ne se lasse pas d'en explorer le moindre recoin à la recherche de ses friandises préférées, les souris, qui pullulent dans le secteur.

Un jour, l'une d'elles vient narguer Emily en sautant d'une poubelle à quelques centimètres de ses moustaches. La petite chatte se lance alors à sa poursuite… jusque dans un énorme conteneur rempli de monstrueuses bobines de papier entre lesquelles la bestiole réussit à se faufiler. Impossible de la suivre, le passage est trop étroit mais Emily, qui sent bien que d'autres souris sont tapies là, tout au fond, a flairé l'aubaine. Poussées par la soif, les proies sortiront à un moment ou à un autre de leur cachette. Emily est patiente, et la seule issue de secours passe… entre ses griffes !

Ce dont elle ne se doute pas, c'est que ces grosses bobines sont en partance pour le bout du monde. Au petit matin, le conteneur est scellé, soulevé par une grue et déposé sur un wagon de chemin de fer. Emily n'a pu sortir à temps.

Dès le lendemain, sa prison est embarquée sur le *City of Luxemburg*, un cargo porte-conteneurs de 250 m de long à destination de l'Europe. Rotterdam, Bruxelles, puis enfin Pompey, une petite bourgade à une dizaine de kilomètres au nord de Nancy.

Le périple va durer 3 semaines… deux ou trois souris, compagnes de cellule d'Emily, ne sortiront pas vivantes de l'aventure, mais lui permettront d'en réchapper.

À Appleton, le soir de la disparition d'Emily, Nick n'a pas perdu de temps. Il a filé au refuge pour animaux, là où il a l'habitude de récupérer sa fugueuse de chatte. En vain. Emily n'est pas là. Les jours passent et l'inquiétude s'installe. Chaque jour, le garçon sillonne à vélo le quartier et les terrains vagues environnants. Chaque jour il pose des affiches avec la photo d'Emily sur tous les supports possibles, murs, poteaux, voitures… aucune nouvelle.

C'est en semaines, désormais, que Nick compte le temps qui s'écoule depuis la disparition. Une… deux… trois semaines. Le découragement commence à s'installer quand, un jour, le téléphone sonne. Au bout du fil, une voix féminine explique avec un fort accent français qu'elle est chargée de l'export dans la société Raflatac SA, fabricant d'étiquettes adhésives près de Nancy. Elle a une bonne et une mauvaise nouvelle à annoncer : Emily est vivante, amaigrie mais en bonne santé (cris de joie et soupirs de soulagement chez les McElhiney !). Le seul problème est qu'elle est en France, à plus de 7 000 km d'Appleton ! C'est en ouvrant l'un des conteneurs en provenance du Wisconsin que les employés de son entreprise ont découvert la chatte. « Elle s'est précipitée dans leurs bras », continue la jeune femme, « elle n'avait plus que la peau sur les os mais, visiblement, elle manquait aussi de câlins. Elle est restée sur leurs genoux jusqu'à ce qu'un vétérinaire la prenne en charge. Comme elle portait un collier avec son numéro d'identification et le numéro de téléphone de son vétérinaire aux États-Unis, nous avons pu l'appeler. C'est lui qui nous a donné votre numéro de téléphone… ».

Emily est retrouvée, mais l'aventure n'est pas terminée. Son rapatriement ne s'avère ni très rapide ni très simple à mettre en œuvre. Il est impossible d'envoyer aux États-Unis un animal vivant sans de multiples formalités, même pour une star ! La presse, de part et d'autre de l'Atlantique, a fait ses choux gras des pérégrinations de la chatte globe-trotter. C'est maintenant une célébrité aux yeux du public. « De toute façon, si un rapatriement n'avait pas été possible, nous l'aurions adoptée », assurent les employés de Raflatac.

Mais tout va bien, Nick va donc récupérer Emily, même si sa patience est mise à rude épreuve. Ce n'est qu'après trente jours passés à la fourrière de Nancy qu'elle sera réellement libre de regagner Appleton. Le temps pour les responsables du refuge de la vacciner et de prendre contact avec les autorités américaines pour faire en sorte que l'animal soit accueilli sans souci dans son pays.

De leur côté, les McElhiney s'inquiètent du moyen de transport. Pas de bateau cette fois-ci, la chatte prendra l'avion mais peut-elle rentrer seule, en soute, ou doit-elle être accompagnée? Et qui va payer le billet? Les employés de Raflatac, eux, se déclarent prêts à se cotiser.

Une autre solution est rapidement trouvée: Continental Airlines offre un billet en *Business First*. « C'est une histoire si merveilleuse que nous voulions en être », explique le porte-parole de la compagnie aérienne qui s'offre une excellente publicité en prenant en charge le transfert.

Les vacances lorraines d'Emily touchent à leur fin. Elle s'est refait un poil brillant au chenil de Velaine-en-Haye. L'établissement, flatté d'avoir recueilli une vedette internationale, ne facturera pas son séjour, lui non plus. Quant aux employés de l'entreprise Raflatac, ce n'est pas sans un pincement au cœur qu'ils voient partir celle qui est devenue la mascotte de l'usine.

Contrairement au voyage aller, le retour est des plus confortables: en voiture jusqu'à l'aéroport de Roissy-Charles-de-Gaulle. Puis sur les genoux de George, un agent de la Continental rentrant de vacances et devenu son accompagnateur d'un jour sur le vol CO57 à destination de New York. Après une escale de quelques jours, Emily peut enfin s'envoler pour Milwaukee et reprendre une vie « normale ».

« Elle a l'air plus tranquille. Elle a mûri », commentent les parents de Nick en reprenant possession d'Emily devant les nombreux journalistes venus l'accueillir à l'aéroport.

Heureux qui, comme Emily, a fait un beau voyage...

L'avis du véto

Survivre à un jeûne – forcé – de 2 à 3 semaines, serait-il de l'ordre du miracle ? Selon les médecins, l'organisme humain peut très bien survivre à une diète d'environ 2 mois, avec toutefois des risques importants sur la santé – en particulier cardiaques – dès la troisième semaine. Deux conditions à cette survie : être en bonne santé au départ et surtout boire ! Car bien avant la dénutrition, c'est la déshydratation qui met rapidement en jeu la vie de l'individu. Les grévistes de la faim ne font pas la grève de l'eau et pour cause : leur organisme ne « tiendrait » pas longtemps !

De l'eau, de l'eau !

L'eau est l'essence de la vie. Emily, elle, n'est pas un chameau, la chatte Molly non plus : comment ces chattes ont-elles survécu, enfermées dans un conteneur ou derrière un mur sans une gamelle d'eau ou de lait à laper ? Une performance qu'elles doivent en partie à leurs origines. Savez-vous que votre matou qui se prélasse près du radiateur entre deux picorages de croquettes est originaire du désert ? En effet, le chat domestique descendrait du chat sauvage d'Afrique, ou chat ganté, qui vit aujourd'hui encore dans les déserts et savanes d'Afrique du Nord et d'Arabie ; et peut-être du chat sauvage du désert (ou chat orné), originaire d'Asie. Il aurait conservé de ses ancêtres la particularité de boire peu, de pouvoir concentrer ses urines et de ne quasiment pas suer. C'est pourquoi certains propriétaires ont l'impression que leur félin ne boit jamais. En fait, tout dépend de son type d'alimentation : s'il mange des boîtes, il se révélera être un piètre buveur mais s'il est amateur de croquettes, il ira s'abreuver par quelques lapées une vingtaine de fois par jour. Car dans la nature, le chat puise l'essentiel de l'eau dont il a besoin en consommant ses proies : un organisme de rongeur contient 65 % d'eau contre 5 % dans une croquette. Je pense qu'Emily et Molly ont échappé à une déshydratation mortelle en ingérant les deux ou trois souris qui ont peut-être été enfermées avec elles et en léchant les quelques gouttes de condensation sur les parois de leur prison. Leurs reins se sont adaptés aux conditions extrêmes en palliant le manque d'apport d'eau par une économie d'eau filtrée d'où une très faible quantité d'urine. Et les deux chattes ont dû instinctivement diminuer leurs séances de toilettage, évitant ainsi une perte d'eau par la salive !

Se serrer la ceinture

Dans la nature, il n'est pas rare que des animaux passent des jours, voire des semaines, le ventre vide. En période de disette bien sûr, mais aussi si l'individu a dans sa vie d'autres priorités que de savoir de quoi sera fait son prochain repas : l'amour, la maladie, la lutte contre le froid, une migration, sont autant de raisons de jeûner. Par exemple, un morse amoureux qui défend jalousement son harem ne plonge plus dans l'eau pour se nourrir pendant plusieurs jours. Le manchot empereur peut rester sans s'alimenter sur la banquise plus de 100 jours, le temps de se reproduire et de couver son œuf. Mais il peut « boire » de la neige. Un renard blessé ou malade ira se cacher le ventre vide dans sa tanière le temps d'aller mieux, s'abreuvant des gouttes de rosée à l'entrée de la galerie. Une hirondelle qui migre n'a pas beaucoup d'occasions de se nourrir pendant son voyage surtout lors du survol des montagnes, des mers et des déserts. Et n'oublions pas l'hibernation qui *de facto* est une période de jeûne courant sur plusieurs mois. Comment l'organisme de ces animaux arrive à ne pas défaillir alors que le simple fait de sauter un repas provoque un malaise chez la majorité d'entre nous ?

En fait le corps est comme une machine intelligente qui adapte son fonctionnement et ses dépenses en fonction des conditions. Ainsi, chez un mammifère comme le chat, l'adaptation au jeûne se fait en deux temps. Dans un premier temps, la machine répond au stress de la faim en carburant à haut régime : le but est de donner un maximum d'énergie à l'organisme, aux muscles, au cerveau, au cœur pour favoriser le comportement de chasse. L'énergie d'origine alimentaire faisant défaut, l'organisme va puiser dans son stock d'urgence : les réserves de glycogène, un précurseur du glucose, dans le foie. Le sucre est libéré dans le sang et permet de « ravitailler » les organes.

Quand, au bout de 24 heures de jeûne, les réserves de glycogène sont épuisées, le corps commence à brûler ses graisses (lipolyse) pour obtenir de l'énergie et, comme il a aussi besoin d'acides aminés, il s'attaque aux protéines musculaires entraînant une fonte des muscles. Les premiers jours, Emily et Molly sont naturellement dans un état d'excitation où elles cherchent un moyen de sortir de leur prison et en même temps de manger. Au bout de 7 jours, l'organisme entre dans une deuxième phase, celle des économies d'énergie pour limiter l'autodestruction : le corps, les métabolismes se mettent au ralenti. À ce moment, le chat entre dans un état qu'on pourrait qualifier de « pseudo-hibernation » : il bouge peu pour minimiser les dépenses musculaires, est souvent recroquevillé, somnole, miaule moins, son cœur bat lentement, sa respiration est proba-blement ralentie, sa température diminue, il n'urine plus depuis longtemps. Il se met en mode « pause » mais n'est pas dans le coma pour autant car il peut sortir facilement de sa torpeur. Comme Emily qui, à l'ouverture du conteneur, a sauté dans les bras de ses sauveteurs.

La chasse les a sauvées

Leur goût marqué pour la chasse a failli coûter la vie à Emily et Molly, les chattes prisonnières et paradoxalement il les a aussi sauvées ! Si elles ont pu tenir aussi longtemps sans manger c'est qu'elles devaient avoir un physique de sportive (il en faut pour chasser les souris !). Obèses, elles seraient mortes très vite, par défaillance du foie. Les vétérinaires connaissent bien ce syndrome appelé lipidose hépatique ou, plus par-lant, « syndrome du foie gras ». Il apparaît lors d'anorexie prolongé chez les chats à tendance « bonbonne » : les graisses mobilisées dans leurs « poignées d'amour » se retrouvent dans le sang et, particularité des félins, s'accumulent anormalement dans le foie. Si elles sont en trop grande quantité, on obtient littéralement un « foie gras » de palmipède, autrement dit une « surcharge graisseuse » hépatique qui en contrarie son bon fonctionnement. Un chat à embonpoint qui ne se nourrit plus, quelle qu'en soit la cause, est pour nous, vétérinaires, une urgence : non traitée à temps la lipidose hépatique est mortelle dans neuf cas sur dix !

C'est pour cela qu'il faut toujours s'inquiéter d'un manque d'appétit soudain chez son chat car, même si la cause n'est pas grave (stress lié à un déménagement par exemple), les conséquences peuvent être fatales.

Pour en savoir plus

• *Y a-t-il de l'eau dans la bosse du chameau?*
Tout d'abord, prévenons toute confusion: le chameau a deux bosses, c'est le dromadaire qui n'en a qu'une. Une autre idée reçue est celle selon laquelle les bosses de ces camélidés seraient des stocks d'eau. En fait ce sont des réserves de graisse et donc d'énergie, destinées à les « nourrir » pendant les périodes de disette. Mais comment font-ils pour tenir plus de 10 jours sans boire dans le désert? Ils ont une méthode infaillible et originale: ils stockent l'eau dans leurs globules rouges! Ceux-ci peuvent très rapidement doubler de volume après abreuvement sans risque d'éclater. C'est pourquoi le chameau peut boire jusqu'à 135 litres en 10 minutes. Impressionnant!

• *Le mystère de l'hibernation*
Des animaux comme le hérisson ou la marmotte ont trouvé une solution originale pour passer la saison froide: l'hibernation. C'est un état particulier où la vie est au ralenti et seules sont assurées les fonctions indispensables à la survie. L'animal est en léthargie et sa température corporelle chute jusqu'à atteindre les 5 °C voire moins. Le métabolisme, lui, diminue de 98 %, les dépenses énergétiques sont limitées au strict minimum. Pour prendre l'exemple de la marmotte, celle-ci diminue sa consommation d'oxygène en se mettant en apnée entre deux cycles respiratoires pendant 1 à 15 minutes. Son cœur ne bat que 4 fois par minute (contre 140 en activité). Un sommeil très profond et qui justifie le proverbe « dormir comme une marmotte »...

Un dur à cuire

Au retour de sa journée de chasse, en déposant dans le réfrigérateur son maigre butin, un unique canard sauvage, mais truffé de plombs, Ronny ne savait pas qu'il allait causer à sa femme l'une des plus grandes frayeurs de sa vie. En effet, deux jours plus tard, alors qu'elle ouvrait la porte du réfrigérateur, le canard releva la tête, comme s'il s'éveillait d'un profond sommeil.

« Pas un son, juste son regard étonné qui me fixait... J'ai failli m'évanouir de terreur », avoua la jeune femme qui, sa panique maîtrisée, n'eut pas le cœur d'achever l'animal (« Je n'aurais jamais pu le manger ! ») et demanda à sa fille d'emmener le blessé aux urgences vétérinaires. Sur place, le responsable s'avoua incapable de traiter les blessures aux ailes et aux pattes du volatile et conseilla à la jeune fille de le transporter dans un centre de protection des oiseaux sauvages, à une centaine de kilomètres. Selon le vétérinaire du centre qui accueillit l'animal, ce dernier avait peu de chances de survivre, et de toute façon ne pourrait vraisemblablement pas retourner à la vie sauvage. 15 jours plus tard, remis sur pattes et dans une forme olympique, le Lazare à plumes s'envolait en nasillant pour rejoindre les siens, sans se retourner. Quand ce n'est pas son jour...

L'avis du véto

On dit que le chat a neuf vies, peut-être que les oiseaux aussi. Ce canard en est à sa deuxième et il n'a rien d'un fantôme. Mais par quel miracle, cet oiseau laissé pour mort s'est-il réveillé ?

Sommeil profond

La première hypothèse est celle d'un évanouissement ou plutôt d'un coma, cet état profond d'inconscience suite à un traumatisme violent comme un tir de plombs suivi d'un crash. Ronny n'aurait pas vu que son gibier à plumes respirait encore (quoique faiblement) et que son cœur battait lentement. Il faut reconnaître à sa décharge que les chasseurs ne se baladent pas avec des stéthoscopes... Mais alors, me direz-vous, le passage dans le frigo aurait dû achever le volatile ! Et si, au contraire, ce second choc, ici thermique, l'avait sauvé ? Le canard inconscient maintenu 2 jours entre 4 et 10 °C pourrait bien avoir bénéficié des vertus de la cryothérapie. La cryothérapie, ou traitement par le froid, est classiquement utilisée pour calmer les douleurs telles que les entorses, tendinites, contusions, claquages musculaires : c'est le principe de la fameuse poche de glace. Le froid a l'avantage de diminuer la sensibilité douloureuse et l'inflammation. Il activerait la sécrétion d'endorphines, ces hormones du bien-être aux propriétés analgésiques. Il diminue le calibre des vaisseaux sanguins périphériques (vasoconstriction), ce qui, chez notre canard, a eu probablement pour effet de stopper les saignements et de privilégier l'irrigation des organes vitaux (cerveau, cœur, reins...). Le froid ralentit l'action des bactéries (c'est pour cela qu'il conserve les aliments) et aurait ainsi évité les complications infectieuses des blessures. Les réflexes de lutte contre le froid, bien décrits chez l'homme et l'animal, ont à un moment « boosté » l'organisme et permis au canard de sortir de son coma. Comme quoi un froid de canard a du bon...

Sommeil éveillé

S'évanouir ou tomber dans le coma n'est pas la seule explication plausible. Notre canard blessé a très bien pu simuler sa mort ! Ceux qui ont des matous chasseurs savent de quoi je parle car ils ont déjà assisté à ce phénomène : le chat ramène son trophée à la maison, un oiseau ou une souris apparemment morts, qui ressuscitent d'un coup dès que leur prédateur les abandonne pour ses croquettes! C'est ce qu'on appelle la thanatose (du grec *thanatos* = mort) dont l'équivalent est la cataplexie chez l'homme. C'est un mode de défense ultime d'une proie aux prises avec son prédateur, qui consiste à faire le mort pour tromper ce dernier. On l'observe chez certains mammifères, les oiseaux, mais aussi les reptiles et les insectes. L'animal sur le point d'être dévoré, feint un arrêt cardiaque, ne respire plus, relâche ses muscles, tombe bien souvent la gueule ouverte et ne bouge plus. Mais il reste conscient. Cette « mort subite » peut désorienter le prédateur qui bien souvent préfère la chair fraîche à la charogne. Si le chat ou le lion lâche sa proie inanimée, celle-ci peut profiter de quelques instants d'inattention pour se sauver. On peut tout à fait imaginer que le canard soit tombé dans cette sorte de paralysie émotionnelle qui a évolué en torpeur dans le froid du bac à légumes. Et ce, avant d'avoir ce dernier réflexe de survie quand la porte du réfrigérateur s'est ouverte. Qui eut cru que l'oiseau dont on moque la démarche chaloupée puisse se révéler un grand comédien dramaturge? Les animaux sont une source inépuisable d'étonnements.

Pour en savoir plus

• *Le saviez-vous?*

La couleuvre à collier (*natrix natrix*) est le serpent le plus répandu en France. Longue de 1 à 2 mètres, elle est de couleur olive rayée de bandes noires et pourvue d'un « collier » jaune caractéristique. Quand elle se sent menacée, elle souffle et attaque pour mordre… la bouche fermée. Si l'ennemi persiste, elle l'asperge d'un liquide malodorant éjecté par ses glandes cloacales. Si vraiment rien n'y fait, elle sort sa dernière arme: la fausse mort. Elle tombe à la renverse, ne bouge plus, gueule ouverte et langue pendante…

• *Le grand bluffeur*
Le Molière du meilleur animal comédien revient à l'opossum de Virginie *(didelphis virginiana)*, un petit marsupial américain, qui mime la mort comme le plus grand des tragédiens. Quand un lynx ou un ours est prêt à le croquer, le petit animal se laisse tomber au sol, le corps mou comme une poupée de chiffon, les yeux mi-clos, la gueule ouverte et la langue pendante. Il pousse son jeu de comédien jusqu'à vider le contenu de ses glandes anales, dont l'odeur putride rappelle celle d'un corps en décomposition. Si son ennemi le pousse ou le mordille, il ne bouge pas d'un poil et peut rester dans cet état pendant des heures! D'ailleurs savez-vous comment on dit « faire le mort » en anglais? *To play opossum*[4]!

• *Comment les canards font-ils pour ne pas prendre froid?*
À les voir patauger dans l'eau glacée des lacs ou survivre sans un rhume après deux jours passés dans un frigo, on se dit qu'ils sont d'une résistance phénoménale. Leur secret? Le canard a deux couches de plumes: le duvet, près du corps, un excellent isolant thermique de par sa densité et la couche d'air qu'il emprisonne contre la peau; et les plumes de revêtement, bien imbriquées les unes dans les autres, sur lesquelles l'eau glisse sans pénétrer. Comme un ciré! Car si le plumage de notre palmipède est toujours sec et imperméable, c'est grâce à une huile produite par une glande proche de la queue avec laquelle l'animal lisse ses plumes. Et on sait que la graisse protège du froid…

---

4. Jouer à l'opossum.

Le mois
des envahisseuses

Mercredi 12 mai 2004, Bloomington (Indiana). Tapie à quelques centimètres sous la terre, la *magicicada* s'anime. Depuis 17 ans, elle attend son tour! Il a plu la veille, la température extérieure est douce et la terre suffisamment molle... ce soir, l'heure est venue.

S'aidant de ses pattes fouisseuses, la créature s'extrait de son refuge souterrain et commence à grimper lentement sur le tronc d'arbre voisin. Autour d'elle, le sol vibre en permanence. C'est qu'elle n'est pas seule à s'activer: elles sont des milliers autour du même arbre, des millions dans la ville et des dizaines de milliards, parfaitement synchronisées, dans les treize États des États-Unis touchés par cette invasion, de la côte Est jusqu'à l'Iowa et l'Oklahoma, en passant par la Virginie et l'Illinois.

Non, ce n'est pas la dernière superproduction horrifique de Steven Spielberg. L'invasion est bien réelle, mais les aliens ne font que quelques centimètres de longueur. Des larves de cigales *magicicada,* parfaitement inoffensives, qui n'ont qu'un objectif: devenir adultes, s'accoupler et pondre en quelques heures... puis disparaître pour les 17 années à venir.

Deux heures après leur sortie de terre, les larves sur pattes sont maintenant fortement agrippées à leurs supports. Les carapaces se fendent et de grosses bêtes ailées s'en extirpent, tombent mollement sur le sol et s'éloignent en voletant. C'est que le temps presse: il leur reste à trouver l'âme sœur et à pondre 500 à 600 œufs avant de mourir.

Tout autour, le paysage est cauchemardesque. Les troncs d'arbres, les murs, les clôtures, les poteaux électriques sont couverts de carapaces translucides, et vides pour la plupart. La rue est jonchée de cadavres de cigales écrasées. Les oiseaux, ravis de l'aubaine, tournoient dans le ciel en poussant des cris stridents.

« Les cigales ne sont pas dangereuses. Elles ne piquent pas et n'attaquent pas les gens. Rien à voir avec les criquets migrateurs ou locustes qui, en Afrique principalement, dévastent les cultures en dévorant tout sur leur passage », avaient déclaré les autorités quelques jours avant l'invasion pour rassurer la population. Certes, il n'y a pas de danger mais toute promenade en plein air devient problématique. Dans les rues, les rares passants, vaguement dégoûtés, se protègent le visage, tandis que les enfants attrapent les cigales par jeu : on raconte qu'on peut lire l'avenir sur les nervures de leurs ailes. Pire que tout, le bruit. Il est continu et entêtant. Il s'éteindra au crépuscule pour renaître à l'aube. Et cela va durer pendant trois semaines.

Les seuls à se réjouir de ce déferlement sont les « cigalivores » : les oiseaux, les chiens, les chats, les écureuils qui se gavent jusqu'à l'indigestion. Mais aussi les hommes, qui ont élaboré d'étonnantes recettes, paraît-il délicieuses : les beignets de cigales, les cigales sautées ou les bouchées de chocolat aux cigales grillées !

Dans un mois, elles seront toutes mortes. Non sans avoir déposé des milliards d'œufs dans la végétation. Un mois de plus et les œufs écloront, laissant sortir une larve qui se laissera tomber sur le sol et se réfugiera sous terre près d'une racine, pour une période de 17 ans.

Prochain rendez-vous : mai 2021 !

L'avis du véto

Il existe plus de 4 400 espèces de cigales de par le monde, des cigales qui diffèrent par leur morphologie, leur chant et leur espérance de vie, de 1 à 17 ans ! En fait, les cigales passent la plus grande partie de leur vie sous terre et non pas dans la prairie à chanter – n'en déplaise à monsieur Jean de La Fontaine. Dans le midi de la France où l'on recense une vingtaine d'espèces, les œufs sont pondus l'été, au collet d'arbustes et d'herbes ou dans l'écorce d'un arbre. À l'automne, ils éclosent et donnent des larves qui tombent à terre et s'enfouissent dans le sol. Elles y resteront 10 mois à 3 ans sans voir le soleil se nourrissant de la sève des racines. Ce n'est qu'en début d'été que certaines poursuivent leur cycle, deviennent des nymphes qui sortent de terre pour s'accrocher à une tige ou un tronc. Là s'accomplit la dernière mue, la mue imaginale, qui transforme la nymphe en une cigale adulte. Celle-ci connaîtra une vie brève mais intense à l'air libre : elle aura moins d'un mois pour trouver sa moitié, convoler en justes noces et assurer la descendance. Ainsi, les cigales provençales qui auront échappé aux « cigalovores » mourront avant l'hiver... d'épuisement ! Le mâle expire après l'accouplement (!), la femelle après la ponte des œufs. Il faut dire que cette dernière en produit des centaines et puise dans toutes ses réserves d'énergie. Et le mâle lui, passe ses journées à chanter au point d'oublier de se nourrir.

La cigale au bois dormant

En Amérique du Nord et nulle part ailleurs, existent des cigales (les *magicicada*) à la durée de vie exceptionnellement longue : 13 à 17 ans à l'état larvaire dans des galeries souterraines suivis de 3 petites semaines à l'air libre à l'état adulte. À la différence de nos cigales provençales présentes chaque été grâce à un cycle court, ces cigales dites « périodiques » attendent toutes pour surgir de terre la même année. L'intérêt d'une telle synchronisation est double : d'abord plus on est de fous, plus on a des chances de se marier, ce qui est primordial quand on a peu de temps pour convoler. Ensuite le nombre fait la force... du groupe et préserve l'espèce : en émergeant par millions, il n'y a aucun risque que l'ensemble de la colonie soit mangé car les prédateurs sont vite repus. Le sacrifice des uns permet aux autres d'assurer le renouvellement des générations. Reste deux inconnues : quel est l'intérêt de vivre aussi longtemps sous terre ? Et pourquoi ce phénomène n'est observé qu'aux États-Unis ? Un mystère de la nature qui continuera sans doute longtemps à intriguer les scientifiques.

Pour en savoir plus

• *Le secret de leur chant*
Dans la famille cigale, il n'y a que le mâle qui chante ou plutôt cymbalise ou même craquette. Le but est simple : séduire et attirer les femelles. Le grillon chante en frottant ses ailes – les élytres – l'une contre l'autre. La cigale, elle, fait claquer des membranes apparentées à des timbales, présentes sur ses flancs. L'abdomen est vide chez le mâle pour mieux jouer le rôle de caisse de résonance. La déformation bruyante des membranes (on les appelle des « cymbales ») à l'aide de petits muscles produit le fameux « cri cri » qui sent bon la Provence. Monsieur cigale est un virtuose spécialisé dans les percussions qui ne joue qu'aux heures chaudes de l'été car ses « cymbales » perdent de leur souplesse dès que le mercure descend sous 22 °C.

• *Une fausse fable*
Dans l'esprit populaire la cigale est symbole de paresse, de far-niente et la fable de Jean de La Fontaine ne fait que reprendre cette image répandue. La raison en est simple : pour nos Anciens le mode d'alimentation de cet insecte est longtemps resté un mystère. Il leur semblait que la cigale passait ses journées au soleil à chanter, sans bouger ni se nourrir. « *Pas un seul petit*

morceau de mouche ou de vermisseau » nous dit la fable « La Cigale et la Fourmi ». N'en déplaise à notre poète, la cigale n'est pas insectivore et n'a nul besoin d'aller quémander chez la fourmi sa voisine : elle se délecte de sève grâce à son rostre, sorte d'aiguille qui pique la plante puis aspire le liquide. Et il fallut bien du temps à nos scientifiques pour observer et comprendre ce comportement si discret. Assez de temps pour que la légende perdure encore aujourd'hui.

• *Les jeux Olympiques des insectes*
90 % des espèces animales sur Terre sont des insectes et ces petites bêtes battent des records :

– **Le saut le plus haut :** la puce du chat peut sauter jusqu'à 34 cm soit 140 fois sa taille, ce qui équivaut chez l'homme à 45 étages d'une tour !

– **Le scarabée rhinocéros est l'animal le plus puissant au monde...** par rapport à sa taille. Il peut soulever une charge égale à 850 fois son poids. Comme si nous soulevions 10 éléphants !

– **L'insecte le plus rapide sur terre est la blatte :** elle peut courir à plus de 5 km/h.

– **Les papillons sphinx, le taon et le gastrophile** se partagent la médaille de l'insecte le plus rapide dans les airs : 39 km/h.

– **Le champion de la vie la plus courte sur Terre** est le bien nommé éphémère, un petit moucheron qui ne vit, adulte, que quelques heures. Heureusement à l'état larvaire, il survit plusieurs années dans l'eau.

– **L'insecte le plus bruyant est la cigale :** le mâle peut chanter à 109 décibels soit autant qu'un marteau-piqueur ! On peut l'entendre à 500 m de distance.

Les animaux
surdoués

Le voyageur solitaire

Sale journée! C'est la réflexion que se fait Ralph en sautant au dernier moment dans le rapide qui s'ébranle, quittant comme chaque soir la petite gare écossaise d'Inverurie.

Sale journée, vraiment. Sa petite librairie, inaugurée en grande pompe une semaine plus tôt, et qui n'a pas désempli dans les jours qui ont suivi la fête, est demeurée désespérément vide en ce sombre mardi de novembre. La nuit est tombée d'autant plus rapidement qu'un brouillard épais a obscurci la journée entière. C'est d'ailleurs ce mauvais temps qui a certainement poussé les gens à rester chez eux, bien au chaud, pense Ralph, encore essoufflé par sa course... Qu'importe, demain est un autre jour et dans 45 minutes, après un court arrêt à mi-chemin, le temps pour le train de se délester d'une partie de ses voyageurs, il sera chez lui, à Insch. Quelle chance d'avoir pu attraper « au vol » le train de 18 h 41 ; à quelques secondes près il serait encore assis sur le quai d'Inverurie, à perdre son temps en attendant le suivant, l'Express de 19 h 32.

Le train roule maintenant à travers la campagne et Ralph en est là de ses réflexions sur le mauvais temps et l'humeur volage (et frileuse) de sa clientèle, quand un détail le frappe. Où est Archie? La présence de son labrador noir à ses côtés et en tous lieux lui est tellement habituelle que, plongé dans ses pensées et remâchant sa mauvaise humeur, il ne s'est pas inquiété de savoir si l'animal pourrait, comme lui, sauter dans le train au dernier moment. Il faut se rendre à l'évidence : il a oublié Archie à la gare d'Inverurie!

De son côté, piétinant et gémissant sur le quai, Archie le labrador regarde le train s'éloigner, vite avalé par le brouillard.

Son instinct le pousse à se lancer à sa poursuite, mais il cesse rapidement sa course pour revenir vers la zone éclairée de la gare. Attendre le retour de son maître, c'est ce qu'il a de mieux à faire.

Une demi-heure plus tard, Ralph, angoissé, descend à Insch. C'est une toute petite station et les bureaux sont vides. Personne sur le quai pour l'aider ; décidément, ce n'est pas son jour de chance. Heureusement, Archie, comme la plupart des labradors, est un animal doux et très sociable (un mauvais chien de garde, d'ailleurs !). Il se laissera approcher sans difficulté. Il porte un collier et une médaille avec son nom et le numéro de téléphone de la maison. Mieux vaut rentrer le plus vite possible et attendre un éventuel appel.

À 25 km de là, allongé sous un banc pour se protéger du crachin, Archie attend. Le quai est presque désert. À quelques mètres, des caméras de surveillance tournent en permanence et enregistrent les images d'Archie. Mais qui aurait l'idée, à cette heure tardive, de rester collé devant un écran où il ne se passe rien ?

Plus tard, dans la soirée, Ralph est arrivé chez lui. Il essaie vainement de joindre un responsable de la gare qui doit être désertée à cette heure de la nuit. Après 20 heures, les trains passent mais ne s'arrêtent plus dans la petite station d'Inverurie. 21 heures passées. On gratte à la porte. Ralph se précipite. Archie est là, crotté, dégoulinant de pluie et la langue pendante, sur le palier...

Les vidéos de surveillance, on les regardera quelques jours plus tard quand le récit de l'aventure d'Archie aura fait le tour des boutiques, des pubs et des foyers de la région, et que l'on voudra en confirmer la véracité. On y verra l'animal se glisser sous le banc, laisser passer quelques trains avec flegme puis se lever à l'arrivée de l'express de 19 h 32, et attendre l'arrêt complet pour sauter sur la plate-forme avant que le convoi ne s'éloigne dans la nuit...

30 minutes plus tard, Derek, le contrôleur, qui l'avait bien remarqué lorsqu'il était entré dans le wagon, mais n'avait pas jugé utile de lui réclamer son billet, le verra descendre sans hésiter à Insch et gagner la sortie de la station. Plus tard, dans la soirée, il grattera à la porte de Ralph qui lui ouvrira... et passera une partie de la nuit au téléphone à raconter à ses proches, l'incroyable prouesse de son cher Archie.

« Il était en pleine forme », raconta Ralph au journaliste de la feuille locale venu vérifier la rumeur quelques jours plus tard. « Je savais que c'était un chien très intelligent. Nous avions déjà pris ce train, mais à des heures différentes. Il a préféré économiser ses forces. En prenant le bon train, il s'est évité une longue marche ! ».

Quant à l'agent de ScottRail (la SNCF écossaise), il a tenu à préciser : « C'est bon pour cette fois, on ne lui fera pas payer son billet, mais il ne faudrait pas que cela devienne une habitude ».

L'avis du véto

Imaginons que vous emmeniez votre chien au bureau tous les jours et en transport en commun. Que cela soit le métro, le train, le bus ou le tramway, vous constaterez vite qu'il se lève, prêt à sortir, environ une minute avant la station et ce, même si entre-temps vous vous êtes assoupi sur votre siège ! Il ne se trompe jamais d'arrêt, à l'aller comme au retour. Le chien a en effet une capacité remarquable d'apprentissage et une excellente mémoire des lieux. Couché à vos pieds, il ne compte pas les arrêts mais « sent », dans tous les sens du terme, arriver la station. Il a fait de chaque station un « cliché olfactif » qu'il a « imprimé » en lui. Rappelons que chez cette espèce, l'odorat prime sur tous les autres sens. Le chien vit dans un monde d'odeurs difficilement imaginable pour nous, humains, qui vivons dans un monde d'images. Une grande partie du cerveau du chien est consacrée à l'interprétation et la mémorisation des odeurs. Chez nous, le souvenir d'un lieu, d'un trajet est d'abord visuel. Chez le chien, il est olfactif. La station où son maître a l'habitude de descendre a une odeur particulière ou plutôt un mélange d'odeurs qui ne trompe pas le nez d'un canidé. Il rattache à ces odeurs des sons – son ouïe est quatre fois supérieure à la nôtre – et en dernier lieu des images. D'un jardin visité la veille, on se souviendrait d'abord des couleurs, des fleurs, des plantes, d'un banc, ensuite des flagrances et enfin des chants d'oiseaux ou de grillons. Le chien, lui, aurait mémorisé une « empreinte olfactive » du jardin qu'il lui permettrait de le repérer à distance, les sons et les images venant secondairement renforcer la reconnaissance des lieux.

Comme d'habitude...

Le fait que, une fois monté dans le train, Archie reconnaisse la gare d'arrivée est compréhensible. Mais comment a-t-il eu l'idée de prendre seul le train, plutôt que d'attendre son maître ? Et comment a-t-il fait pour ne pas se tromper de train ? Pour répondre à la première question, je parlerais de mémoire par association et de rituel, les deux étant liés. Archie a associé l'action de monter dans le train au résultat : retour à la maison. Comme nombre de chiens associent le fait de monter en voiture à une sortie dans les bois, d'autres associent la présence du fusil dans l'entrée à une journée de chasse, d'autres encore le bruit du bus scolaire au loin au retour de l'enfant à la maison. Ce qui montre que le chien est capable d'anticiper des événements voire, pourquoi pas, de se projeter dans un avenir proche. À force de répétition d'un enchaînement de séquences, le chien les mémorise et surtout les ritualise. C'est un fait : un animal social comme un canidé a besoin de rituels, d'habitudes partagées avec les autres membres de sa meute. Car les rituels structurent le groupe, à l'image des us et coutumes dans une communauté humaine, et apaisent l'individu. Les rituels sous-tendent une prévisibilité des réponses de chacun, une connivence entre les individus et au final, apportent un bien-être puisque ce qui est connu rassure. L'air de rien, la moindre interaction avec son chien peut devenir un rituel à partir du moment où elle se répète : éteindre la télé le soir, se chausser, prendre son manteau est un rituel auquel le chien répond en stationnant déjà devant la porte d'entrée, la laisse dans la gueule. Poser sa tête sur le genou de son maître au moment où il prend son café et obtenir un sucre est un rituel. Monter dans le train à la gare d'Inverurie, s'allonger dans un coin du wagon une demi-heure puis descendre à Insch, est aussi un rituel. Confronté à une situation nouvelle et stressante, — seul sur le quai d'une gare —, Archie aurait suivi un rituel à la finalité prévisible et donc rassurante. Pourquoi changer ses habitudes ? On peut cependant se demander pourquoi il n'a pas choisi d'attendre patiemment son maître ou de revenir à la librairie. La réponse est simple : un chien perdu ou fugueur aura toujours l'instinct de retourner sur son territoire, dans son foyer plutôt que de perdre son temps à chercher la trace des siens. Combien de maîtres ont perdu leur chien dans un parc ou un bois, l'ont cherché pendant des heures pour finalement le retrouver couché sur le paillasson de la maison ? Archie a fait de même et a pris le train…

L'inconnu de 19 h 32

…mais pas n'importe quel train : le seul train du soir qui observait un arrêt à la station de Insch. Un heureux hasard ? Difficilement imaginable. Je pense qu'Archie a au contraire choisi le bon train car il le connaissait ! Peut-être n'a-t-il pris que de rares fois dans sa vie l'Express de 19 h 32 mais cela a suffi pour qu'il mémorise un certain nombre de données qui permettent de l'identifier : le bruit de la locomotive, le son du sifflet, les odeurs dans les compartiments, des détails visuels (la texture des sièges, la teinte des wagons, etc.). Inconsciemment, il a intégré ces éléments dans la case « connu », ce qui l'a poussé à monter dans le train dès son arrivée en gare. Une autre hypothèse tout aussi plausible est celle du voyageur qui a l'habitude de prendre le même trajet ferroviaire que celui d'Archie et son maître et les a donc souvent croisés. Quand cette personne s'est présentée sur le quai pour attraper l'Express de 19 h 32, le chien l'a reconnue (enfin, a reconnu son odeur) et s'est risqué à la suivre dans le wagon, rassuré par une présence « familière ». Dans les deux cas, et ce qu'il faut retenir de ce périple, c'est qu'Archie a sans angoisse apparente fait une analyse des différentes données et des facteurs de prévisibilité avant d'agir. Une grande preuve d'intelligence chez le meilleur ami de l'homme.

Pour en savoir plus

• *Quand Rover prend le métro*
Rover est le nom d'un labrador sable appartenant à Pierre, un ami parisien, qui se faisait un point d'honneur de l'emmener partout avec lui. Le chien, très bien éduqué, avait ainsi l'habitude de le suivre dans le métro sans laisse. Il était si discret malgré sa taille que les voyageurs plongés dans leur journal, leur MP3 ou leurs pensées ne s'apercevaient pas de sa présence. Un jour, Rover, son maître et moi attendions la rame du métro à une grande heure de pointe. Quand les portes se sont ouvertes, le chien réussit sans mal à se faufiler dans le wagon malgré l'affluence. Sans nous... Et nous vîmes, impuissants, s'éloigner la voiture avec le chien. Pierre n'avait pas l'air de s'inquiéter et voulut me rassurer : « *Tu verras, il nous attendra* », me dit-il. Effectivement, Rover attendait calmement sur le quai de la station suivante...

• *Des petites manies canines*

Les rituels, ces petites habitudes qui se mettent en place entre votre chien et vous, sont importants pour son équilibre psychique. Ils le rassurent. Ils permettent aussi de resserrer les liens affectifs. Les casser déstabilise le chien et peut générer de l'anxiété. Supprimer le rituel de la friandise offerte en fin de promenade sous prétexte que le chien est au régime peut le plonger dans une déprime aiguë. Je préfère conserver le rituel et changer la friandise pour une autre moins calorique (un morceau de pomme) car c'est le geste et l'interaction qui comptent, pas les préférences culinaires du chien! Parfois, des rituels étonnants se mettent en place tels ceux dont la finalité est d'obtenir l'attention du maître : quand pour obtenir une caresse, la plupart des chiens viennent simplement poser leur patte sur notre genou avec un regard craquant, d'autres se mettent à boiter, à se gratter ou à tourner autour de leur queue en toupie. Je me rappelle un caniche opéré avec succès d'un genou qui plusieurs mois après l'intervention boitait par intermittence, ce qui inquiétait fortement sa maîtresse. Celle-ci prenait systématiquement son chien dans les bras pour le soulager. L'examen du genou n'indiqua rien d'anormal. Le pot aux roses fut découvert le jour où le caniche comédien se mit à boiter mais... de la mauvaise patte! La boiterie, qu'il ne manifestait qu'en présence de sa maîtresse, était simplement une demande d'attention et de câlins!

Les dents du lac

Sur l'écran, les arbres défilent à grande vitesse. Vue plongeante sur un pick-up Toyota blanc qui, 30 m plus bas et toutes sirènes hurlantes, louvoie pour éviter les obstacles qui se présentent et les véhicules qui lambinent. Ce genre de traque en direct, c'est la spécialité de la chaîne CBS 2 qui dispose d'une flottille d'hélicoptères pour retransmettre, pendant des heures, les courses-poursuites entre gendarmes et voleurs, sur les autoroutes américaines. Un programme très suivi par les amateurs de sensations fortes, une issue tragique n'étant jamais exclue!

Mais aujourd'hui 25 mai 2007, pas de braqueurs en fuite. La voiture qui file, gyrophares en action, transporte une célébrité locale: Reggie l'alligator.

Flash-back.

12 août 2005. Ce matin, la météo l'a confirmé: le week-end sera très chaud. Nous sommes à 30 km de Los Angeles et, pour lutter contre la canicule, des groupes d'enfants et d'adolescents en vacances squattent les abords du lac Machado, au cœur du vaste jardin public de Harbor City. Au programme: causettes détendues, séances de bronzage, jeux de ballons et bains rafraîchissants.

Soudain, rompant brutalement cette joyeuse sérénité, un cri retentit: « Get out, get out, alligator![5] ». C'est alors que se produit une scène digne d'un film catastrophe hollywoodien: en un clin d'œil, tout le monde bondit en hurlant et se disperse dans la prairie environnante. Le jeune homme qui a donné l'alerte, lui, s'efforce encore de sortir de l'eau, un Frisbee à la main. À une trentaine de mètres de la berge, un animal, à fleur d'eau,

---

5. « Sortez, sortez, un alligator! »

99

observe avec placidité la panique qu'il a déclenchée. Il est suffisamment près pour qu'aucun doute ne soit permis : ce n'est pas un tronc d'arbre qui dérive, mais un alligator, un vrai, qui mesure près de 2 m. D'ailleurs, il vient de plonger et de disparaître. Autour du lac, les portables ne chôment pas et les opérateurs du 911, le numéro d'urgence, sont débordés.

Un feuilleton vient de commencer. Une histoire à rebondissements qui va occuper la petite ville pour les deux ans à venir.

Dès l'annonce de la présence du monstre dans les eaux du lac, la municipalité décide d'en interdire l'accès et de faire appel à des experts pour retrouver celui que la presse locale a déjà affectueusement baptisé Reggie.

On est à 50 km des studios Universal et c'est comme un *remake* du film *Les Dents de la mer* qui se déroule devant les journalistes et les caméras de télévision. Chacun veut être là et faire les plus belles images quand le saurien sera capturé. Des volontaires suréquipés débarquent en nombre pour débarrasser la ville de l'intrus. Jay Y., un *gator wrangler* (chasseur d'alligators) renommé, est venu de Denver pour tenter sa chance. Peine perdue malgré son Stetson Tacoma, son pantalon en cuir et le collier de dents d'alligator dont il ne se sépare jamais. Coût de la tentative pour la municipalité : 1 600 dollars. Par contrat, le « Crocodile Dundee » du Colorado avait une obligation de moyens, pas de résultat !

C'est ensuite au tour de spécialistes envoyés par un parc de crocodiles de Floride, Gatorland : trois gros bras accompagnés d'un cameraman. Ils offrent leurs services gratuitement et se proposent de ramener l'animal en Floride. « Chez nous, les alligators vivent une vie longue, heureuse et protégée », explique le porte-parole de Gatorland qui promet de lui réserver une place privilégiée dans la zone VIP du zoo où l'attendent deux de ses congénères,

Wally, retrouvé un jour dans le centre-ville de Miami, et Sam, un mangeur de chiens invétéré. Mais, malgré tout son talent, le gourou de Gatorland échoue dans sa tentative. Il faut dire qu'il se faisait fort de débusquer l'animal en lançant le cri de l'alligator en rut (un bruit guttural qui évoque quelqu'un essayant de se faire vomir!). Problème: personne ne sait si la bête est mâle ou femelle.

Du jour au lendemain, les abords du lac sont devenus le rendez-vous à la mode. Les curieux débarquent par centaines. De simples rumeurs suffisent à relancer opportunément l'intérêt du public avant qu'il ne s'émousse. En octobre, des pêcheurs l'auraient aperçu. Vrai ou faux? Personne ne peut le dire.

Les vendeurs de saucisses et de tacos font des affaires en or. Tout comme les vendeurs de T-shirts signés Reggie et portant l'inscription: « You'll never catch me[6] ». Tous se frottent les mains tant que l'alligator reste introuvable. La municipalité, elle, ne partage pas leur enthousiasme: elle a déjà dépensé 155 000 dollars pour capturer l'animal.

Nouveau coup de théâtre. Le 6 avril 2006, un homme, Anthony B., est condamné à 3 ans de mise à l'épreuve et à 45 heures de travaux d'intérêt général. Il a tout avoué. Il est responsable de la folie qui s'est emparée de Harbor City. C'est lui qui a lâché l'alligator dans le lac, au début de l'année 2005. Il était certainement devenu trop encombrant pour patauger dans sa salle de bains!

En fait, Reggie se cache. Sur place, il dispose de tout ce qu'il lui faut pour survivre: grenouilles et écrevisses à foison, carcasses de poulets et reliefs de tortillas laissés sur place par les badauds... Mais il reste dangereux car il peut aussi, sans difficulté, happer un enfant pour le noyer puis le dévorer.

---

6. « Vous ne m'attraperez jamais »

Ce n'est que le 30 avril 2007, soit 20 mois après sa première apparition, que Reggie l'alligator refait officiellement surface, repéré avec certitude par des promeneurs. Les autorités remettent aussitôt en place les mesures de sécurité et relancent la chasse au saurien. La facture s'élève déjà à 200 000 dollars, mais de nouveaux volontaires sont embauchés et, le 25 mai, alors que des responsables du parc et des experts de la faune sauvage sont réunis sur la rive, précisément pour examiner les moyens de le piéger, l'animal commet l'imprudence de s'aventurer sur la terre ferme pour se réchauffer et s'endormir au soleil presque sous les yeux des officiels. Appelé d'urgence, le spécialiste des reptiles du zoo de Los Angeles parvient à passer un nœud coulant autour du cou de Reggie assoupi et cinq hommes se jettent sur lui pour le maîtriser. Reggie est prestement attaché sur une planche et embarqué dans un fourgon spécial, direction le zoo, sous escorte policière, survolé par les hélicoptères de la télévision, façon O.J. Simpson.

Pour l'alligator, qui a rendu chèvres experts et chasseurs depuis deux ans, l'aventure est donc terminée.

Eh bien non! Le 15 août, deux ans presque jour pour jour après sa première apparition, Reggie fait à nouveau parler de lui. Tôt le matin, alors qu'il fait sa tournée d'inspection matinale, un gardien du zoo de Los Angeles s'aperçoit que Reggie n'est plus dans l'enclos neuf qui lui est réservé. Le muret de protection était manifestement trop bas. Heureusement, l'animal ne peut pas être sorti de l'enceinte du parc. Une battue est organisée et le personnel fouille fiévreusement le zoo dans ses moindres recoins; et finit par découvrir le reptile tapi près d'un entrepôt.

Aujourd'hui, derrière le mur rehaussé de son enclos, Reggie médite peut-être une prochaine évasion. Il a tout son temps: un alligator vit en moyenne 45 ans. Et quand on a pris goût à la liberté…

L'avis du véto

Il existe deux espèces d'alligators au monde : en Asie, l'alligator de Chine, en voie de disparition et sur le continent américain, l'alligator du Mississipi, dont Reggie est probablement un des représentants. L'alligator du Mississipi vit à l'état sauvage dans le sud-est des États-Unis, en particulier en Floride, dans les fameuses zones marécageuses des Everglades. Sa population est estimée à 1 million d'individus, ce qui est presque un miracle quand on sait que l'espèce, longtemps exterminée, a failli disparaître dans les années soixante. Aujourd'hui, elle est protégée, son commerce est possible mais réglementé. En particulier, la vente d'alligators au grand public est interdite. Et heureusement quand on sait que ce saurien potentiellement dangereux peut atteindre une taille dépassant les 4 m : c'est dire qu'il est vite à l'étroit dans une baignoire ! Pourtant il existe encore des personnes irresponsables comme Anthony B. qui adoptent un bébé alligator comme animal de compagnie. Un bébé soit issu d'un trafic, soit prélevé dans la nature au cours d'un voyage en Floride. Un bébé mignon ressemblant à un personnage de BD, qui ne mesure que 20 cm à la naissance et qui va vite grandir et devenir encombrant. Dans le meilleur des cas, son propriétaire s'en séparera en le confiant à un parc animalier. Dans le pire des cas, il le lâchera dans la nature…

Comment Reggie a-t-il pu vivre si longtemps dans un lac de Californie ?

Les alligators vivent majoritairement dans les marécages, les marais mais aussi dans les rivières et les lacs où ils trouvent l'essentiel de leurs repas : des poissons, des serpents et tortues, des batraciens, des petits mammifères, des oiseaux. Ils évoluent sous un climat subtropical c'est-à-dire chaud et humide l'été, et frais en hiver. En Californie comme en Floride, il fait beau toute l'année à la différence près que l'été y est chaud et sec. Une différence d'hygrométrie qui n'empêche en rien l'adaptation de ces animaux amphibies au climat hollywoodien, bien au contraire ! Reggie s'est très vite fait à son lac : eau peu profonde tempérée voire chaude, berges au soleil, nourriture à profusion, absence de concurrents sauriens ou d'ennemis (le lac était déserté par l'homme). Quand la température baissait, il disparaissait car, comme tous les animaux à sang froid l'hiver, il ne mangeait plus, bougeait le minimum et peut-être même a-t-il hiberné dans un terrier. Pour mieux s'activer à la belle saison. Une vraie vie de nabab qui a duré 2 ans.

Comment capturer un alligator ?

À cette question, Luc Fougeirol[7], expert en reptiles et fondateur de La Ferme aux crocodiles[8], répond avec malice : « en évitant de se faire mordre ! », avant d'ajouter : « et en limitant le stress pour l'animal ! » Un petit spécimen peut être maîtrisé en jetant une serviette sur sa tête puis en l'attrapant par le cou tout en s'appuyant sur son corps (en s'asseyant dessus) pour lui éviter de bouger. Pour les plus gros gabarits, la panoplie du parfait « Crocodile Dundee » comprend : un lasso, un chiffon et... un rouleau de bande adhésive ! Et pour la main-d'œuvre au moins cinq paires de bras musclés ! Que l'alligator soit ou non dans l'eau, le principe est de passer le lasso autour de sa mâchoire supérieure (la bête se sentant menacée ouvre la gueule). Quand la corde est bloquée entre les dents, on tire dessus, l'animal fait contrepoids et tire aussi. On le fait sortir de l'eau. Puis on passe une seconde corde autour des deux mâchoires. La chose n'est pas si aisée car l'animal, vif et puissant, se débat, donne des coups de tête et de queue. On lui couvre les yeux avec le chiffon pour le calmer. Ensuite les pattes sont bloquées par des cordes et un simple morceau d'adhésif collé autour du museau suffit à lui maintenir la gueule fermée. Car si les alligators, crocodiles et autres caïmans sont doués pour croquer grâce à des muscles maxillaires puissants (la pression d'une mâchoire peut atteindre 1 350 kg au cm² !), ils n'ont quasiment pas de forces pour ouvrir le bec ! Plutôt que la manière forte, les zoos et parcs animaliers utilisent de préférence des grandes caisses pour coincer les

---

7. www.luc-fougeirol.com.
8. La Ferme aux crocodiles, 26 700 Pierrelatte, www.lafermeauxcrocodiles.com.

sauriens : elles sont placées dans leur enclos et les animaux sont tentés d'y rentrer pour se mettre à l'ombre ou se régaler d'une friandise carnée. Dès qu'ils sont dedans, la porte-guillotine commandée à distance se referme sur eux. Moins de stress, moins de sueur, tout le monde y gagne.

Pour en savoir plus

• *Crocodile ou alligator ? Un sourire différent !*
Crocodiles et alligators appartiennent à l'ordre des crocodiliens. Pour un néophyte, tous les crocodiliens (qui comptent aussi les caïmans et les gavials), se ressemblent. Pourtant, distinguer un crocodile d'un alligator est aisé pour peu que l'animal ait la gueule fermée : chez le premier, la « canine » de la mâchoire inférieure (en fait la quatrième dent et aussi la plus grande) est visible alors que chez l'alligator (et le caïman), aucune dent de la mâchoire inférieure n'apparaît. Ainsi, si le saurien a l'air de vous sourire méchamment c'est sûrement un crocodile ! Quant aux gavials, ils se reconnaissent grâce à leur museau long, fin et cylindrique.

• *Le saviez-vous ?*
Pourquoi les alligators et crocodiles gardent souvent la gueule ouverte ? Si cette attitude a le pouvoir de nous impressionner, elle sert surtout à rafraîchir le saurien. À l'image du chien qui halète dès qu'il fait chaud. En effet, l'air frais inspiré entre en contact avec les vaisseaux sanguins et les refroidit, ce qui permet au crocodile de réguler sa température corporelle. N'oublions pas que, comme tous les reptiles, c'est un animal à sang froid ou poïkilotherme : sa température corporelle dépend de la température ambiante. Elle doit être comprise entre 25 et 35 °C. Pour se réchauffer, il recherche le soleil. Pour se refroidir, il va à l'ombre, bouge dans l'eau ou reste la gueule ouverte.

Une boussole
dans la tête

À vol d'oiseau, de Bordeaux à Tréveray, un petit bourg lorrain, il faut compter environ 620 km. Cette distance, un passereau la parcourt, sans trop se presser, en 3 ou 4 jours... Mimine, elle, a mis 13 mois à la franchir!

Car Mimine n'est pas un oiseau, mais une petite chatte. Entre Bordeaux à Tréveray, il y a le Massif central, et là où le moindre martinet aurait toisé les montagnes et se serait moqué des cours d'eau, Mimine a dû prendre des chemins détournés, contourner des obstacles, franchir des rivières, se garder des voitures et braver des chiens malveillants, tout en assurant son ravitaillement! Un exploit. Surtout quand on fait la route pour la première fois, et qu'on a vécu, depuis sa tendre enfance, nourrie et cajolée au sein d'une famille aux petits soins. Bien sûr, à Bordeaux, Mimine faisait de l'exercice: il lui arrivait de sortir de sa torpeur pour courir après sa queue ou se lancer dans des safaris d'enfer dans le petit jardin de ville qui entourait la maison... Mais dans l'ensemble, elle menait une existence plutôt paisible et préservée, celle dont rêvent la plupart des chats domestiques.

Or, le rêve a tourné au cauchemar le jour où la petite famille a dû quitter la douceur du Sud-Ouest pour un climat plus rude, celui des Vosges.

Et c'est justement la veille du déménagement que choisit Mimine, incommodée par le remue-ménage, pour franchir les limites du domaine familial et explorer les environs, ce qu'elle n'avait jamais fait auparavant.

Le lendemain matin, à l'aube, le camion de déménagement prend la route. La chatte n'est pas rentrée. On la cherche une bonne partie de la matinée, mais il faut partir pour avoir des chances de rattraper le camion et être à Tréveray le soir même pour assister au déchargement. Impossible d'attendre plus longtemps. Le cœur brisé, la famille se résigne et abandonne Mimine.

13 mois plus tard, Thomas, le père de famille, tond sa pelouse devant la nouvelle maison de Tréveray. La famille ne s'est pas consolée de la perte de Mimine, mais on envisage sérieusement de reprendre un animal pour « tourner la page ». Justement, un chat vient de sauter sur le mur, à quelques mètres de Thomas. Il éprouve une curieuse impression : ce chat est le sosie de Mimine. Une Mimine plus maigre mais aussi au ventre plus rond : elle attend des petits. Elle le regarde fixement et Thomas reconnaît ce regard. La chatte court vers lui, se frotte contre ses jambes en miaulant, tandis qu'il appelle ses enfants. Mais oui, tout le monde en est sûr, c'est bien Mimine ! Incroyable, elle a parcouru plus de 800 km pour les retrouver !

« La couleur de sa robe, son comportement, sa façon de se frotter à nos jambes… tout concordait », racontera Thomas, plus tard. « Elle n'aimait pas les croquettes, elle n'en mange toujours pas. D'ailleurs, quelle autre chatte pleine serait arrivée en courant pour se frotter à nous et réclamer des caresses si nous avions été des inconnus ? Lorsqu'elles sont dans cet état, les femelles ont plutôt tendance à se méfier et à chercher un coin tranquille pour mettre bas. »

Cependant, un doute peut subsister, même si la famille au complet est convaincue que c'est bien Mimine qui les a retrouvés : la chatte n'a jamais été tatouée.

Seules certitudes, elle est le portrait craché de Mimine, les photos en témoignent et, si l'on en croit l'état de ses coussinets et les tiques dont sont corps est couvert, elle a beaucoup « bourlingué » avant de rejoindre son nouveau port d'attache. D'ailleurs, depuis qu'elle a débarqué, elle n'a jamais tenté de s'éloigner de sa nouvelle demeure, même lorsque les deux chats qu'elle portait sont devenus indépendants, et une chatte « baroudeuse » serait partie depuis longtemps !

Les sceptiques cependant peuvent contre-attaquer : comment une chatte qui n'a jamais voyagé, aurait-elle pu retrouver ses maîtres, surtout dans une région où elle n'a jamais mis les pattes ? Comment a-t-elle pu échapper à tous les dangers quotidiennement pendant plus d'un an, sans jamais se détourner de son objectif : rejoindre ses maîtres ? Mystère.

Si l'on en croit d'anciens dictons populaires, le diable serait l'allié des chats. Pour Mimine, ce serait plutôt un ange gardien, non ?

L'avis du véto

Nos compagnons de vie, comme j'aime à les appeler, et les chats en particulier, sont une source inépuisable d'histoires étonnantes qui amènent à penser à un mystérieux sixième sens. Tout le monde a entendu parler de félins domestiques qui parcourent des dizaines, des centaines de kilomètres pour retrouver leur maître. Un exploit qui nous interpelle, tout comme la motivation de l'animal qui suggère un lien indéfectible entre l'homme et lui. Ces curieuses histoires sont-elles réelles ou fantasmées ?

D'autres histoires

Mimine serait partie d'un quartier qu'elle connaissait bien et où elle avait ses marques pour une destination inconnue à 800 km en passant par des chemins inconnus. Début 2009, les journaux russes ont relaté le périple de Boïan, un chat de gouttière âgé de 5 ans qui vivait dans la région de Krasnoïarsk, en Sibérie orientale. Il s'est enfui au cours d'un déménagement au grand désespoir de sa petite famille. Il serait réapparu 3 mois plus tard, à plus de 70 km de son ancien domicile, patientant sur le palier du nouvel appartement de ses maîtres, au quatrième étage d'un immeuble résidentiel. Ces deux cas sont d'autant plus incroyables que la plupart du temps les histoires évoquent plutôt des chats qui, perdus loin de chez eux (au cours des vacances par exemple), retrouvent leur maison plusieurs mois plus tard. Comme une hirondelle partie d'Afrique qui revient en Europe au printemps sur le lieu qui l'a vue naître. Me vient à l'esprit la belle histoire de Cacao, que m'a relatée une journaliste. Des amis proches – un couple et 3 enfants -, habitant dans le Doubs, s'étaient résolus à se séparer de leur chat Cacao, en raison d'une incompatibilité d'humeur avec l'autre chat de la maison. Ce tigré aux beaux yeux verts âgé d'un an était né à la maison et n'avait jamais franchi les limites du jardin familial. Il a ainsi été confié au grand-père qui habitait à une centaine de kilomètres. Il a disparu au bout de 2 jours et est revenu chez lui dans sa maison natale 6 mois après, débordant de tendresse pour ses maîtres ébahis par ce voyageur courageux.

Un GPS interne

Après un déménagement, je conseille toujours de garder le chat une quinzaine de jours à l'intérieur avant de l'autoriser à sortir, le temps qu'il marque bien le nouveau foyer de son odeur. Pourquoi ? Pour lui ôter l'idée de revenir à son ancienne maison, chose qui, selon mon expérience, arrive assez fréquemment quand les deux demeures se situent dans le même quartier ou la même région ! Il est indéniable que les chats ont la faculté de retrouver le chemin de leur foyer – leur territoire – dans un rayon de plusieurs kilomètres. De combien de kilomètres ? Personne ne sait vraiment par manque de données. Les spécialistes avancent un périmètre de 5 à 15 km, guère plus. Il correspondrait au « territoire » ou plus exactement au domaine de vie d'un chat libre à la campagne, soit de 100 à 620 hectares. Sans même parler des cas extrêmes comme le périple de Mimine, reste à savoir comment un animal haut comme 3 pommes arrive à se repérer et à s'orienter sur un domaine aussi vaste ? Grâce à des sens développés et une mémoire à long terme. Dans un petit périmètre, tel le Petit Poucet, le chat dépose ses marques, son odeur, sur son parcours, en se frottant, en se soulageant ou tout simplement en marchant : entre ses coussinets, des glandes sécrètent des phéromones qui sont autant d'empreintes individuelles. Pour le retour, il n'a qu'à suivre le chemin aromatique ! Mais les phéromones ne sont pas éternelles. Pour s'orienter sur de plus longues distances, il utiliserait sa mémoire olfactive, auditive et secondairement visuelle. Sachez que si l'homme vit dans un monde d'images, le chat comme le chien vivent dans un monde d'odeurs. Chaque lieu, chaque quartier, chaque jardin, chaque coin de sentier, aurait sa propre odeur. Le chat pourrait donc s'orienter grâce aux effluves imprimés dans sa mémoire, à un cartographie olfactive, conjuguée aussi aux sons et aux images. Car le chat intégrerait d'autres données comme les cloches de l'église de son quartier, ou les vocalises des chiens hurleurs de la région qu'il perçoit à des kilomètres ! Utilise-t-il d'autres indices ? Certains spécialistes pensent que le chat est doté d'une « boussole biologique interne », celle dont se servent les oiseaux migrateurs pour se diriger. Elle lui permettrait de s'orienter selon les champs électromagnétiques produits par les révolutions de notre planète. Ce n'est qu'une hypothèse. Ceux qui doutent de l'existence d'une « boussole magnétique » rétorquent que le chat n'a jamais été une espèce migratrice...

Vos papiers S.V.P. !

Alors comment un chat peut-il arriver à traverser toute une région, un pays sans se tromper d'itinéraire ? Est-ce de la magie ? Personnellement et au risque de vous décevoir, je dirais que dans la plupart de ces histoires d'animaux voyageurs (surtout quand la distance dépasse les dizaines de kilomètres), il s'agit sûrement d'un tour de passe-passe. Car ce qui m'étonne est l'absence chez ces chats baroudeurs d'une puce électronique, d'un tatouage, d'une médaille, gages infaillibles de leur identité. Comment être sûr que Mimine est bien Mimine ? La perte d'un animal est si éprouvante, l'attente si forte qu'il est facile de croire au retour du chat prodige... qui en est un autre ! J'ai moi-même eu la douloureuse expérience de la disparition d'un chat et encore aujourd'hui, je me surprends à voir « ma » Bianca dans tous les chats blancs que je croise. Bien entendu, le chat qui réapparaît par miracle a la même couleur de pelage, la même longueur de poil, les mêmes yeux que le chat disparu. On excuse sa maigreur, son poil piqué, les éventuelles cicatrices par les épreuves qu'il a dû endurer pour revenir chez ses maîtres. Le désir et la joie de le retrouver sont si grands qu'on remarque à peine qu'il a perdu pas mal de ses habitudes et n'a plus vraiment la même attitude. C'est ce qu'on appelle faire un transfert. Cacao, par exemple, qui aurait parcouru une centaine de kilomètres, a depuis son retour, un comportement tout à fait différent : lui plutôt avare de câlins avant son départ, est devenu un vrai « pot de colle ». « Il nous montre qu'il est heureux d'être là avec nous », se convainc sa maîtresse. Qui lui dirait le contraire ? Pourtant aucun des cas de chats grands voyageurs que la littérature ait pu rapporter n'a été validé scientifiquement. Les témoignages concordent pour dire que le chat a « reconnu » ses maîtres, est venu à leur rencontre. Est-ce une preuve suffisante de son identité ? Non, car on sait qu'un chat peut choisir et « adopter » une famille inconnue. Je connais nombre de chats qui se sont « invités » dans une maison et ont demandé à y rester... au grand dam parfois de leur vrai propriétaire qui habite à quelques pâtés de maisons de là ! Un chat qui ressemble comme un frère jumeau à un animal disparu est accueilli chaleureusement. C'est inévitable. Lui-même sent cette bienveillance à son égard et y répond positivement, ce qui conforte la première impression de ses « maîtres » : il s'agit bien de *leur* chat. Une usurpation d'identité qui fait le bonheur de tous. C'est le film « Le Retour de Martin Guerre », version féline !

Télépathie ?

Admettons que Mimine est bien Mimine et que le russe Boïan est bien Boïan. Admettons que leurs sens aiguisés leur permettent de se diriger en terrain inconnu. Comment alors expliquer qu'ils aient pu retrouver leurs maîtres habitant en « pays étranger » et qu'ils n'aient pas eu la tentation de s'arrêter en chemin dans une maison accueillante ? Et ce d'autant plus que le chat est un animal territorial, théoriquement plus attaché à son territoire qu'à son groupe familial. Certains auteurs émettent l'hypothèse d'un lien télépathique entre le chat et l'homme, ce qui permettrait un « pistage mental » lors de séparation. Bien sûr aucune étude n'est venue prouver son existence même si de nombreux propriétaires sont convaincus des capacités télépathiques de leur animal. Un jour, une dame, juge de profession, m'a raconté l'histoire véridique de la chatte de son père. Ce dernier, très âgé, avait dû être hospitalisé et sa chatte appelée Minette, restée à la maison, ne voulait pas quitter le lit de son maître. Un jour, Minette descendit du lit et déambula dans toute la maison en miaulant d'une voix rauque. Quelques minutes plus tard, le téléphone sonna, annonçant le décès du vieil homme. Troublant.

Pour en savoir plus

• *Le labyrinthe des chats*

Rares sont les études scientifiques qui se sont intéressées aux capacités d'orientation à longue distance chez le chat. Dans les années cinquante, les zoologistes allemands Heinrich Precht et Elke Lindenlaub ont eu l'idée saugrenue d'enfermer des chats de compagnie dans une cage opaque, de leur faire parcourir en camion un itinéraire compliqué avec moult tours et détours en ville et à la campagne. Puis ils les ont relâchés un par un dans un labyrinthe spécialement conçu pour l'expérience, couvert (donc sans possibilité de s'orienter par rapport au soleil ou aux étoiles) et comprenant 24 sorties partant dans toutes les directions. À quelques exceptions près, tous les félins sont ressortis par celle qui s'orientait en direction de leur maison ! Preuve incontestable d'un excellent sens de l'orientation.

• *Le saviez-vous ?*
Les phéromones jouent un rôle central dans la communication féline. Ce sont des substances chimiques volatiles, émises par la plupart des animaux et qui, très spécifiques, sont utilisées comme messagers entre deux individus de la même espèce. Ce qui veut dire que des phéromones de chat ne peuvent être « senties » par des chiens et réciproquement. Chez les mammifères et les reptiles, elles sont détectées par un organe sensoriel spécial, l'organe voméronasal situé au-dessus de la voûte du palais. Les phéromones sexuelles sont les plus connues car elles permettent le rapprochement entre deux partenaires. Chez le chat, les phéromones servent aussi pour le marquage du territoire, et celui de son groupe social. Elles se retrouvent dans les selles et les urines mais sont également sécrétées par des glandes situées sur le menton, les joues, les lèvres et les coussinets. Un chat qui se frotte aux meubles ou à vos chevilles dépose des phéromones comme autant d'odeurs du chez-soi. Un chat qui griffe l'accoudoir du canapé laisse une marque visuelle et en même temps olfactive de sa présence sur les lieux. Ces odeurs ont un effet immédiatement apaisant sur lui, c'est pourquoi les vétérinaires les utilisent en prévention ou en traitement de troubles du comportement. Certaines phéromones félines ont été isolées et synthétisées et sont vendues aujourd'hui sous forme de spray ou de diffuseur. Elles sont par exemple indiquées lors de déménagement pour que le félin retrouve vite des marques du chez-soi dans sa nouvelle maison.

Le diagnostic
de Ringo

Intelligent, docile, énergique, sociable, idolâtrant son maître…
Le jour où Annah Garrett, une Anglaise de 38 ans, a choisi
Ringo, un golden retriever de 6 mois, pour accompagner sa
solitude, c'était pour toutes ces qualités que l'on reconnaît volontiers aux représentants de cette race canine. Pour tout dire,
elle sortait épuisée d'une histoire d'amour douloureuse et, ayant
perdu quelques illusions sur l'espèce humaine (la branche mas-
culine en particulier!), elle était revenue à ses amours d'enfance : les chiens.

Depuis, trois années étaient passées. Les blessures du cœur
s'étaient lentement refermées, Annah avait renoué petit à petit
avec les plaisirs de la vie… La présence enjouée et la sollicitude
de Ringo, qui donnait toujours l'impression de vouloir lui faire
plaisir, avaient considérablement aidé à cette convalescence.

L'animal n'avait qu'un défaut : la gourmandise. Mais d'Annah qui soignait sa dépression à coups de tablettes de chocolat
ou de Ringo qui ne boudait jamais un supplément de croquettes, lequel entraînait l'autre? L'obésité menaçait l'animal.
Heureusement, l'appartement d'Annah était grand et les galo-
pades autorisées. De plus, chaque jour, la jeune femme s'astrei-
gnait à des balades et des jeux dans un parc à proximité de la
maison. C'est d'ailleurs à l'occasion de ces promenades quotidiennes qu'elle avait renoué avec une nouvelle vie sociale; elle
n'était pas la seule à choisir l'endroit comme terrain d'exercices
pour son compagnon à quatre pattes. Et, tout comme les

joueurs de golf ou les collectionneurs de timbres, les propriétaires de chiens ont un sujet de conversation et d'échange inépuisable : leur passion.

Ce matin-là, sur le chemin du retour, Annah était satisfaite. Elle venait de programmer un week-end de défoulement à la campagne, dans une région truffée d'étangs, avec quelques-uns de ses sympathiques « amis de parc »… Toute à ces promesses de balades champêtres, Annah s'aperçut, alors qu'elle faillit trébucher, que Ringo s'était assis devant elle et la regardait fixement. Puis, chose qu'il n'avait jamais faite auparavant, il se dressa et posa ses pattes sur la poitrine de sa maîtresse. Plus agacée d'avoir été arrachée brutalement à ses pensées bucoliques que par la douleur qu'elle venait de ressentir dans la poitrine, Annah repoussa son ami trop envahissant, assez vigoureusement pour lui faire comprendre que ce n'était décidément pas des manières, même si cela partait d'un bon sentiment. Puis tous deux reprirent leur marche en direction de la maison.

Quelques mètres plus loin, la même scène se répéta. À nouveau, Annah reçut en pleine poitrine les 35 kg de Ringo qui, soudain agité, se mit à renifler bruyamment. Cette fois, la douleur avait été forte et plus précise et Annah se dit à juste titre que quelque chose clochait…

Le lendemain de ce brutal témoignage d'affection, Annah se rendit chez son médecin. Trois semaines plus tard, elle était opérée de la tumeur cancéreuse que le praticien avait décelée dans son sein droit. Une chimiothérapie suivit l'intervention. Annah est aujourd'hui tirée d'affaire.

Jamais plus Ringo, qui n'avait pas trouvé d'autres moyens de faire passer un message important, ne s'est précipité les deux pattes en avant sur sa maîtresse. Ses élans d'amour sont toujours aussi nombreux, mais beaucoup moins violents. « Si

Ringo n'avait pas bondi de cette façon sur moi, je n'aurais probablement pas détecté ce problème de santé avant des semaines. Je lui dois la vie ! », répète souvent Annah à ses amis du parc. Inutile de préciser que tous l'approuvent avec chaleur.

L'avis du véto

Les chiens sont-ils vraiment capables de « flairer » un cancer chez l'homme ? La réponse est oui et a été prouvée scientifiquement. Car le cas de Ringo n'est pas un cas isolé.

La première observation a été rapportée en 1989 par la très sérieuse revue scientifique *The Lancet* : une femme de 44 ans se disait « harcelée » par son chien qui ne cessait de renifler un grain de beauté situé sur sa cuisse, et ce même quand elle portait des pantalons. Un jour le chien avait essayé de mordre ledit grain de beauté ce qui avait amené sa maîtresse à consulter. L'analyse avait révélé un mélanome malin, un cancer de la peau, heureusement diagnostiqué à temps. Deux ans plus tard, la même revue relate l'histoire d'un labrador qui s'est mis à renifler avec insistance une lésion d'eczéma pourtant présente depuis des années sur la jambe de son maître, un homme âgé de 66 ans. Ce dernier souffrait en fait d'un cancer cutané. Une fois la tumeur retirée, le chien s'est désintéressé de la jambe.

Des chiens renifleurs de cancers

Après plusieurs faits similaires, des expériences ont été menées par la communauté médicale afin de savoir si le meilleur ami de l'homme pouvait aussi l'aider à la détection des cancers. Ainsi, des chiens ont pu être entraînés à reconnaître « l'odeur » d'un cancer à partir d'échantillons de mélanome cutané (conservés en laboratoire) puis à la détecter sur des patients réels. Les résultats ont été au-delà des espérances : les chiens arrivent non seulement à détecter des lésions cancéreuses confirmées ensuite par une biopsie, mais aussi celles très discrètes et très difficiles à identifier par des méthodes classiques car ne concernant qu'une minuscule fraction de cellules anormales ! D'autres études ont révélé que le chien pouvait aussi « sentir le cancer » dans l'air expiré de personnes atteintes de cancer du poumon ou du sein, mais aussi dans l'urine de malades souffrant d'un cancer de la vessie ! Ce qui confirme que, quelle que soit la tumeur maligne, les cellules malades produisent des composés chimiques volatils qui permettent leur détection par le système olfactif du chien.

Pour en revenir à Ringo, on peut supposer qu'il ait dépisté une odeur suspecte soit d'origine cutanée (au niveau de la poitrine), soit présente dans l'haleine de sa maîtresse malade, ce qui expliquerait son comportement surprenant. Une fois encore un chien a sauvé une vie et, même s'il ne devient pas un élément central de la lutte contre le cancer, ses grandes capacités de dépisteur intéressent grandement les médecins et les scientifiques : l'idée pour eux n'est pas de se servir du chien comme d'une nouvelle méthode de diagnostic, mais plutôt d'établir un modèle de « signature odorante » de la cellule tumorale, telle que détectée par le nez des chiens, pour ensuite développer un nouvel outil d'investigation aussi performant.

Pour en savoir plus

• *Le flair, une question (aussi) de race*
Si nous vivons dans un monde d'images, le chien, lui, vit dans un mode d'odeurs. Rien d'étonnant à cela quand on sait que son odorat est mille à un million de fois plus fin que le nôtre ! C'est son sens le plus développé et une grande partie de son cerveau est consacrée à l'interprétation des odeurs. L'humidité de sa truffe lui permet de capter les molécules odorantes, qui se retrouvent ensuite emprisonnées dans les cornets nasaux au contact de la muqueuse olfactive. Celle-ci est constituée de

millions de cellules sensorielles qui convertissent les odeurs en messages nerveux pour le cerveau. Elle mesure en moyenne 150 cm² chez le chien contre… 3 cm² chez l'homme !

L'odorat lui sert pour chasser, se repérer, communiquer avec ses semblables, trouver un(e) partenaire. C'est d'abord par l'odeur que le chien reconnaît sa maison et son maître.

Cependant, même si les capacités olfactives restent impressionnantes quel que soit le chien, tous n'ont pas le même « nez ». Question de race et surtout de longueur de museau : plus ce dernier est long et fin, plus il est sensible. Ainsi les « nez écrasés » comme les boxer et les bouledogues ont comparativement moins de flair qu'un berger allemand ou un lévrier. Un berger allemand posséderait 200 millions de récepteurs olfactifs contre 147 millions chez le boxer (et 5 millions chez l'homme). Sa sensibilité olfactive couplée à des capacités d'apprentissage et de mémorisation hors pair expliquent pourquoi ce chien est souvent utilisé pour la recherche de stupéfiants ou de personnes ensevelies ou perdues. Concernant le sexe, certains prétendent que les chiennes auraient plus de « nez » que les mâles : question de sensibilité olfactive ou de concentration ?

• *Des chiens experts au service de la police scientifique*

Savez-vous que partout où l'on passe, on dépose sans le savoir quelques molécules odorantes qui constituent une empreinte olfactive individuelle ? S'il nous est impossible de les percevoir, il n'en est pas de même pour le nez du chien. D'où l'idée de l'utiliser à travers l'odorologie, une nouvelle technique d'investigation utilisée depuis quelques années par la police technique et scientifique française. Imaginez : un crime vient d'être commis. L'auteur a pris soin de ne laisser aucune empreinte digitale ou trace d'A.D.N. Mais, involontairement, il laisse son odeur sur le siège où il s'est assis, l'appui de la fenêtre… ces indices olfactifs sont prélevés par les inspecteurs à l'aide de lingettes stériles déposées sur les surfaces puis conservées dans des flacons hermétiques. Si un suspect est intercepté, c'est au chien expert d'intervenir : on lui donne à renifler le flacon avec l'odeur prélevée sur le lieu du crime puis on lui soumet cinq bocaux contenant des tissus malaxés par différentes personnes dont le suspect. Ce dernier est confondu si le chien se couche devant « son » bocal. Cette identification est dorénavant considérée comme un élément de preuve par un tribunal français si le test est refait deux fois par deux chiens experts avec les mêmes conclusions.

Rico, le surdoué

Soirée détente. La télévision est allumée mais Julia Fischer, allongée sur son canapé, ne la regarde pas. Elle parcourt distraitement son courrier du jour, attendant la fin de l'émission en cours, une sorte de *Incroyable, mais vrai* aux thèmes rebattus, pour se régaler de sa série favorite qui va commencer dans quelques minutes.

À l'écran, les numéros se suivent, en musique, ponctués par les cris et les applaudissements du public. Le bruit est à son comble et Julia s'apprête à saisir la télécommande quand une phrase éveille sa curiosité : « Rico, mon chien, comprend plus de deux cents mots. »

La jeune femme lève les yeux vers l'écran où une dame, qui assurément s'est mise sur son trente et un pour l'occasion, répond à l'animateur en caressant un border collie noir et blanc. « Il a 9 ans et nous l'entraînons depuis l'âge de six mois. Il connaît le nom de tous ses jouets qu'il rapporte à la demande. » Suit la démonstration. Suzanne (c'est le prénom de la maîtresse de Rico) est assise et tourne le dos au chien. Puis elle lance des mots d'après une liste que vient de rédiger l'animateur pour ne pas être accusée de trucage : banane, nounours, hamburger, pantoufle… À chaque fois, l'animal se précipite dans une vaste caisse et vient déposer l'objet demandé aux pieds de sa maîtresse qui commente : « Il s'était blessé à une patte à l'âge de 10 mois, et pour lui faire faire de l'exercice, nous lui avons appris à aller chercher ses jouets. »

Dix demandes plus tard, Rico a fait un sans-faute et pourtant les applaudissements sont bien timides. Il ne sortira pas vainqueur du tournoi. Décidément, le public est sans pitié… ou, plus exactement, il ne sait pas que la performance de Rico est réellement incroyable. Le chien de « monsieur tout le monde » n'est capable de comprendre qu'une demi-douzaine d'ordres de base comme « Assis! », « Couché! », « Au pied! » ou « Va chercher la baballe! ». Et Rico vient de faire beaucoup mieux.

Julia, elle, apprécie la performance. Elle est professeur à l'*Institut d'anthropologie évolutionnaire Max Planck* de Leipzig, et sa spécialité est justement l'intelligence animale[9]. Et, dans ce cadre, elle dirige des expériences sur les singes, ses sujets d'observation favoris. Leur « ressemblance » avec l'homme n'est pas étrangère à l'intérêt que leur ont toujours porté les scientifiques. Les chimpanzés, bonobos, orangs-outans et autres gorilles sont étudiés depuis des lustres dans leur comportement social et leurs capacités d'apprentissage. Mais cette exhibition de Rico dans une banale émission de variétés télévisées vient de lui donner l'idée d'un nouveau développement de ses expériences. Dès le lendemain, elle contacte la propriétaire de Rico et lui propose de reprendre les tests de la veille, mais sur un mode réellement scientifique, cette fois.

Dès l'arrivée de Rico au centre, les chercheurs vérifient ses capacités. Le chien n'obéit qu'à Suzanne. Elle participera donc activement aux expérimentations. Mais elle ne doit pas avoir de contact visuel avec Rico car elle pourrait lui donner, même involontairement, des indices. On l'installe donc dans une pièce voisine d'où elle peut donner ses ordres. Comme à la télé, le succès est total : le border collie ne se trompe jamais d'objet.

De nouvelles expériences, plus spécifiques, peuvent alors commencer. Les scientifiques placent par exemple un objet « inconnu » parmi une trentaine de jouets familiers. Sa maîtresse prononce le nom de cet objet, que Rico n'a jamais entendu. Celui-ci

---

9. Julia Fischer est aujourd'hui responsable des recherches d'éthologie cognitive au German Primate Center et professeur d'éthologie et d'écologie à l'Université de Göttingen.

comprend immédiatement que ce terme correspond à un objet qu'il n'a jamais vu, il le choisit donc dans sa caisse et le rapporte à Suzanne. L'expérience se répète plusieurs fois avec succès. Rico est donc capable d'associer des idées, de faire des déductions du type : « Je ne connais pas ce nom, je ne connais pas cet objet, peut-être les deux vont-ils ensemble. »

C'est là une étape cruciale dans le développement du langage, révèle le magazine américain *Science* qui consacre peu après un dossier complet à « Rico le surdoué ». « Cette aptitude d'apprentissage rapide à première vue est remarquable chez un chien et correspond aux capacités d'un enfant de trois ans ». Mieux, quatre semaines plus tard, Rico se souviendra trois fois sur six de ce nouveau terme.

S'agit-il d'un chien exceptionnel ? Sans doute, si l'on considère l'étendue de son vocabulaire que les chercheurs du *Max Plank* estiment comparable à celui de grands singes, de dauphins, ou de perroquets entraînés.

Pour Julia Fischer, c'est ainsi que le langage a émergé, il y a des centaines de milliers d'années. Nos ancêtres ont dû nommer les objets qui les entouraient, petit à petit, au fur et à mesure de l'évolution de leurs besoins. C'est également ainsi qu'un enfant apprend à parler, en mémorisant ce que les adultes lui disent (dix mots par jour à partir de l'âge de deux ans, estiment les psychologues), puis en faisant peu à peu des associations d'idées.

Quant aux amis des chiens, ils ne semblent pas étonnés des résultats de ces expériences avec Rico, mais relativisent avec humour : « Si l'on considère que l'intelligence peut être définie comme la capacité à résoudre les problèmes nouveaux et à utiliser sa raison de manière efficace, nos chiens nous montrent chaque jour qu'ils ont de nombreuses façons d'agir avec intelligence », commente Patti Strand, auteur d'un livre sur les dalmatiens et membre du Groupement des Chenils américains qui conclut : « Merci aux chercheurs d'avoir montré que ceux d'entre nous qui parlent à leur chien sont de bons communicateurs... et non des excentriques ».

L'avis du véto

Tout le monde s'accorde pour dire que le chien (et surtout *son* chien) est un animal intelligent. Mais qu'est-ce que l'intelligence animale ? Est-ce de sauver des vies ? D'apprendre facilement des ordres ? De comprendre nos émotions ? D'anticiper nos actions ? L'intelligence animale est aussi difficile à définir que l'intelligence humaine. Et elle ne doit surtout pas se limiter, comme on a tendance à le faire, aux capacités d'apprentissage. Je dirais qu'elle procède de facultés de réflexion et de logique, qui permettent à l'animal de comprendre les choses et les faits et d'établir des relations entre eux. Elles lui permettent ainsi de s'adapter à des situations nouvelles en les comparant à d'autres mémorisées et, le cas échéant, à innover (comme se servir d'outils : voir aussi Les animaux bricoleurs, p. 126). On est loin des réactions instinctives de l'animal-objet décrit par Descartes ! Face à un problème nouveau, un animal dit intelligent prend des décisions par rapport au contexte, à son expérience et sa mémoire. Rico en est l'exemple parfait : il mémorise des mots, les associe chacun à des objets et est capable de raisonnement par déduction. Est-il une exception dans l'espèce canine ?

Le QI en question

Si vous possédez un chien, vous êtes-vous déjà demandé combien d'ordres il connaissait ? « Assis », « couché », « pas bouger », « au pied », « va chercher »... Moins de dix ?! Savez-vous que vous sous-estimez et surtout sous-exploitez ses capacités ? Certains éducateurs canins affirment que le chien peut assimiler jusqu'à une centaine d'ordres. Par exemple, un chien guide répond à une trentaine de mots-clés quand il sort de l'école à 18 mois et il est en mesure d'en assimiler bien davantage au cours de son existence aux côtés de son maître non-voyant. Un chien d'assistance pour personne handicapée moteur, lui, doit être capable de répondre à cinquante ordres minimum, tels ouvrir/fermer une porte ou un tiroir, ramasser un objet, décrocher le téléphone, aboyer sur commande, etc. À côté d'eux, avec ses deux cent mots, Rico fait alors figure de surdoué... Pas si simple car le QI du chien ne se mesure pas seulement en nombre d'ordres appris. Le chien guide ou le chien d'assistance ne sont pas des « exécutants » sans jugement et c'est là que transparaît toute leur intelligence : ils sont capables d'initiative et peuvent par exemple refuser d'obéir à un ordre si ce dernier met en danger leur maître. Ils doivent en toutes circonstances trouver la solution qui convient (par exemple prendre un autre trajet si la rue est barrée). Ils savent observer et comprendre le langage du corps, les émotions, les intentions de la personne qu'ils assistent 24 heures/24, et adapter leur comportement en conséquence. Il s'agit bien de différentes formes d'intelligence, difficilement mesurables. Rico a le prix d'excellence dans la discipline « trouver un objet et le rapporter » : mais serait-il aussi doué dans d'autres exercices ? Il est indéniablement intelligent mais je ne pense pas que son génie fasse exception dans son espèce. Dans toute espèce, il existe des individus plus ou moins doués. Rico, lui, est un « énarque canin » qui a eu la chance d'avoir des maîtres qui ont su exploiter son potentiel. Il confirme, et c'est là le plus important, que *canis familiaris*, le premier animal domestiqué par l'homme, a des capacités d'apprentissage, de mémorisation et de raisonnement dont on sousestime sûrement la dimension.

Il ne lui manque que la parole !

Grâce à Rico, les éthologues et les spécialistes du langage ont découvert l'existence de similitudes entre le chien et l'enfant dans l'apprentissage du langage humain. Les mécanismes simples qui permettent l'acquisition du vocabulaire chez l'enfant en bas âge se retrouvent chez le meilleur ami de l'homme. Ainsi, à l'image d'un bambin qui apprend à parler, Rico a d'abord compris qu'*un* mot et donc un son pouvait référer à *un* objet, première étape avant d'attribuer des « étiquettes acoustiques » – des « mots » – à des objets et de les mémoriser. Ensuite, Rico a été capable d'apprentissage par exclusion : il comprend que de nouveaux mots correspondent à des objets qui n'ont pas encore de mot, et une seule fois lui suffit pour associer un mot à un objet. Des prouesses comparables à celles d'un enfant âgé de 3 ans ! Ce qui veut dire qu'il ne lui manque plus que la parole ?! Relativisons : s'il est acquis que le chien peut faire un lien entre un mot et un objet (« ballon ») ou un acte (« assis »), voire de comprendre deux mots associant un objet et un acte (« apporte ballon »), rien ne prouve encore qu'il puisse comprendre des phrases complètes et donc tout ce qu'on lui dit. Car dans « va chercher la baballe le chien », peut-être ne retient-il que « baballe » dans l'énoncé, ou bien « balle ». Et on sait que si « assis » est immédiatement exécuté, le « veux-tu t'asseoir » n'a aucun succès sauf s'il est accompagné d'un geste significatif. L'aptitude à comprendre et mémoriser rapidement la signification de mots est un des facteurs clés qui a permis cette amitié vieille de plus de 15 000 ans entre le chien et le seul animal verbal, l'homme.

Pour en savoir plus

• *Sofia, la chienne qui parle !*
Si le chien arrive bien à décrypter une intention humaine dans les paroles, la gestuelle, la position du corps, le regard, il est aussi capable de lui communiquer une intention propre. Que fait un chien quand il a envie de sortir ? Il se met devant la porte ou apporte sa laisse. Envie de jouer ? Il apporte la balle. Envie de manger ? Il renverse sa gamelle. Sofia, elle, choisit sur un clavier le symbole approprié. Sofia est une petite chienne bâtarde au poil ras qui a fait l'objet d'une étude inédite à l'université de

São Paulo au Brésil. Dans un premier temps, l'équipe du professeur César Ades, éthologue, lui a appris différents ordres verbaux – jusque-là rien d'exceptionnel –, puis, plus difficile, à associer un ordre au nom d'un objet : Sofia a vite compris que « apporte le bâton » était différent de « montre le bâton », lui-même étant différent de « montre la balle ». Elle a également saisi que « montre la balle » et « la balle montre » était une seule et même commande. Elle est donc capable d'assimiler plusieurs informations contenues dans une même « phrase », très simplifiée, il est vrai. Plus spectaculaire, la jeune chienne a appris à utiliser un lexigramme pour exprimer ses intentions. Celui-ci est un clavier posé au sol, comportant huit touches avec des symboles différents (triangle, cercle, traits…) sur lesquelles Sofia peut appuyer pour communiquer. Chaque touche désigne une demande particulière : boire, manger, jouet, sortir, pause-pipi, câlin ou panier (repos). Et Sofia a intégré que ce système de communication était très efficace pour obtenir l'attention de l'être humain et l'exaucement de son désir. Quand un éducateur fait mine de se tromper dans son déchiffrage, elle insiste sur la même touche en le regardant d'un air indigné ! Et voici le tiercé gagnant de ses demandes : jouet-nourriture-panier. Sofia, un petit bout de chienne éveillée et intelligente mais qui sait ce qu'elle veut : s'amuser, manger, dormir… ! Comme quoi, les chiens sont de grands épicuriens.

• *Les animaux bricoleurs*
Longtemps on a cru que l'homme se distinguait de l'animal par, entre autres, sa capacité à se servir d'instruments. Faux ! Des animaux, essentiellement des oiseaux et des mammifères, utilisent (et parfois confectionnent) avec intelligence et dans un but précis des matériaux trouvés dans leur environnement.

– Le **pinson de Darwin** utilise une brindille ou une épine de cactus comme un harpon pour aller déloger des insectes sous l'écorce des arbres. Le corbeau de Nouvelle-Calédonie fait mieux : il fabrique lui-même son harpon à insectes en déchiquetant une grande feuille et en ne conservant que sa nervure centrale.

– Le **percnoptère d'Égypte**, un rapace diurne, adore gober les œufs et quand ils résistent à son bec, il brise la coquille avec des cailloux projetés avec force.

– La **loutre de mer** a aussi découvert l'intérêt des pierres pour briser les coquillages. Au moment de passer à table, elle fait la planche à la surface de l'eau, place une pierre qu'elle a choisie bien plate sur son ventre puis s'en sert comme enclume en frappant dessus le coquillage. Si l'outil lui convient, elle le gardera coincé sous son aisselle lors des prochaines plongées.

– Certains **dauphins** de l'espèce *tursiops aduncus* vivant en Australie ont trouvé le moyen de fouiller le sable pour débusquer les proies, sans se blesser le « nez » sur les oursins : ils placent une éponge marine sur leur rostre ! Ce comportement se transmettrait de mère en fille.

– Enfin, le génie incontesté du bricolage est le **chimpanzé** : il sait se servir d'une pierre comme marteau pour casser une noix posée sur une enclume qu'il a lui-même confectionnée. Mieux : il va à la pêche aux termites (un plat fin qu'il adore !) dans la termitière en s'aidant d'une collection de baguettes de tailles différentes qu'il a choisies et fabriquées. Pour se servir sa ration de miel dans une ruche sauvage, il a toute une panoplie d'instruments différents : bâtons pour casser la cire, tige pour percer la membrane, plante-cuillère pour extirper le nectar sucré… Certains chimpanzés se servent de feuilles comme petite cuillère pour s'abreuver, d'autres d'un petit morceau de bois comme… Coton-Tige !

Les câlins du petit chat

La scène se passe aux États-Unis, dans une unité spécialisée du *Steere House Nursing and Rehabilitation Center*, un établissement hospitalier de Providence qui prend en charge des personnes souffrant de la maladie d'Alzheimer, de Parkinson ou d'autres pathologies généralement liées au vieillissement.

Dans le parc ensoleillé, tous les bancs à l'ombre des marronniers sont occupés. Les petits groupes se sont formés, par affinité, comme chaque après-midi mais on y parle peu. Quelques échanges de rares nouvelles, un ou deux commentaires sur la qualité du repas de midi, tout au plus... Derrière la fenêtre de leur bureau, David D., chef du service gériatrique et Annah, sa collaboratrice, sont aux premières loges. Ils suivent des yeux les évolutions d'un petit chat tigré à la gorge blanche recueilli par le personnel d'entretien quelques mois auparavant.

À l'époque, Oscar – c'est ainsi qu'on l'avait baptisé – avait « trouvé ses marques » en quelques jours dans l'atmosphère feutrée du lieu. Les résidents, eux, l'avaient adopté sans hésitation : les distractions sont rares dans l'enceinte de l'hôpital et l'on ne l'avait encore jamais vu sortir ses griffes ! Oscar avait pris l'habitude d'aller de l'un à l'autre quérir quelques caresses sans s'attarder, sauf lorsqu'il décidait de se pelotonner confortablement contre l'un des pensionnaires... comme il s'apprêtait à le faire maintenant avec Eleonora M., une ancienne institutrice de 84 ans, patiente de longue date.

Derrière leur fenêtre, David et Annah échangent un regard entendu. Eleonora, l'élue, semble ravie. Autant qu'il lui en souvient, elle a toujours vécu avec des chats et le fait qu'Oscar l'ait choisie entre tous la comble de bonheur. Et pourtant...

Ce qu'ignore la maîtresse d'école, c'est que si Oscar jette son dévolu sur un pensionnaire, s'il se love sur un lit occupé par un malade, c'est que celui-ci vit ses dernières heures. Depuis son arrivée, vingt-quatre personnes ont quitté ce monde à l'hôpital, et Oscar ne s'est encore jamais trompé. Eleonora sera-t-elle la vingt-cinquième ?

Le soir même, épuisée par la demi-heure passée dans le parc, la vieille institutrice a quitté son fauteuil roulant pour s'allonger paisiblement sur son lit. Elle s'endort doucement avec, autour d'elle, les photos de ceux qui lui sont chers, mais sa mémoire est à éclipses et les souvenirs s'estompent chaque jour un peu plus. La porte de la chambre est ouverte. Oscar, qu'on laisse volontiers aller et venir au troisième étage du bâtiment, entre et, sans hésiter, saute sur le lit. Il fait deux tours sur lui-même en malaxant la couverture avant de se lover contre la vieille dame endormie. L'infirmière, qui jette un œil tous les quarts d'heure sur Eleonora, note la présence d'Oscar et appelle aussitôt son chef de service. Trente minutes plus tard, Eleonora pousse son dernier soupir et, tandis que médecins et infirmières s'affairent autour du lit, Oscar se lève et sort à pas de velours.

Il a aidé la vieille dame à partir et sa tâche est terminée.

L'avis du véto

Deux questions viennent à l'esprit en lisant cette histoire incroyable : comment Oscar sent-il que la fin est proche ? Et pourquoi adopte-t-il ce comportement empathique ?

De l'observation à l'empathie

Les propriétaires de chats parlent de leur animal comme d'une « éponge à émotions » : qu'ils soient tristes, stressés, en colère – même sourde –, malades, et son comportement change, comme s'il « comprenait ». Mon chat a l'habitude de dormir près de mon oreiller et de me réveiller le matin de bonne heure. Quand je suis malade et alitée, il se met à mes pieds et, silencieux, ne bouge plus du lit. Vous pleurez de chagrin? Votre chat vous scrute à distance avant de venir se lover sur vos genoux. Et comme « par hasard » il attend que vous alliez mieux avant de se lancer dans une partie de jeu. Vous êtes nerveux et colérique, il devient irritable et fuyant. Même si jusqu'à présent aucune étude scientifique n'est venue corroborer ces observations, il est clair que les félins domestiques font preuve d'empathie à notre égard, c'est-à-dire qu'ils peuvent comprendre nos sentiments, humeurs et émotions. Ils sont naturellement à notre « écoute », comme ils le sont avec d'autres familiers (chien de la maison par exemple) ou avec leurs congénères. Car le chat est un fin observateur, qui tente de « lire » les émotions chez l'autre afin, tout bonnement, d'adapter son propre comportement à la situation. Il « prend la température ». Comment fait-il? Notre état émotionnel est trahi par nos attitudes, nos postures, notre gestuelle, notre démarche, le ton de notre voix, mais aussi les expressions faciales et un ensemble de signes visuels discrets qui n'échapperait pas à notre ami à quatre pattes: le tressaillement d'une main, d'une paupière, la dilatation des pupilles, une façon de les regarder. Les chats seraient-ils également sensibles au rythme de notre respiration, aux variations de la température corporelle, à notre fréquence cardiaque? Probablement. Notre odeur corporelle peut-elle trahir une émotion (peur, anxiété, joie), des modifications hormonales, une fièvre, une maladie? La réponse est oui et les chats comme les chiens peuvent tout à fait détecter des molécules odorantes qui échappent au nez humain. En fait c'est l'association de plusieurs signaux (visuels, auditifs, olfactifs...) qui permet au chat de « lire » en nous. Et par sa présence et son comportement, il nous fait du bien.

De l'empathie à l'altruisme

Selon toute vraisemblance, le chat Oscar capte chez les personnes du pensionnat des signes – comportementaux et/ou biochimiques – annonciateurs d'une fin prochaine. Peut-être détecte-t-il une respiration difficile, une pâleur, des sueurs froides, des extrémités froides, un cœur qui ralentit, une odeur corporelle inhabituelle ? Ce qu'il y a d'incroyable n'est pas tant cette perception mais plutôt cette volonté d'accompagner les derniers instants d'une personne par sa présence et sa chaleur. Il m'est arrivé de me rendre à domicile pour abréger les souffrances d'un chat ou d'un chien agonisant et de constater que l'autre animal de la maison se tenait à distance, silencieux ou agité, visiblement bouleversé mais ne recherchant pas vraiment le contact avec son ami malade. A contrario, d'autres témoignages rapportent l'histoire de chats qui ont « soutenu » un congénère jusqu'à son dernier souffle. Caresser, voir, sentir un chat nous calme et, c'est prouvé, diminue notre tension artérielle et nos tensions tout court. Je pense qu'Oscar a senti que sa présence apaisait la personne et évitait le cataclysme interne dû à la conscience de l'issue fatale. On peut dire que la personne « s'endort en paix ». Je fais partie de ceux qui pensent que faire du bien à autrui fait du bien au chat. C'est la définition même de l'altruisme. Et c'est aussi pour cela qu'il a gagné le cœur des hommes.

Un autre regard ?

Une raison moins romanesque peut expliquer le comportement anormalement câlin d'Oscar avec les mourants. Peut-être le regard de ceux-ci a-t-il simplement changé envers le félin ? Avez-vous remarqué que dans une assemblée, les chats étaient toujours attirés par les personnes « allergiques » (dans le sens « qui détestent ») ou indifférentes aux félins ? Ce n'est pas une provocation de leur part mais une réaction de méfiance envers... les amoureux des chats ! Quand on les apprécie, on ne peut s'empêcher de les regarder avec insistance quand ils rentrent dans une pièce. Ce regard est souvent interprété par le chat comme un défi, une menace et non pas comme une marque d'affection. Un chat inconnu viendra plus facilement à vous si vous feignez l'indifférence : faites le test ! Oscar passe d'une personne à l'autre sans s'attarder vraiment, n'étant apparemment pas un grand adepte de longues séances de câlins.

Or, les personnes âgées recherchent de toute évidence son contact sauf... quand leur regard « s'éloigne ». Je présume que peu avant leur mort, les individus ont un autre regard sur le monde, comme s'ils étaient étrangers à eux-mêmes. Oscar l'interpréterait comme une bienveillance à son égard (la personne ne veut pas l'accaparer), et serait attiré vers eux. Peu importe ce qui a déclenché son attitude, le résultat est là : Oscar, mieux que quiconque, arrive à adoucir les derniers instants d'une existence. Et rien que pour cette raison, les félins devraient être les bienvenus dans toutes les maisons de retraite.

Pour en savoir plus

• *Les animaux visiteurs*

Nous sommes plus de quatre Français sur cinq[10] à reconnaître que les animaux nous apportent du bien-être. Pourtant, seulement 30 % des maisons de retraite en France accepteraient des animaux... Or, souvent l'animal est le (seul) partenaire de vie du senior. Il représente une présence, un confident, il rompt son isolement social, lui apporte de l'affection, le responsabilise, lui fait faire de l'exercice... Lorsque la personne doit intégrer un établissement spécialisé, dans la majorité des cas, elle doit se résoudre à se séparer de son petit compagnon, la mort dans l'âme... Heureusement, de plus en plus d'établissements ont pris conscience de l'importance de la présence animale auprès des personnes âgées. Certains accueillent les animaux des résidents, d'autres ont leurs « mascottes » (chiens, chats, oiseaux) qui appartiennent un peu à tout le monde tout en étant sous la responsabilité de l'institution. Enfin, des associations proposent des interventions de « chiens visiteurs » accompagnés de

10. Enquête TNS Sofres/FACCO 2006.

leur maître bénévole. Les visites aux personnes dans leur chambre et les animations dans la salle commune visent à stimuler chez les pensionnaires la mobilité, les sens, l'échange, la mémoire. Cette initiative est toujours source de moments de bonheur : le chien recrée des liens sociaux entre les résidents et entre les résidents et le personnel soignant. Il s'avère un élément de médiation qui permet à certaines personnes de se révéler, de sortir de leur mutisme voire de leur chambre ! Un animal thérapeute ? Non, seulement un animal qui peut, peu ou prou changer la qualité de vie, nos vies.

• *Quand ils « sentent » la vie*
La grossesse s'accompagne de modifications hormonales bien spécifiques (progestérone, gonadotrophine chorionique...), qui ne passent pas inaperçues pour des animaux comme le chat ou le chien. Pas besoin de leur raconter que la famille va bientôt s'agrandir, ils le savent déjà, l'ont senti bien avant que l'intéressée elle-même s'en soit aperçue. D'ailleurs, le comportement de l'animal change dès les premières semaines de grossesse ; il devient plus câlin avec la future mère, presque « pot de colle ». Un jour, une amie, Caroline, me dit être très intriguée par le comportement d'un de ses chats qui, d'habitude distant, demandait à se lover sur son ventre. Un mois plus tard, elle apprit qu'elle attendait un bébé...

Les animaux
et
l'amour

Un amour super

Depuis trois ans, le village de Brierly, au sud-ouest de l'Angleterre, est régulièrement le théâtre d'un curieux manège.

Shirley Horsman, respectable habitante de cette petite bourgade, possède trois paons superbes. Elle n'en est pas peu fière. Surtout lorsque, à l'arrivée des beaux jours, leur queue se pare de plumes nouvelles.

Au printemps, comme l'ensemble de ses congénères, Mister P. (c'est le nom que Shirley a donné à son préféré) devient fébrile : l'heure de la chasse a sonné. La chasse à la paonne. Et, de mémoire de paon, le meilleur moyen de séduire une femelle est encore de faire la roue puis de tourner sans fin autour de l'objet de ses désirs en lançant des « léon… léon… » ardents, jusqu'à ce que ledit objet remarque enfin votre présence.

Malheureusement, la beauté sur laquelle le galant a jeté son dévolu ignore totalement la passion de son soupirant et le snobe résolument depuis trois ans. C'est que la flamboyante parade amoureuse se déroule quotidiennement à la station-service de Brierly, et que l'espoir du tourtereau entêté est de faire craquer… une des pompes à essence ; la plus belle, il est vrai (!).

Chaque jour, obstiné, il se pavane des heures devant elle, pendant toute la saison des amours – qui dure 3 mois ! –, en menant grand tapage, et en perturbant la vie du village à tel point que les autorités locales ont demandé instamment à miss Horsman de calmer les ardeurs de son dragueur frustré. Elle s'est donc résolue à enfermer Mister P… mais a laissé en liberté ses deux frères qui sont pourtant aussi anticonformistes que lui : l'un est épris d'un chat, ce qui met le minet dans tous ses états, tandis que l'autre en pince pour un réverbère ! Les goûts et les couleurs…

L'avis du véto

Le paon est sans conteste un des oiseaux les plus beaux que compte notre planète. Celui qui se pavane dans les jardins et les parcs est le paon bleu, un oiseau originaire d'Inde et du Sri Lanka, domestiqué depuis fort longtemps. On dit qu'il fut ramené d'Asie par le conquérant Alexandre Le Grand au IVe siècle avant notre ère. De Grèce, il s'est vite répandu dans toute l'Europe, apprécié autant pour son sublime plumage que pour sa chair (on lui a préféré plus tard le dindon importé d'Amérique). Chez les paons, la séduction est une affaire de mâle : c'est lui qui possède les plus beaux atours, le plumage chatoyant vert et bleu et la longue traîne de plumes multicolores que tout le monde connaît. La femelle, elle, est beaucoup plus terne et dépourvue de traîne. De nature polygame, le mâle a pour objectif de séduire le plus grand nombre de femelles. Et plutôt que de les poursuivre de ses ardeurs – trop d'énergie dépensée –, notre Casanova préfère attendre qu'elles lui tombent dans les bras… pardon, dans les plumes. Il sort alors son arme de séduction ultime, véritable aspirateur à paonnes : il fait la roue. Sa tactique est de leur en mettre plein la vue en déployant les longues plumes irisées de sa queue. Un éventail d'1,50 m ! Effet garanti car, séduites, ses promises accourent et s'offrent à lui. Monsieur a la galanterie de refermer sa traîne avant de se marier avec chacune d'elles. On pourrait penser qu'un tel tombeur a une voix de crooner : pas du tout ! La nature l'a doté au contraire d'une voix criarde et il braille ou criaille (c'est le terme) un « léon léon » caractéristique, dont la mélodie fait fondre son harem, et il est bien le seul !
Mister P. serait-il à ce point myope qu'il confondrait une pompe à essence avec une paonne ? Les ornithologues britanniques interrogés sur

cette curiosité de la nature supposent que le volatile est attiré par les cliquetis des pompes qui, selon eux, ressembleraient aux « appels amoureux des femelles ». Plus discrète que le mâle, la femelle n'a pas de « chant léonnesque » mais se caractérise par des cris qui, d'après les éleveurs, ressemblent à une trompette voire un vieux klaxon. On peut donc imaginer que le pauvre mâle confonde les bruits stridents d'une pompe à essence ou plus généralement de la station-service avec les cris d'une potentielle fiancée. En fait, pendant la période de reproduction (mars à juin sous nos latitudes), le mâle, particulièrement excitable, aurait tendance à crier et à se pavaner au moindre bruit suspect dans son environnement. Un miaulement ou un simple éternuement déclencherait son appel dissyllabique légendaire ! De quoi être accusé de troubles du voisinage ! D'ailleurs nos Anciens l'utilisaient comme « chien de garde » dans leurs propriétés : rien de mieux qu'un cri strident de paon pour donner l'alarme lors d'un danger. Pour en revenir à Mister P., on peut également imaginer qu'il assimile la station-service à un territoire où il monte la garde : faire la roue et brailler sert non seulement à séduire les femelles mais aussi à impressionner ses ennemis, concurrents ou prédateurs. Plus d'un chien, petit ou grand, a pris la poudre d'escampette à la vue de cet étrange animal agitant un imposant éventail de 150 « yeux » (les ocelles ornant l'extrémité des plumes) tout en lançant un cri de guerre. Une diversion qui contrebalance un handicap lié à une traîne qui l'empêche de se sauver et des couleurs vives beaucoup trop voyantes. Mister P. focalise peut-être son attention sur une pompe aux reflets métalliques et aux sons aigus et répétitifs comme... un paon mâle ! Et la considère comme un adversaire qui chaque matin vient le narguer dans son pré carré. Un manque de discernement, certes, mais le plus bel oiseau au monde n'est sûrement pas le plus intelligent.

Pour en savoir plus

• *« Tu as de beaux yeux, tu sais ! »*
Chez les oiseaux polygames comme les poules, les faisans ou les paons, la femelle assume seule la couvée et l'élevage des petits. Elle a tout intérêt à choisir un partenaire en bonne santé et le plus vigoureux possible afin de garantir des descendants viables. C'est pourquoi elle a tendance à choisir le mâle au plus beau plumage, signe extérieur de bonne santé. Une étude a montré que les paonnes choisissaient de préférence les mâles qui arborent le plus grand nombre d'ocelles, ces « yeux » dessinés à l'extrémité des plumes de la roue. L'oiseau saurait-il compter jusqu'à 150, le nombre moyen d'ocelles par traîne ? De toute façon le choix paye car statistiquement les chances de survie des oisillons sont proportionnelles au nombre d'« yeux » du père !

• *Faire le paon*
Cette expression populaire désigne une personne qui parade, se fait valoir et prend des airs avantageux à l'image de cet oiseau qui aime gonfler son poitrail et sa queue pour impressionner. On doit au paon un verbe : se pavaner, qui autrefois se disait paonner.

• *Un blanc trompeur*
Contrairement à l'idée reçue, le paon blanc, au plumage immaculé, le préféré des mariés, n'est pas albinos. Comme le tigre blanc ou le lion blanc, il présente une mutation génétique récessive, le leucistisme, qui donne une couleur blanche au plumage (ou au pelage), les yeux restant de couleur normale. À la différence de l'albinisme, les animaux leucistiques n'ont pas les yeux rouges et ne sont pas sensibles au soleil. Ils seraient même plus résistants à la chaleur que leurs congénères de couleur ! Le paon blanc est donc un paon bleu leucistique.

• *Le saviez-vous ?*
Le mâle paon est mature à 2 ans, mais il doit attendre une année de plus pour être fier de son plumage. Ses plumes caudales vont grandir d'année en année jusqu'à l'âge de 6 ans (il peut vivre 15 à 20 ans). Le paon perd chaque année à la fin juillet son atout séduction n° 1. En l'espace de 15 jours, les 100 à 150 longues plumes de sa roue tombent, laissant notre séducteur bien démuni. Il devra attendre la prochaine saison des amours pour pouvoir à nouveau éblouir les demoiselles avec son « truc en plumes ».

L'amour
rend aveugle

Il était une fois une charmante cygnette noire, Petra, amoureuse d'un superbe cygne blanc… Rien que de très normal. Sinon que, depuis 2 ans que dure la romance, aucun « vilain petit canard » – on dit aussi cygneau! – n'est venu couronner leur passion. Et pour cause: le cygne blanc est… un superbe pédalo en plastique dont la seule utilité est de promener les estivants sur le lac Aa, dans la banlieue de Münster, en Allemagne.

L'hiver a été long et bien triste pour la cygnette noir. En octobre, elle n'est pas partie avec ses congénères pour leur migration annuelle vers des contrées plus douces. Il faut la comprendre, l'élu de son cœur, lui, ne s'était pas envolé pour fuir le froid! Un dévouement qui pouvait tourner à la tragédie: elle risquait de mourir de froid et de faim. Pour la mettre à l'abri, au zoo de Münster, on avait dû la séparer par la ruse de son grand (très grand, il mesure 2,50 m!) amour dès les premiers gels. Il avait fallu commencer par transporter le « mâle-pédalo » et l'amarrer quelques temps sur la mare du zoo. Puis, un jour de grand froid, il fallut se résoudre à désunir les « amoureux ».

« Lorsque nous avons capturé Petra pour l'installer dans un enclos chauffé, elle ne nous a manifesté aucune reconnaissance », raconte Dirk, un employé du zoo. « Elle était visiblement en plein désarroi, complètement perdue. Alors, pour lui changer les idées, nous lui avons présenté un compagnon, un superbe cygne blanc, bien vivant, celui-ci. Mais Petra est restée indifférente. Au contraire, son moral s'est dégradé, tout au long de l'hiver, au point de nous inquiéter sérieusement. Au mois de mars, quand nous l'avons réintroduite sur le lac, son pédalo chéri l'attendait et elle s'est précipitée près de lui et ne l'a plus quitté, refusant de s'en éloigner, même quand les touristes partaient en balade sur son dos. »

Mais que peut-elle lui trouver ? Sa grande taille ? Son élégance ? Son majestueux tubercule (cette bosse noire que les mâles portent à la base du bec) ? « Tant qu'elle se sent en sécurité en sa présence, nous ne pourrons rien faire pour les détacher l'un de l'autre », précisent les experts qui planchent sur son cas. Seul espoir : un jour peut-être, son instinct de mère se réveillera et son « envie de petits » la poussera à se tourner vers un mâle plus « opérationnel » qui saura la guérir de ses amours chimériques !

L'avis du véto

Comment un animal aussi noble et évolué qu'un cygne peut-il être attiré par une mécanique inerte et sans chaleur : un pédalo ? Serait-on devant un cas animalier de fétichisme ? Docteur Sigmund Freud préconiserait probablement de s'intéresser à son enfance. Et si là se trouvait toute l'explication ?

Roméo et Juliette

Véritables symboles d'amour et de fidélité, les cygnes amoureux forment un couple uni à vie. Ils se fiancent généralement à l'adolescence et font vœu d'abstinence jusqu'à leur majorité. Et, surtout, jusqu'à ce que monsieur ait trouvé un nid d'amour près d'un lac ou d'une rivière — un territoire dûment protégé — pour sa promise. Si crise du logement il y a, l'affaire peut prendre des années mais les tourtereaux sont prêts à rester chastes le temps qu'il faudra. Le mariage consommé, ils renouvellent leur engagement à chaque printemps au cours d'un somptueux ballet nuptial. La danse est synchronisée : chacun des gestes de l'un est repris par l'autre tant leur attachement est fort. Comme dans un miroir. Sur l'eau, les deux déploient leurs ailes, dressent puis penchent leurs cous à l'unisson. Le bec devient rouge écarlate, couleur de la passion. Très sensuels, ils se cajolent même après la ponte. Ils répugnent au divorce même si leur union reste stérile, une exception chez les oiseaux même monogames. Et attention aux ires du mâle si vous tentez d'approcher l'amour de sa vie : il vous en coûtera des prises de bec très douloureuses !

Maman pédalo

Le cygne ne s'éloigne guère du site où il a vu le jour. Notre cygnette Petra est donc certainement née au bord du lac Aa, un beau jour de printemps, le jour idéal pour sortir les pédalos... Et je pense que de là vient son attrait immodéré pour ces machines.

Souvenez-vous de Konrad Lorenz et de ses expériences sur les oies sauvages. Ce biologiste autrichien a démontré que si, dans la nature, les oisons nouveau-nés se mettent systématiquement à suivre leur mère oie, ils peuvent aussi s'attacher, comme si c'était leur mère, au premier objet mobile ou au premier être vivant (poule, chat, humain...) qu'ils voient en sortant de leur coquille. Il a ainsi vu des petits palmipèdes s'attacher à lui, le suivre partout et le prendre comme figure maternelle tout simplement parce que le scientifique avait été la première chose en mouvement qu'ils aient vue à leur naissance. Ainsi fut découvert le phénomène d'empreinte qui est un mécanisme d'apprentissage précoce, rapide, qui ne s'oublie pas et est irréversible. Outre la vue d'un être en mouvement, les vocalises de la mère perçues à travers la coquille interviennent aussi dans la reconnaissance maternelle. Le phénomène d'empreinte a été mis en évidence chez les oiseaux dits nidifuges c'est-à-dire ceux dont les petits sont à la naissance couverts de duvet et déjà aptes à quitter le nid et se nourrir seuls[11]. Citons les oies, les canards, les poules et... les cygnes ! Par ce phénomène, le jeune identifie dès sa sortie de l'œuf sa mère mais aussi son espèce. Pour certains oiseaux, le

11. On oppose les espèces nidifuges aux espèces nidicoles caractérisées par des petits qui naissent nus, incapables de quitter le nid et devant être nourris par les parents jusqu'à leur essor.

« parent » vu à la naissance restera la référence plus tard au moment du choix du partenaire sexuel. Ainsi, un canard élevé par un chat aura du mal à se fiancer avec un congénère et aura tendance à se pavaner devant les félins des environs…

Concernant Petra, on peut imaginer le scénario suivant. Le nid où elle est née était construit au bord de l'eau. Pour une raison inconnue, au moment de l'éclosion, ses parents ont dû fuir le nid et les petits cygneaux fraîchement sortis de l'œuf se sont mis à suivre le seul objet en mouvement dans le périmètre : un pédalo qui approchait de la berge. Petra a pu ainsi grandir auprès de sa « mère de substitution » mécanique tout en broutant les algues du lac. Plus tard elle a bien pensé à se marier et a jeté son dévolu sur un bateau à pédales – figure de sa « mère » – à qui elle a juré fidélité, à la vie, à la mort… Espérons qu'un jeune cygne compréhensif parviendra un jour à la détourner de sa dépendance amoureuse. Rien n'est moins sûr quand on sait que l'empreinte est indélébile…

Pour en savoir plus

• *Madame ou monsieur cygne ?*
Les cygnes au blanc immaculé que vous voyez glisser majestueusement sur les plans d'eau sont les cygnes tuberculés, une espèce originaire du nord de l'Europe et du centre de l'Asie. Leur nom vient de la protubérance noire (tubercule) typique présente à la base du bec. Mâle et femelle se ressemblent sauf sur deux points : le mâle arbore un tubercule plus gros et aime dessiner un « S » avec son long cou.

• *Le chant du cygne*
Selon la légende, juste avant de mourir, le cygne chanterait davantage et avec plus de force, un chant interprété comme étant d'une profonde tristesse. Pour Socrate, il en était tout autre :

dans un fameux discours prononcé la veille de son exécution, le philosophe grec prétendit que ce chant était au contraire plein d'allégresse et d'espoir, sorte de prémonition du bonheur céleste qui l'attendait au royaume des morts… Aujourd'hui, le « chant du cygne » désigne un discours ou un récital d'adieu, ou encore un chef-d'œuvre réalisé par un artiste avant de mourir.

• *C'est mauvais ou bon cygne?*
Rêver d'un cygne serait la prémonition d'un futur long voyage. S'il s'ébroue dans l'eau, cela présage un orage. Pour les marins, voir un cygne en pleine mer porterait bonheur. Pour les Écossais, trois cygnes qui volent en escadron dans le ciel présagent une catastrophe…

Les copines du zoo

Mäuschen (Souricette, en français) a beaucoup grossi. Du coup, l'espace qui lui est réservé au cœur du parc zoologique de Berlin est devenu trop petit. Il faut l'agrandir pour qu'elle puisse jouer, courir, s'ébattre… Bref, faire un peu d'exercice et perdre une partie de ce surpoids qui la rend décidément un peu pataude et paresseuse. La solution ? Éloigner Mäuschen pendant quelque temps et en profiter pour faire des travaux. Mais l'entreprise s'avère plus compliquée qu'il n'y paraît car, contrairement à ce que laisse supposer son petit nom, Mäuschen est une grosse ourse noire de 38 ans (ours à collier, espèce originaire d'Asie). C'est même l'une des vedettes du zoo, depuis sa rencontre avec Muschi.

Comme son nom l'indique, cette fois, Muschi (Minou en français) est une petite chatte. Elle pèse 2 kg à peine. Noire elle aussi, elle est depuis 3 ans inséparable de Mäuschen qui, elle, accuse tout de même 200 kg sur la balance.

« Lorsque Muschi est venue dans l'enclos en l'an 2000, nous ne savions pas d'où elle venait. Elle s'est immédiatement installée sans aucune crainte entre les grosses pattes de l'ourse. Elles semblaient si bien s'entendre que nous avons décidé de les laisser ensemble ! », explique Heiner Klös, l'un des cadres du zoo.

Au mois d'octobre, les travaux ont commencé et Mäuschen a été transférée pour quelques mois dans une cage, un peu à l'écart. La chatte noire s'est alors mise à errer, complètement désorientée, inconsolable, devant l'enclos où les ouvriers s'affairaient, puis dans l'ensemble du parc. Elle a fini par retrouver son amie dans ses quartiers temporaires et s'est plantée, miaulant à fendre l'âme, devant la cage de Mäuschen. Les gardiens l'ont alors prise en pitié et l'ont laissé entrer dans la cage, en attendant la réouverture de l'enclos. « Elles se sont souhaité la bienvenue et se sont fait un câlin. Maintenant, elles sont heureuses », a alors assuré Heiner Klös.

Au printemps suivant, les choses sont enfin rentrées dans l'ordre et l'on a ouvert la nouvelle Maison des Ours. Depuis cinq ans maintenant, Mushi a repris sa place favorite entre les pattes de Mäuschen. Elles partagent tout : bains de soleil et repas de viande crue, de souris, de poissons morts et de pain.

Et le club des admirateurs du couple grandit de jour en jour. Mäuschen et Muschi sont aujourd'hui les animaux les plus photographiés du zoo de Berlin.

L'avis du véto

L'amitié entre une chatte domestique et une ourse est plus qu'improbable dans la nature. Le zoo, la captivité, ont permis à Muschi et Mäuschen de se rencontrer. Deux êtres que tout séparait sont devenus inséparables. Comment une amitié si insolite a pu naître entre le plus indépendant des animaux domestiques et l'un des plus solitaires des grands mammifères ?

L'amitié féline

En théorie, le chat ne peut vivre et se lier d'amitié qu'avec des animaux qui ne sont ni des prédateurs, ni des proies pour lui. C'est la règle de la chaîne alimentaire. Tous les herbivores plus gros que lui (cheval, chèvre, mouton…) sont donc de bons candidats. En pratique, le chat est couramment l'ami du chien (et moins du cheval) et peut, dans certaines conditions, devenir celui d'un lapin, d'un rat ou d'un perroquet. Tout est affaire de conditions de vie et d'expérience. Un chat qui, très jeune, a été mis en contact bienveillant avec une autre espèce, la considérera comme une espèce amie : c'est le principe de socialisation. Il suffit pour cela de faire grandir un chaton avec un chien, un lapin, une poule… ou, pourquoi pas, un ours. Mais il est très peu probable que la chatte Muschi ait joué avec des ours à l'âge de l'insouciance. Ou alors avec des ours en peluche! Roi des paradoxes, le chat peut néanmoins tisser des liens affectifs avec des animaux d'autres espèces en dehors de toute socialisation. L'exemple le plus parlant est celui du chat qui finit par adopter le chiot nouvellement arrivé à la maison même si sa seule expérience de l'espèce canine réside dans des courses-poursuites à l'extérieur. La vulnérabilité du chiot liée à son âge, l'odeur familiale sur son pelage et peut-être l'attrait maternel qu'il fait naître (nous ne sommes pas les seuls à « fondre » devant les jeunes « bouilles ») influencent positivement le comportement du chat à son égard, qui le prend vite pour un compagnon de vie plutôt que pour un ennemi. Cependant, l'ourse Mäuschen n'était plus un ourson au moment de la rencontre et était imprégnée de cette odeur forte de « fauve » que les soigneurs animaliers connaissent bien. Personnellement, j'ai vu des chats littéralement « tomber amoureux » du gros chien du voisin, du furet adopté, du poney offert à la fille de la maison, du mouton gagné à une fête foraine, alors qu'ils n'avaient jamais vécu avec ces espèces auparavant. On dit du chat qu'il est un animal indépendant, ce qui ne signifie pas asocial. Pour moi, indépendant veut dire qu'il *choisit* librement ses « amis » et que son choix dépend de ses expériences mais aussi de sa nature profonde. Les propriétaires de chat aiment dire : « c'est lui qui m'a adopté et non le contraire! » car bien souvent le chat s'est présenté à la porte de la maison, y demandant gîte, couvert et affection. Pourquoi cette maison et pas celle du voisin? Mystère. Il semblerait que le chat « sente » les endroits bienveillants et les êtres avec lesquels il pourra s'entendre. Certains le décrivent comme un opportuniste : certes, l'intérêt (de la gamelle, du confort, de la sécurité…) peut être sa motivation première, mais il s'attache très vite aux lieux et aux hôtes. Ainsi j'imagine que Mushi a été, au départ, attirée par le poisson mort servi à l'ourse Mäuschen. La nuit, elle venait manger les restes de repas dans l'enclos, l'ourse étant alors enfermée dans son abri. Puis elle s'est risquée à venir se servir le jour. Une nourriture en abondance et sans concurrence, l'enclos baigné de soleil et surtout l'attitude non agressive de l'ourse l'ont conduite à rester. De là serait née leur amitié.

L'amitié ursine

Qu'une ourse accepte la cohabitation avec un chat est encore plus étonnant. Dans son milieu naturel, les forêts des montagnes d'Asie, l'ours à collier est plutôt du genre solitaire comme tous les ursidés. De là vient d'ailleurs l'expression du « vieil ours solitaire » pour désigner celui qui fuit le monde et que le monde fuit. Mais encore une fois, solitaire comme indépendant ne veut pas dire asocial. Les oursons restent auprès de leur mère pendant un long temps, 2 à 3 ans. Et les ours peuvent se montrer tolérants entre eux et enclins à socialiser dans certaines conditions, notamment l'absence de compétition sexuelle ou alimentaire. C'est le cas par exemple en Alaska où les ours bruns se regroupent naturellement et sans heurts près de certaines rivières en été pour profiter d'une nourriture à profusion : les millions de saumons qui remontent le cours d'eau pour aller se reproduire. Dans les parcs animaliers et les zoos, les ours cohabitent très bien entre eux : la reproduction est contrôlée et les repas variés sont servis à domicile, alors pourquoi se manger le nez ?!

Les ours ne sont donc pas misanthropes mais rien ne dit qu'ils soient prêts à partager leur enclos avec n'importe quel intrus. Surtout quand cet intrus, tel un chat, peut accessoirement venir agrémenter les menus monotones du zoo de Berlin... L'ours à collier est omnivore : son régime est à 90 % végétarien (fruits, glands, noix, racines, miel...), avec des en-cas de protéines animales sous forme d'insectes, de petits vertébrés et de charognes. Il arrive aussi que, poussé par la faim, il attaque les troupeaux de moutons ou de chèvres comme l'ours brun dans les Pyrénées.

Mäuschen aurait pu tuer d'un coup de patte la chatte Muschi. Elle ne l'a pas fait pour plusieurs raisons. D'abord parce que cet omnivore n'agit pas comme un fauve carnassier : il ne s'attaquerait à une telle proie qu'en cas de nécessité et non par instinct prédateur. Ensuite parce que les distractions se font rares dans son enclos. Dans son milieu naturel, l'ours passe l'essentiel de son temps de veille à rechercher de la nourriture. Mäuschen, elle, attend patiemment l'heure du repas. L'arrivée de la petite chatte correspond à ce que les éthologues appellent un « enrichissement de son environnement », concept sur lequel travaillent aujourd'hui les zoos, car l'ennui est un problème majeur en captivité. Muschi distrait l'ourse esseulée et cela suffit pour qu'elle ne soit pas inquiétée. Le fait que la minette lui ramène des souris chassées doit aussi égayer une partie de sa journée !

Un lien maternel ?

Mäuschen ne se contente pas d'observer la chatte Muschi, elle a des contacts physiques avec elle, elle partage sa couche, ses repas, lui fait des câlins comme… une mère avec son petit ! Car Muschi a la taille et le pelage noir d'un ourson asiatique. L'ourse est âgée[12] et on peut supposer qu'elle a déjà eu au moins une portée dans sa vie : la vue de la petite chatte noire peu farouche a peut-être réveillé en elle son « instinct maternel » ? Les gestes de tendresse (léchage, frottements de tête, dormir ensemble…) qu'elle a peu à peu prodigués à Muschi ont initié l'attachement de ces deux amies improbables. Je pense aussi qu'inversement l'ourse est devenue pour la minette une « mère de substitution » (peut-être venait-elle de quitter sa propre mère ?). Ce lien plus maternel qu'amical expliquerait la grande complicité observée entre une vieille ourse et une jeune chatte. Comme quoi dans la nature, rien n'est figé, surtout quand les sentiments s'en mêlent !

---

12. L'espérance de vie d'un ours à collier est de 25 ans dans la nature, 40 ans en captivité.

Pour en savoir plus

• *L'ours à collier*

L'ours à collier (*ursus thibetanus*), encore appelé ours noir d'Asie, vit entre 1 500 et 3 000 m d'altitude, dans les montagnes d'Asie, depuis le Pakistan jusqu'au Japon en passant par l'Inde, la Chine, le Tibet, l'Asie du Sud-Est et la Corée. Pesant 100 à 200 kg pour 1,50 m de hauteur environ, l'ours à collier est noir avec un poil court et lisse sauf au niveau des épaules et du cou où sa fourrure forme une sorte de crinière. Son nom vient du croissant blanc de poils qui orne sa poitrine. C'est un très bon grimpeur qui aime se reposer en journée à la cime des arbres, « bullant » au soleil. Les Indiens le surnomment *Bauloo*. Un écrivain anglais né en Inde s'est inspiré de ce nom pour le personnage d'un de ses livres sorti en 1894. *Bauloo* est devenu *Baloo*, cet ours bien sympathique qui aide le petit Mowgli dans *Le Livre de la Jungle* de Rudyard Kipling.

• *Mutilés pour la médecine chinoise!*

Comme la majorité des ours dans le monde (six espèces sur huit!), l'ours à collier est menacé par la perte de son habitat, essentiellement lié à la déforestation, et par la chasse. Ce qui intéresse les chasseurs n'est pas tant sa fourrure mais… sa vésicule biliaire! Car la bile d'ours est encore utilisée par la pharmacopée traditionnelle chinoise. En Chine, en Corée et au Japon, des milliers d'ours à collier sont retenus captifs dans des « ferme à ours » afin d'exploiter leur bile. Les conditions de détention et d'extraction de la bile sont scandaleuses : cages métalliques exiguës où l'animal ne peut se mouvoir, absence d'hygiène, ours nourris par un bidon, cathéters rouillés piqués dans le ventre… Une femme, Jill Robinson, fondatrice de l'association *Animals Asia Foundation*, mène depuis plus de 15 ans, en Chine, un combat pour supprimer ces pratiques cruelles, faire fermer les « fermes de la honte » et favoriser les médications alternatives à la bile d'ours à partir de plantes médicinales. Elle a ouvert un sanctuaire à Sichuan pour accueillir et réhabiliter les ours sauvés des fermes. Elle œuvre pour sensibiliser la population et changer les habitudes par l'éducation. Petit à petit, cette femme courageuse arrive à faire changer les mentalités. (Plus d'information sur le site de l'association : www.animalsasia.org)

• *Un bon gardien*
La région de West Milford compte l'une des plus importantes populations d'ours bruns du New Jersey, au nord-est des États-Unis, si bien qu'il n'est pas rare de voir passer ces plantigrades à proximité des habitations. Un jour de juin 2006, Suzanne Giovanetti a assisté à une scène incroyable dans son jardin : un ours de 200 kg venait d'escalader précipitamment un des arbres, visiblement effrayé par le « chien de garde » de la maison, un chat tigré roux au « doux » nom de Jack. Intraitable malgré ses petits 7 kg sur la balance, Jack a poursuivi l'ours qui au bout de 15 minutes a bien tenté de quitter son arbre, le contraignant à en escalader un autre. L'ours ne dut son salut qu'à l'intervention de Suzanne qui héla le féroce gardien. Il paraît que Jack ne supporte personne sur son territoire… Les ours seraient-ils impressionnés par nos petits félins ?!

À nous les petites Suédoises

Depuis quelques jours, Heike Kück, la directrice du zoo de Bremerhaven en Allemagne, dédié essentiellement à la faune arctique, ne décolère pas. Elle reçoit quotidiennement des dizaines de mails de protestation envoyés du monde entier ; et les lettres d'insultes s'empilent sur son bureau. Le motif ? L'arrivée de quatre manchots femelles venus de Suède, dont la mission supposée révolte les correspondants grincheux de Mme Kück.

En fait, ce renfort était très attendu car le zoo n'hébergeait jusqu'alors que des mâles, dix manchots de Humboldt. Et six d'entre eux avaient constitué trois couples homosexuels qui, n'ayant évidemment pas d'œufs, couvaient des pierres de substitution. Or, l'espèce est en voie de disparition : le manchot de Humboldt ne vit en liberté que sur la côte Pacifique du Pérou et du Chili, et il est menacé par l'effet conjugué de la pêche intensive de l'anchois, sa nourriture principale, et le phénomène El Niño qui réchauffe et appauvrit son écosystème. C'est dans l'espoir de parvenir à une reproduction, au cas où les manchots n'auraient eu des comportements homosexuels qu'à cause du manque de présence féminine, que Heike Kück avait importé les quatre femelles suédoises. Mauvaise pioche !

Dès le lundi suivant, l'hebdomadaire *Der Spiegel* annonçait finement sur deux pages : « Ils portent un costume et sont de l'autre bord », et dévoilait la solution envisagée par la direction du zoo pour tenter de faire rentrer les déviants dans le droit chemin. Aussitôt, différentes associations gays et lesbiennes dénonçaient violemment la volonté du zoo de « modifier l'orientation sexuelle » des manchots. D'où les messages d'insultes à l'endroit de la directrice du zoo. Un site autrichien lançait même une pétition adressée aux représentants politiques locaux, dénonçant une mesure « clairement discriminatoire » et précisant : « Toutes les expériences menées en ce sens au cours des dernières années ont échoué. Les manchots mâles forment depuis longtemps des couples monogames ». De son côté, le professeur Boris Culik, chercheur à l'Institut de recherche sur la mer de Kiel et spécialiste des manchots de Humboldt ajoutait sa pierre à la contestation, affirmant : « L'expérience du zoo est absurde. Le manque de curiosité des mâles pour les femelles a probablement des origines hormonales liées à la vie en captivité. D'ailleurs, dans les colonies de manchots au Chili et au Pérou, il y a peut-être des homosexuels, sauf qu'on ne peut pas le savoir, parce que rien ne distingue extérieurement un mâle d'une femelle et que seul un examen très approfondi permet de déterminer le sexe. »

La semaine suivante et par voie de presse, Heike Kück répondait à ses détracteurs : « C'est faire vraiment beaucoup de bruit pour rien. Il est du devoir d'un zoo de tout mettre en œuvre pour tenter d'assurer la survie d'une espèce. Il y a deux ans, un couple de mâles s'était séparé lorsque nous avions introduit une femelle. Et si nous avons fait venir ces Suédoises, c'est pour tester le désir de six de leurs congénères mâles, sans les forcer à quoi que ce soit naturellement. Ce serait absurde ! Il ne s'agit même pas d'une expérience, tout juste d'une tentative pragmatique. Qui n'a d'ailleurs encore rien donné : il n'y a eu aucun contact. Les manchots se désintéressent complètement des quatre femelles présentes. La période de reproduction est désormais terminée. S'il y a de nouveaux couples, ils ne se formeront pas avant le début de l'année prochaine. »

Grosse déception le moment venu. Au début de l'année suivante, la nouvelle tombe sur les téléscripteurs : les manchots « homos » du zoo de Bremerhaven se sont à nouveau regroupés « entre hommes ». Ils ne se sont toujours pas accouplés avec des femelles.

« Nos Suédoises sont trop timides et restent en retrait », tente d'expliquer Heike Kück qui confirme : « Il est évident que nous acceptons les couples de mâles tels qu'ils se forment, et que nous ne les forçons pas à l'hétérosexualité comme cela nous a été reproché l'an dernier. Mais nous nous réjouissons davantage lorsqu'un couple hétérosexuel se forme, donne des œufs, puis des oisillons. »

Petite consolation pour la directrice de l'établissement : à côté des trois couples gays, quatre couples hétérosexuels se sont formés, et l'un d'eux a donné naissance à deux petits.

Seul bémol à son enthousiasme : ils sont tous deux de sexe masculin.

L'avis du véto

Sujet tabou et controversé car l'enjeu est plus social et culturel que réellement scientifique, l'homosexualité des animaux n'a pas vraiment intéressé les chercheurs jusqu'à ces dernières années. Tout au plus avait-on rapporté des comportements homosexuels chez la mouche, le dauphin, le lamantin, le canard ou le bonobo (et pas le phoque, d'ailleurs…). Des études récentes ont révélé que la plupart des espèces animales présentent des comportements sexuels orientés vers le même sexe. Ces comportements seraient largement documentés chez près de 500 animaux et rapportés chez plus de 1 500 (*voir aussi* Parents modèles, p. 184).

Ils concerneraient toutes les branches de l'évolution animale, des insectes aux mammifères, les femelles comme les mâles, les jeunes comme les plus âgés. Ainsi, se basant sur ses études, le biologiste américain Nathan Bailey de l'Université de Californie affirme que l'homosexualité « existerait dans tout le règne animal ». Le Français Thierry Lodé[13], professeur d'écologie évolutive à l'université d'Angers et spécialiste de la sexualité animale, renchérit en notant que, chez les animaux aussi, la sexualité peut être indépendante de la reproduction. Pour lui, « la biodiversité est d'abord amoureuse, c'est-à-dire que toutes les conduites sexuelles sont essayées dans la nature », tout en précisant que le taux d'homosexualité atteint souvent les 10 % dans les populations animales.

La vie à deux

S'il est désormais admis que l'homosexualité existe bien dans la nature, chaque spécialiste y va de sa théorie pour l'expliquer : apaisement de la frustration sexuelle des célibataires, pénurie de partenaires, jeux sexuels d'immatures, alliances sociales, apaisement des tensions entre individus, stratégie politique pour accéder à un rang social supérieur... En fait, la raison de la formation des couples homosexuels varie selon l'espèce et l'environnement.

Revenons à nos manchots. Ceux du zoo de Bremerhaven ne font pas exception : des couples gays de manchots – ou d'autres oiseaux – ont été observés dans d'autres parcs zoologiques comme celui de Central Park à New York où Roy et Silo, deux manchots à jugulaire, ont défrayé la chronique en 2000. Dire que l'absence de femelles et la promiscuité ont favorisé les mariages entre mâles est pour moi trop réducteur même si ces deux facteurs entrent évidemment en jeu. D'abord, ces unions se rencontrent sûrement dans les colonies sauvages. Le problème est que mâle et femelle se ressemblent comme deux gouttes d'eau et qu'il est donc difficile pour les observateurs de savoir qui est qui ! Ensuite,

---

13. Auteur du livre *La guerre des sexes chez les animaux*, Odile Jacob, 2007.

l'hypothèse d'une frustration sexuelle est peu vraisemblable chez ces oiseaux monogames chez qui, par définition, le « sexe » n'a pas une place centrale (à la différence des animaux polygames chez lesquels le mâle multiplie les conquêtes). Dans une vie de manchot, ce qui compte avant tout est d'être deux... au milieu de la foule. C'est inscrit dans ses gènes. Ne pas se mettre en couple impliquerait une exclusion du groupe pendant toute la saison de reproduction (10 mois sur 12 chez le manchot de Humboldt !). Un drame pour un animal qui ne conçoit la vie qu'en communauté. Les manchots de Humboldt vivent en colonie de milliers d'individus qui se rassemblent sur les côtes du Pacifique pour se reproduire. Comme tous les manchots, mâles et femelles s'impliquent avec une équité remarquable dans l'élevage des petits : le mâle construit le nid, couve en alternance avec la femelle et tous deux participent au nourrissage des petits (un ou deux). Chez lui, l'esprit de famille est aussi fort que l'esprit communautaire. Roy et Silo, les deux manchots gays du zoo de Central Park couvaient des cailloux à défaut d'œufs. Laurent Jacquet, auteur du film oscarisé *La Marche de l'empereur*, témoigne que les manchots empereurs célibataires cherchent coûte que coûte à kidnapper l'œuf ou le poussin d'un couple. S'apparier n'est donc pas seulement une question d'hormones sexuelles chez ces oiseaux et on comprend mieux l'union « homosexuelle » des manchots du zoo de Bremerhaven. D'ailleurs, ces derniers ont pu goûter aux joies de la paternité puisque récemment ils se sont vus confier un œuf abandonné par un couple de la colonie. L'un des couples gays l'a accueilli avec joie, et couvé précieusement. Un petit est né et a été élevé avec grand soin par ses deux « tontons ».

Problème de langue ?

Les spécialistes de la sexualité animale pensent que l'homosexualité exclusive est très rare chez les animaux, à la différence de la bisexualité beaucoup plus courante. Pourtant, les manchots gays du zoo de Bremerhaven sont restés insensibles au charme des femelles suédoises. Dans son milieu naturel, le manchot de Humboldt signe un contrat saisonnier de mariage, le couple se séparant après avoir élevé la progéniture. On peut argumenter que quand le couple n'est pas séparé, ce qui est le cas en captivité, le contrat est reconduit tacitement d'année en année et le couple reste fidèle à vie. Autre hypothèse : la langue y est peut-être pour quelque chose. Un mâle manchot qui veut séduire sa dulcinée ne se pavane pas pour montrer ses belles plumes (toute la communauté porte le même smoking) mais œuvre dans la sérénade. Il chante (d'une voix tonitruante) et attend qu'une femelle reprenne le refrain, lui signifiant ainsi qu'elle veut bien de lui. C'est ainsi que le couple se forme. Peut-être que les mâles gays ont « chanté » et que les femelles, trop stressées par leur nouvelle vie ou ne comprenant pas leur dialecte, sont restées silencieuses. Toutes ne sont pas sensibles au charme de l'exotisme...

Pour en savoir plus

• *Manchot mais pas pingouin !*
La confusion est fréquente et pourtant ces deux oiseaux sont différents sur plusieurs points même s'ils arborent tous les deux un costume noir et blanc. Les pingouins, qui font partie de la famille des alcidés vivent dans l'hémisphère Nord et... peuvent voler ! Les manchots (famille des sphéniscidés), eux, ne peuvent pas voler et sont présents dans l'hémisphère Sud. Les premiers peuvent plonger 1 à 2 minutes alors que les seconds, nageurs accomplis, restent sous l'eau jusqu'à 15 minutes. L'erreur classique d'appeler « pingouin » un manchot viendrait d'une confusion linguistique : manchot se dit *penguin* en anglais, *pinguin* en allemand, *pinguino* en italien, *pingüino* en espagnol, *pinguïn* en néerlandais...

• *Le manchot d'Humboldt*
À le voir dandiner d'un pas maladroit sur les rochers, on a du

mal à croire que le manchot d'Humboldt soit aussi gracieux une fois dans la mer : il « vole » littéralement sous l'eau. Ses pattes palmées l'entraînent en profondeur, ses ailes transformées en nageoires le propulsent à grande vitesse et sa queue sert de gouvernail. Quand ces petits manchots (ils pèsent 3 à 5 kg) chassent le poisson, ils offrent le spectacle d'un magnifique ballet nautique. Au moment de revenir sur la terre ferme, attention au choc thermique : sur les côtes du Pacifique, le courant est très froid (le fameux courant d'Humboldt) alors que la rive présente un climat désertique ! Comment font-ils ? À terre, ils gonflent leur plumage épais pour emprisonner de l'air qui sert d'isolant contre la chaleur. Avant de partir en plongée, ils imperméabilisent leur plumage en le lissant avec une huile sécrétée par une glande de la queue. L'huile sert aussi d'isolant thermique. Le lissage permet en outre d'ôter un maximum d'air du plumage – ils le « dégonflent » – afin de pouvoir plonger en profondeur.

• *Sexe et politique*
Chez nos amies les bêtes aussi, le sexe n'est pas forcément lié à la reproduction et peut faire partie d'une « stratégie politique ». L'activité sexuelle très présente chez les singes bonobos évite la guerre et cimente le groupe : les contacts sexuels apaisent toute tension naissant dans un groupe ou entre deux individus de même sexe ou non. Le sexe résout les conflits ! Si bien que la moitié de leurs étreintes ont lieu entre partenaires de même sexe. Comme chez le dauphin mâle. Chez ces cétacés, les comportements homosexuels au sein d'un même clan renforceraient les liens sociaux et favoriseraient les alliances et stratégies collectives. Même le roi de la jungle qui a pourtant une étiquette de « macho », s'adonne parfois à des ébats homosexuels. Ils sont observés entre lions mâles célibataires. Pour les spécialistes, la frustration sexuelle n'explique pas tout : le sexe consoliderait les

liens entre eux et favoriserait un dessein collectif. Les lions sans harem forment des « coalitions fraternelles » de deux ou trois mâles (rarement plus) dont le but est d'usurper les femelles et le territoire d'autres mâles. Enfin, la « promotion canapé » serait un classique chez les macaques : « draguer » un congénère de rang supérieur (ou accepter ses avances) constitue un moyen de monter dans la hiérarchie. Certains mâles copuleraient avec le mâle dominant pour avoir accès aux femelles ! Quand sexe et pouvoir sont liés...

Les animaux
gaffeurs

Un perroquet
trop bavard

Chris, 30 ans, rentrait le cœur léger comme chaque soir dans sa maison de Leeds, dans le nord de l'Angleterre. La perspective d'y retrouver Suzy, sa jolie fiancée de 25 ans, comptait pour beaucoup dans son excellente humeur mais, dans sa vie, il y avait aussi Ziggy le perroquet, un gris du Gabon qu'ils avaient adopté au moment où leur amour avait eu besoin d'un petit plus. Faire un enfant était un peu prématuré, mais passer chez l'oiseleur avait été simple comme un coup de cœur.

L'oiseau était devenu leur compagnon de tous les instants. Il avait hérité son nom de Ziggy Stardust, le personnage androgyne et très bigarré inventé par David Bowie que le jeune couple adulait. C'était un piètre chanteur – pas Bowie, le perroquet – mais un beau parleur. Et surtout un remarquable imitateur. Chaque jour, ses nouveaux maîtres s'émerveillaient un peu plus de ses talents.

Ce soir-là, les jeunes gens étaient enlacés sur le canapé devant *Dallas*, une série américaine démodée que la chaîne rediffusait régulièrement depuis bientôt 30 ans. À vrai dire, ils suivaient l'intrigue d'un œil plus que distrait: ils étaient très amoureux.

C'est alors que Ziggy se mit à son tour à émettre des bruits de baisers langoureux en se dandinant sur son perchoir. Sourire des deux amoureux: les dons de Ziggy étaient décidément exceptionnels. Les amants reprirent néanmoins leur flirt en s'efforçant de limiter les bruits parasites… pour ne pas « donner des idées » à leur perroquet.

La semaine suivante, même décor, même feuilleton… Mais cette fois, Chris et Suzy se tenaient sagement par la main. À l'écran, J.-R. Ewing, le héros cynique de la série (celui que le public adorait détester!) étrillait son frère Gary, comme à son habitude.

« Hi, Gary (Salut, Gary)! », lança alors Ziggy, accompagnant son texte de baisers particulièrement sonores et de mots tendres. Le visage de Suzy s'empourpra aussitôt: c'était sa voix que Ziggy imitait; et Chris aussi avait reconnu les intonations et les mots que sa compagne chuchotait dans leurs moments de tendre intimité.

La scène se répéta les jours suivants, à chaque fois que Gary était évoqué à l'écran. Tant et si bien que le doute s'insinua dans l'esprit de Chris. Pourquoi le prénom Gary provoquait-il chez l'animal ce besoin de singer un comportement amoureux… et avec la voix de sa fiancée en plus?

Le soupçon prit vraiment forme le jour où la sonnerie du portable de Suzy suffit à déclencher un « Hi, Gary! » enjoué de la part du perroquet.

Puis ce fut le coup de grâce. Les voyant à nouveau tendrement enlacés sur le canapé, Ziggy poussa un sonore « Gary, I love you (Gary, je t'aime)! », toujours avec la voix de Suzy. Chris perdit définitivement ses illusions en voyant la mine déconfite et rouge pivoine de sa compagne qui éclata en sanglots et lui avoua qu'elle poursuivait une liaison avec Gary, un ancien collègue de travail qu'elle ne s'était pas décidée à quitter lorsque Chris avait débarqué dans sa vie.

Ce jour-là, le perroquet trop bavard perdit sa maîtresse et son foyer. Chris quitta Suzy et partit avec l'oiseau. Mais il s'en sépara rapidement: « Il n'arrêtait pas de répéter ce satané prénom, qu'est-ce que je pouvais faire d'autre? », se justifia-t-il alors…

L'avis du véto

Rares sont les oiseaux dits « parleurs », c'est-à-dire capables d'émettre des sons du langage humain. Même si chez les corvidés (corneille, corbeau…), quelques individus particulièrement doués sont capables de répéter des mots, les oiseaux parleurs les plus talentueux et les plus spécialisés sont indéniablement certains psittacidés (principalement les perroquets) et les mainates.

Comment font-ils pour « parler humain » ?

Les oiseaux ne possèdent pas de cordes vocales mais un organe phonateur élaboré, le syrinx, situé dans le thorax (à l'extrémité distale de la trachée, au niveau de la naissance des bronches). Par un jeu complexe de membranes qui vibrent lors de contractions de muscles spécialisés, le syrinx permet à l'oiseau de crier, gazouiller, chanter et, parfois, d'imiter des sons. L'aptitude à « parler humain » sous-entend des capacités cérébrales développées car il ne suffit pas d'avoir l'outil – le syrinx – pour reproduire un son précis : son imitation passe par sa reconnaissance, son intégration par le cerveau puis par un système de commandes nerveuses qui stimulent le syrinx, mais aussi le larynx, la cavité buccale et la langue, tous trois servant à moduler le son émis.

Des animaux doués d'intelligence

Les perroquets, considérés comme faisant partie des espèces les plus intelligentes du règne animal, ont non seulement la faculté d'imitation mais aussi celle d'associer les sons émis à des situations précises ou des stimuli donnés. Ils ne répètent pas mécaniquement un mot – ou une phrase – appris : l'histoire de Ziggy en est la preuve. Un stimulus sonore (prénom de l'amant, sonnerie du téléphone) ou une situation donnée (couple enlacé) ont déclenché chez lui une imitation de sons ou de paroles on ne peut plus appropriée ! L'a-t-il fait sciemment par jalousie ou pour avertir son maître ? Non, sans hésitation : même s'il « parle » notre langage, le perroquet ne pense pas comme un être humain, ni n'éprouve ses sentiments !

Comme un enfant

Curieusement dans la nature, les perroquets n'imitent pas les bruits, les chants des oiseaux, ni les voix d'hommes qui vivent non loin d'eux. En fait, ils n'utilisent leur don d'imitateur que quand ils vivent en contact étroit avec nous et qu'ils nous acceptent comme faisant partie de leur famille. Certains scientifiques pensent que les oiseaux deviennent parleurs pour compenser une oisiveté liée à la captivité. Je pense plutôt que ces animaux qui ne supportent pas la solitude et sont très proches de nous, « parlent » pour attirer notre attention, entrer en contact avec nous et, pourquoi pas, nous satisfaire. Un peu comme un chat qui miaule ou un chien qui gémit pour demander un câlin ou une partie de jeu. Ainsi, les perroquets apprennent vite quels sont les bruits ou les mots qui déclenchent une émotion – trouble, rire, surprise ou colère – chez leur maître (tel un enfant avec les « grandes personnes » !). Voilà pourquoi certains volatiles crient parfois des injures, au désespoir de leur propriétaire ! Ziggy, qui comme tous les perroquets mâles est plus proche de sa maîtresse que de son maître, a peut-être compris que le prénom « Gary » et la sonnerie du téléphone déclenchaient chez Suzy une attitude et des mots emprunts d'émotion : il y a été sûrement plus sensible que les mots qu'on essayait de lui faire répéter. Preuve supplémentaire d'une intelligence animale qui, malheureusement, a plutôt desservi notre Gabonais !

Pour en savoir plus

• *Le gris du Gabon*
Encore appelé Jaco, le gris du Gabon est un perroquet au plumage entièrement gris souris excepté la queue arborant un beau rouge vif. Il vit dans les forêts d'Afrique occidentale, en colonie de plusieurs dizaines de couples. Réputé pour ses grands dons d'imitateur et son intelligence, il est le perroquet le plus vendu

comme animal de compagnie. Son espérance de vie est de 30 à 50 ans en captivité.

• *Savez-vous parler perroquet?*
– **Il a le bec ouvert et les ailes déployées?** « *Va-t'en!* ». C'est un signe de menace qui a pour but de mettre à distance l'adversaire. Il ouvre les ailes bien grandes et hérisse les plumes pour passer pour plus grand et fort qu'il ne l'est en réalité. L'ouverture du bec ne laisse aucun doute sur ses intentions!

– **Il vomit?** « *Je t'aime!* ». Quand un perroquet est épris, il est d'usage qu'il offre à sa moitié un cadeau alimentaire qu'il régurgite! Donner à manger à son partenaire – même des aliments prédigérés – fait partie de la parade nuptiale. On voit apparaître en captivité ce comportement chez des perroquets qui ont tissé un lien exclusif avec une personne, toujours de sexe opposé.

– **Il grince du bec?** « *Good night!* ». Ce comportement indique que l'oiseau est calme et détendu et qu'il s'apprête à dormir.

– **Il claque la langue?** « *Bonjour!* ». Le claquement rapide de la langue contre le bec n'est pas une menace mais un signe amical de bienvenue voire un appel au jeu.

– **Il crie à tue-tête?** « *J'existe!* ». Les cris sont naturels chez les perroquets vivant à l'état sauvage car ils servent à communiquer entre eux et en particulier à donner l'alerte. En captivité le perroquet crie pour saluer le lever du soleil ou attirer l'attention de son maître.

– **Il penche la tête vers vous?** « *Je veux des câlins* ». La tête penchée, les plumes légèrement ébouriffées indiquent qu'il est confiant: il cherche ainsi le contact et surtout à se faire gratouiller le cou. Attention : si le corps et la nuque sont au contraire tendus, il est plutôt sur la défensive, prêt à attaquer !

– Il s'arrache les plumes ? « *Je déprime* ». S'il passe ses journées à s'arracher les plumes, il souffre d'une maladie en grande partie d'origine psychique : le picage. Des mauvaises conditions de vie, la solitude, le stress, l'absence d'activités, une alimentation déséquilibrée prédisposent à cette affection qui nécessite une consultation vétérinaire.

Un serpent
au fond du trou

L'affaire se passe à Saint-Petersbourg, en Floride. Thomas se réveille, comme d'habitude, le cerveau embrumé. Comme de coutume, il se dirige vers la salle de bains, « au radar ». Comme toujours il s'apprête à… quand soudain un serpent se dresse devant lui, surgissant de la cuvette des toilettes.

« Le choc. C'était un gros python. Il faisait bien deux mètres », explique Thomas qui, depuis, est devenu imbattable sur les noms, les caractéristiques et les habitudes des reptiles en tout genre.

Ne cédant pas à la panique et se doutant bien qu'il aurait à convaincre des incrédules, notre homme se précipite sur son appareil photo pour immortaliser le monstre. Puis il appelle les secours. Mais aux États-Unis, pour vous débarrasser d'un serpent, on vous demande 150 dollars. Trop cher pour Thomas qui, bravant sa peur, confectionne un nœud coulant et entreprend de neutraliser le python dépité sous les yeux aussi admiratifs que terrifiés de sa femme et de sa fille.

Mais le temps passe vite quand on chasse le serpent et il faut que Thomas appelle son bureau pour annoncer qu'il sera en retard. Il ne se fait pas d'illusion : son patron ne croira guère à son excuse. Mais lorsqu'il exhibera la photo du reptile, en arrivant à son bureau…

Aujourd'hui, Thomas raconte encore souvent son aventure. Régulièrement il sort la photo et s'amuse de la réaction écœurée de ses interlocuteurs : « Au début, je regardais deux fois plutôt qu'une avant d'aller aux toilettes. Mais aujourd'hui, je n'y pense plus. La probabilité que je croise un serpent dans la cuvette des toilettes est quasiment nulle. Mais il faudra que je me trouve une autre excuse, si cela m'arrive à nouveau ». Une question le hante cependant : d'où pouvait venir ce python ? On rencontre ce type de serpent en Asie, en Afrique ou en Australie. Mais en Floride, c'est plus rare, et c'est toujours dans un vivarium !

L'avis du véto

Si, un jour, votre voisin de palier vous annonce que son python s'est fait la malle, il y a fort à parier que vous appréhenderez l'idée même de vous rendre aux toilettes. Car des histoires de serpents fugueurs visitant les canalisations pour ressortir par la cuvette des W.-C. du voisin ne manquent pas. Et si ce n'était que pure légende ?

Rois de l'apnée ?

Le docteur vétérinaire Lionel Schilliger, spécialisé en médecine des reptiles, est catégorique : « Il n'y a aucune raison pour que les pythons empruntent les canalisations pour s'échapper d'un appartement. Ce ne sont pas des reptiles aquatiques et ils ne supporteraient pas longtemps d'être immergés dans des tuyauteries d'un appartement à un autre ! » Si les pythons aiment avoir un point d'eau à proximité c'est pour s'y abreuver voire parfois se rafraîchir les écailles mais surtout pas pour faire de l'apnée ! Par exemple, le python royal, celui qu'on rencontre le plus couramment comme NAC (nouveaux animaux de compagnie), vit à l'état sauvage dans les savanes, prairies, et forêts tropicales sèches d'Afrique de l'ouest et centrale. Il chasse des proies terrestres, aime grimper aux arbres et ne daignera mettre un bout de queue dans l'eau que si celle-ci est à plus de 22 °C. Pas du genre à se risquer dans l'eau froide des toilettes et y plonger son corps long de 1,80 m maximum. Le temps d'immerger toute la longueur et il se noie ! Quand ces reptiles prennent la poudre d'escampette, ce qui arrive plus fréquemment qu'on ne le croit, ils recherchent plutôt des sources de chaleur comme l'arrière d'un radiateur ou d'un réfrigérateur. Particulièrement timides, ils cherchent coûte que coûte une cachette et peuvent se faufiler par le trou d'une cloison... surtout si elle abrite une colonie de souris ! La comédienne Véronique Genest, bien connue pour son rôle de commissaire de police dans la série télévisée *Julie Lescaut*, possède dans le civil deux pythons mâle et femelle, nommés Rocky et Adriane en référence au fameux film de Sylvester Stallone. Un jour, un des deux pythons a disparu. Au bout de 15 jours, le mécanisme de la chasse d'eau ne marchant plus, l'ouverture du coffrage des toilettes a permis de découvrir le rampant qui, détail important, était devenu « bien grassouillet » pendant son évasion, comme le raconte avec humour sa maîtresse. Il avait profité de sa liberté pour se faufiler sous le vieux parquet et les doubles cloisons, nids à rongeurs. Un bonheur !

Par les airs ou par la mer ?

Comment alors expliquer ces rumeurs de serpents dans les toilettes ? Le python découvert par Thomas est peut-être juste allé se désaltérer dans la cuvette après avoir pris une autre route que la canalisation pour venir. Quand il fait chaud et que les fenêtres sont ouvertes, les pythons et les serpents en général font le mur en longeant les gouttières et passent ainsi d'un appartement à l'autre. D'autres se glissent au travers de petits orifices, s'engagent dans les doubles cloisons, suivent les gaines techniques et visitent ainsi les appartements d'un immeuble ! Ils recherchent la chaleur, la discrétion et de petits rongeurs mais ont aussi besoin de temps en temps de s'hydrater. D'où leur découverte dans les toilettes.

Et si le reptile dans notre histoire n'était pas un python mais un serpent nageur ? Tous les serpents savent nager et il existe même des espèces pélagiques qui, cependant, ne se rencontrent pas en captivité. Les serpents élevés dans des terrariums ne nagent qu'occasionnellement sauf quelques espèces dites « semi-aquatiques » comme le serpent jarretière, une petite couleuvre américaine qui chasse dans l'eau. Mais cette dernière ne reste que quelques secondes immergée le temps d'attraper sa proie! Elle a besoin de respirer. Aucune chance qu'elle joue les sous-marins dans les canalisations d'un immeuble! Et si vous proposiez à votre voisin d'aller inspecter l'arrière de son frigo?

Pour en savoir plus

• *Les serpents de mer*

Il existe des serpents marins qui sont l'équivalent des cétacés chez les mammifères: ils naissent, vivent et meurent au large, mais, poumons obligent, reviennent régulièrement à la surface pour respirer. Les femelles pratiquent l'ovoviviparité (les œufs incubent et éclosent en elles). La naissance des petits dans l'eau et par conséquent la perte d'un lien de dépendance avec la terre ferme est un phénomène unique chez les reptiles: même les tortues marines vont pondre sur la plage! Les serpents de mer « filent » dans l'eau grâce à la propulsion d'une queue transformée en nageoire caudale. Le pélamide (*pelamis platurus*), un de leurs représentants, est le roi incontesté de l'apnée: il peut rester immergé plus de 5 heures dans le grand bleu. Son secret: une poche d'air qui lui sert de bouteille d'oxygène pour respirer.

• *Le sixième sens des serpents*

Les serpents comme les pythons et les crotales chassent la nuit grâce à leur radar à infrarouges. De part et d'autre du nez existent plusieurs petits orifices, où se nichent des capteurs thermiques. Ces fossettes thermosensibles leur servent à repérer une proie par la chaleur qu'elle émet. Elles détecteraient des écarts de température de 3/1000e de degré! La nuit, ils voient bien un animal à sang chaud comme un rongeur mais beaucoup moins bien un batracien, animal à sang froid, dont la température corporelle s'approche de la température ambiante. Par ailleurs, les serpents n'ont pas d'oreilles externes. Mais tout le long de leur corps, une ligne sensorielle leur permet « d'écouter » le sol comme le fait l'éclaireur d'une troupe d'Indiens dans les westerns! Ils captent ainsi les vibrations les plus infimes, les infrasons et sont parmi les meilleurs sismographes que la nature ait inventé (*voir aussi* Le sixième sens de Thongdaeng, *p. 25).*

• *Le saviez-vous?*
Quand on manipule un serpent, le toucher de sa peau n'est ni froid, ni humide, ni visqueux. Il est au contraire doux et sec car les écailles sont dépourvues de glandes.

• *Usurpation d'identité*
Une des techniques pour échapper aux prédateurs est d'avoir l'air plus dangereux que l'on est. Chez les serpents, quand on n'a pas de venin pour se défendre, on peut adopter les habits d'une espèce venimeuse. C'est le cas du serpent du lait (*lampropeltis triangulum*), un magnifique rampant aux anneaux rouges, noirs et blancs, également appelé « faux-corail » en raison de sa ressemblance troublante avec le serpent corail (*microrus*) au venin mortel. Citons aussi, présente dans nos contrées, l'inoffensive couleuvre vipérine (*matrix maura*) qui, comme son nom l'indique, ressemble de par ses écailles à une vipère. Elle pousse l'usurpation jusqu'à mimer le comportement caractéristique de la bête venimeuse prête à attaquer : elle se love en aplatissant la tête puis frappe soudainement son ennemi. À la différence que le serpent de lait, lui, ne mord pas.

Drôles d'oiseaux

Des perroquets qui parlent, qui s'en étonne encore ? Certainement pas les millions d'enfants qui se sont nourris et se nourrissent encore des aventures de Tintin dans lesquelles les perroquets jouent des rôles de second plan, mais néanmoins marquants.

Dans *Tintin au Congo,* par exemple, les lecteurs (de 7 à 77 ans !) apprennent qu'un perroquet peut parler distinctement, mais aussi être agressif et transmettre d'un coup de bec une maladie au nom rigolo, la psittacose !

Autre exemple : dans *Le Trésor de Rackham le Rouge,* les héros débarquent sur une île déserte et se font copieusement insulter par une bande de perroquets ! Les mêmes expressions que celles du colérique capitaine Haddock, ami de Tintin, qui les profère à longueur d'aventures. Ils y voient la preuve que le Chevalier de Hadoque, ancêtre du capitaine est bien passé par là quelques siècles plus tôt pour y enterrer son trésor. Et de génération en génération, les oiseaux se sont transmis le vocabulaire haut en couleur du Chevalier.

Comme la plupart des Anglais, le directeur du petit zoo du comté de Warwick a certainement feuilleté les albums de Tintin and Snowy (Milou au-delà du Channel !) dans sa jeunesse. Et la scène des perroquets de l'île a dû lui revenir en mémoire lorsqu'il a vu débarquer, dans son bureau, Timothy M. et son perroquet Woody ; le premier déclarant souhaiter rompre avec le second dont il ne supportait plus les injures proférées à longueur de journée.

La vocation des parcs zoologiques est aussi d'offrir l'hospitalité aux animaux abandonnés. Le responsable a donc, sans hésitation, accueilli le répudié à cage ouverte, confiant dans les capacités des spécialistes à remettre le malotru dans le droit chemin. Sans se douter qu'il faisait entrer le loup dans la bergerie…

Pour faire perdre ses mauvaises habitudes à l'animal, on engagea un professionnel des langues (et accessoirement des bonnes manières). Sans succès malheureusement, bien au contraire. Après quelques semaines de promiscuité, le mal embouché avait déteint sur ses congénères, et bientôt les volatiles passèrent leur temps à se lancer des insultes de part et d'autre de l'oisellerie, devant les visiteurs du zoo. Ces derniers n'étant pas épargnés : dès qu'une personne s'approchait de la cage, elle était accueillie par un fort désobligeant « Fuck you ! » – une expression que les amateurs de films d'action américains traduiront sans difficulté.

Aux journalistes venus l'interviewer sur l'hystérie collective qui régnait dans sa volière, Andrew H., le soigneur de cette bande de malpolis, précisa qu'un des jeux favoris de Woody était désormais d'enfouir sa tête dans son écuelle pour amplifier le volume de ses obscénités, ajoutant avec un soupçon de découragement : « Woody n'a que 10 ans. Et ces oiseaux vivent entre 60 et 70 ans. Il va falloir le supporter encore longtemps… ».

Aux dernières nouvelles, l'animal aurait diversifié ses talents : il peut aujourd'hui imiter les alarmes de voitures et les sonneries de téléphones portables. Peut-être est-il, lui aussi, un fan de Tintin. Dans *Les Bijoux de la Castafiore*, la diva offre au capitaine un perroquet qui se nomme Coco. Et la spécialité de ce dernier est aussi d'imiter la sonnerie du téléphone et de dire « Allô-ô-ô-ô, j'écou-ou-te !!! ».

L'avis du véto

Vous vous abstenez de prononcer des « noms d'oiseaux » (!) devant vos chères têtes blondes et pour cause : vous savez pertinemment qu'ils prendront un malin plaisir à les répéter même si le sens leur échappe. Dans leurs dons d'imitateurs, les perroquets s'avèrent de vrais enfants (*voir aussi* Un perroquet trop bavard, p. 162). D'ailleurs, ne dit-on pas qu'ils ont l'intelligence d'un enfant de 5 ans ? Ces oiseaux, qui font partie des animaux les plus doués sur terre, ont la malice infantile. Et surtout une furieuse envie d'attirer l'attention, de communiquer, et ce peu importe les moyens ! Beaucoup hurlent de façon tonitruante, d'autres détruisent tout ce qui leur tombe sous le bec (jouets, meubles, bibelots...), certains tyrannisent leur entourage et quelques-uns comme Woody vocifèrent des injures. Des enfants terribles ? Non, souvent des animaux qui souffrent de l'ignorance et l'irresponsabilité humaines.

Regarde-moi !

La grossièreté de Woody a été le motif de son abandon. Elle est aussi le symptôme d'un problème de communication entre son maître et lui. En lançant des gros mots, l'animal ne voulait pas se venger mais provoquer Timothy M. ou même l'appeler à l'aide ! D'autres perroquets crieraient, lui a trouvé le vocabulaire non châtié bien plus efficace. Comment en est-il arrivé là ? Un peu comme un enfant : par manque d'attention à son égard ou manque d'éducation (*voir p. 178*). Dans la nature, le perroquet a une vie sociale riche : il vit en colonie pouvant comprendre plus d'une cinquantaine de couples. Un perroquet seul et isolé est un individu en danger car non sécurisé par son groupe. Il a un besoin foncièrement vital d'entretenir une relation étroite avec un congénère ou, à défaut, un être humain. C'est pourquoi, le perroquet en tant qu'animal de compagnie demande encore plus d'attention qu'un chien ou un chat. Bien souvent, une grande attention est donnée les premiers temps quand l'oiseau exotique, tout nouveau tout beau dans la maison, est l'attraction familiale. Puis peu à peu sans vraiment le vouloir, chacun se désintéresse de lui, ou plutôt revient à des activités quotidiennes routinières qui ne permettent pas d'accorder autant de temps à un individu avide de contacts. C'est à ce moment que peuvent s'installer des comportements indésirables comme celui de proférer des injures.

Opportuniste

Le perroquet est un fin observateur qui détecte chaque changement même minime de notre comportement, chaque émotion. Ne lui dites pas que vous partez travailler ou que vous êtes triste, il le sait déjà ! Il analyse aussi comment nous réagissons à certains sons, certaines paroles échangées, et ne répète parmi celles-ci que celles qui déclenchent une émotion. Woody a probablement entendu son maître lâcher des insultes avec une certaine colère contre une autre personne. En les répétant le volatile comprend vite qu'il réussit à obtenir de son entourage une attention teintée d'émotion (rire, surprise, colère). Par renforcement positif (il gagne à tous les coups !) et par désespoir sans doute (« j'ai besoin qu'on s'occupe de moi ! »), ce comportement devient vite son seul mode de communication... et élargit le fossé entre son maître et lui !

Bêtes de scène

Certains perroquets peuvent changer complètement d'attitude du seul fait de changer d'environnement, mais ce n'est pas toujours le cas. Après son abandon, Woody persiste dans ses propos déplacés parce qu'il a simplement besoin de se rassurer en vérifiant qu'un visiteur ou un employé du zoo n'est pas loin et s'intéresse à lui. Peut-être est-il trop imprégné par l'homme ? Ce qui expliquerait que la seule compagnie de ses congénères et les relations qu'il peut avoir avec eux ne lui suffisent pas et qu'il ait besoin d'une attention humaine. Ses vociférations, reprises par les autres oiseaux parleurs, provoquent malgré leur vulgarité (ou à « grâce » à celle-ci) une affluence autour des cages, ce qui encourage les volatiles. Ces derniers adorent se trouver dans un environnement animé où ils peuvent observer les activités et multiplier les échanges. De vraies bêtes de scène ! Que les visiteurs délaissent l'enclos des lions ou des girafes pour assister à leurs joutes vocales n'est pas pour leur déplaire. Ils ont compris qu'il n'y a rien de mieux pour attirer le chaland. Et leur attitude « *so shocking* » est dorénavant bien ancrée... pour les cinquante prochaines années ! Comme quoi tout possesseur de perroquet devrait méditer cette phrase d'Antoine de Saint-Exupéry tirée de son œuvre *Le Petit Prince* : « Tu deviens responsable pour toujours de ce que tu as apprivoisé. »

Pour en savoir plus

• *Comment apprendre les bonnes manières à Woody ?*
Si Woody est malpoli, c'est parce qu'il n'a pas trouvé de meilleures stratégies pour se « rendre intéressant ». Réprimer ce comportement gênant par des punitions est contre-productif : dans tout apprentissage, la carotte est plus efficace que le bâton. Au demeurant, punir un animal sensible comme Woody risque de le rendre agressif ou dépressif. Le meilleur moyen est de lui apprendre quelque chose qui aura autant de succès voire plus auprès du public que ses mots vulgaires.
En pratique, mieux vaut isoler les oiseaux grossiers des visiteurs et commencer l'école avec l'aide des soigneurs. Ces derniers devront rester indifférents aux injures et au contraire regarder et parler aux oiseaux dès qu'ils se calment. Le « professeur Dolittle » aura pour mission de leur apprendre un nouveau numéro qui attirera enfants et parents près de la volière : siffler des airs connus, imiter la voix d'un acteur, d'un chanteur ou d'un personnage de dessin animé, des bruits d'animaux... Tout progrès sera récompensé par des friandises et des compliments. Quand la leçon sera assimilée, il ne restera plus qu'à tester la nouvelle distraction auprès des visiteurs du zoo.

• *Un garnement sans éducation*

Outre l'ennui, le déficit affectif et la solitude, le manque d'éducation est une autre cause de troubles du comportement chez
les perroquets de compagnie. Car, comme tous les animaux
sociaux (et l'homme), ces volatiles apprennent de leurs parents
et de leur communauté des règles de vie, des interdits, des rituels.
Comme nous, les perroquets traversent la période sensible de
l'adolescence (vers 2 à 5 ans selon les espèces) où ils remettent
tout en question et tentent de s'affirmer par rapport à leur famille,
c'est-à-dire nous! Et si l'éducation a été laxiste pendant son
enfance, c'est à ce moment que l'oiseau développe le « syndrome
de l'enfant roi », grand générateur d'abandons. Si vous laissez
un chiot vous mordiller sous prétexte qu'il « fait ses dents », il
deviendra un chien mordeur à sa maturité. De la même manière:
si vous laissez un jeune perroquet pincer sous prétexte que c'est
une boule de plumes attendrissante, à l'adolescence, il utilisera
son bec et donc la force pour « communiquer »… Les spécialistes considèrent qu'il faut 5 ans pour éduquer un perroquet à
vivre en bonne intelligence avec l'homme. Pensez-y avant de
craquer pour un bel oiseau parleur…

Douillet refuge

12 heures vont sonner à la chapelle de l'université. Il est temps que le cours s'achève pour Jennifer Simon qui vient de passer « la pire matinée de sa vie », immobilisée dans un amphithéâtre, au milieu de quelques dizaines d'étudiants.

Pendant les deux heures qu'a duré l'exposé du maître, elle n'a pu se résigner à quitter la salle. En général, la moindre tentative de gagner la sortie pendant un cours, surtout si c'est une fille, déclenche un concert de lazzis chez les garçons (les étudiants, même dans une prestigieuse université américaine, sont décidément de grands enfants!) et Jenny, 19 ans, est d'une timidité maladive.

Ce n'est pas une envie pressante qui la travaille, pourtant. Simplement un inconfort provoqué par des vibrations répétées au niveau de… son soutien-gorge. Dans un premier temps, elle a bien pensé aux vibrations de son téléphone portable qu'elle porte suspendu à son cou et glissé dans la poche de poitrine de sa veste mais, après vérification, ce n'était pas cela. D'ailleurs elle se souvenait parfaitement l'avoir éteint lorsqu'elle était entrée dans les lieux. Imaginez qu'il se mette à sonner en plein cours. La honte!

Quoi qu'il en soit, après une brève accalmie, les vibrations avaient repris. Irrégulières d'abord, puis presque continues. Difficile pour Jennifer de pousser ses investigations plus loin, en public. Il lui avait fallu se résigner à supporter ce désagrément. Sans parler de l'inquiétude qui l'avait empêchée de se concentrer pour la prise de notes habituelle!

La séance est terminée. À peine levée, Jennifer sort de la salle en courant et se précipite dans les toilettes de la bibliothèque où elle s'enferme à double tour. Il ne lui faut pas plus de quelques secondes pour se débarrasser de sa veste, de son chemisier et pour dégrafer l'objet de ses tourments.

« Et là, l'horreur. J'ai cru m'évanouir ! », expliqua-t-elle par la suite. « On se moque souvent de moi car je crie facilement quand je suis surprise, mais là, je suis restée sans voix. Je ne savais pas ce que c'était. Comme une énorme araignée grisâtre qui bougeait lentement ses pattes sans faire de bruit. Le choc quand j'ai réalisé que ce n'était qu'une minuscule chauve-souris qui s'était glissée entre la soie et le coussinet. J'avais laissé sécher mes sous-vêtements sur un fil à linge, la veille au soir, et la bestiole, qui cherchait du confort et de la chaleur, l'avait investi dans la nuit. À la tombée du jour, en été, j'ai l'habitude de voir ses copines tourner autour des réverbères qui éclairent ma rue. J'ai toujours peur que l'une d'elles ne vienne se prendre dans mes cheveux. Et là, c'est dans mon soutien-gorge que j'en retrouve une. Incroyable ! »

De la panique au dégoût puis à la pitié... Jennifer est passée par tous ces sentiments avant de finalement lâcher la petite bête sur le rebord de la fenêtre des toilettes. « De toute façon, je n'aurais pas pu la tuer. Même en plein jour, je crois qu'elle a retrouvé sa liberté avec soulagement. Je lui ai souhaité bon vent. Et soulagée, je l'étais aussi ! »

L'avis du véto

À quelques exceptions qui confirment la règle, toutes les chauves-souris ont une vie nocturne. Le jour, elles se reposent – la tête en bas ! – dans des cavités naturelles ou artificielles : grottes, crevasses, arbres creux, avens, carrières, dessous de pont, bâtiments divers, greniers, combles, mais aussi, derrière un volet, dans un sac ou un vêtement suspendus dans le jardin ou dans une cave ! Elles ne construisent pas de nid. L'hiver elles portent leur choix sur des gîtes propices à une hibernation : bas en température, très humides et paisibles, tels les sites souterrains, les caves, les tunnels, les puits. L'été, elles recherchent chaleur et humidité. Ainsi, un soutien-gorge humide au bonnet rembourré suspendu à une corde est un lieu de repos et de perchage tout à fait adapté à ces mammifères ailés. La présence d'un bébé chauve-souris seul est plus rare. Car pendant toute son enfance, sa mère veille à ne jamais laisser le bambin tout seul et le confie si besoin est à une... crèche.

Gestation différée

Dans nos contrées, c'est à l'automne et non au printemps qu'ont lieu les noces des chauves-souris. Monsieur est polygame et ne s'occupe pas de sa progéniture. Madame, qui n'est pas pressée, attend le printemps pour ovuler et donc débuter sa gestation. Pendant les 5 à 6 mois que dure l'hibernation, elle stocke le sperme « en sommeil » dans son utérus. Aux beaux jours, si le temps y est propice, la fécondation peut enfin avoir lieu. Fait incroyable : la femelle « décide » non seulement du jour de l'ovulation et donc de la fécondation mais aussi, celui de la mise bas. Chez les chauves-souris en effet, la gestation varie de 44 à 240 jours selon l'espèce mais aussi selon les conditions environnementales et météorologiques. Les bébés doivent venir au monde au moment où la nourriture (insectes, fruits, nectar selon les espèces) est la plus abondante. Sous nos climats, les espèces sont essentiellement insectivores : les naissances ont lieu au début de la saison chaude (mi-juin à mi-juillet) après 6 à 8 semaines de gestation. Il faut que la future maman ait trouvé un lieu de parturition assez chaud comme, par exemple, un grenier. Elle le partage d'ailleurs avec une colonie de femelles (des dizaines) faisant de ce lieu à la fois une maternité et une nurserie. Les chauves-souris donnent le plus souvent naissance à un seul petit. Elles mettent bas en agrippant leurs 4 pattes au plafond et recueillent le nouveau-né dans la membrane des ailes. Le petit reste les premières semaines « collé » à sa mère, tétant une de ses deux mamelles. Il connaît vite la vie en communauté : quand sa mère part chasser, ses « tantes » (les autres mères de la colonie) prennent le relais, regroupant les jeunes dans l'endroit le plus chaud de la nurserie. Ainsi, pas de problème de baby-sitter chez les chauves-souris ! Le jeune qui a trouvé refuge dans le soutien-gorge a peut-être pris le risque de « faire le mur », de s'éloigner de la colonie maternelle. Ne trouvant pas le chemin de retour, il a squatté un gîte improvisé et a profité le matin de la chaleur humaine, bien calé contre le sein de Jennifer Simon.

Pour en savoir plus

• *Les chauves-souris s'accrochent-elles aux cheveux ?*
Voilà une idée fausse encore bien ancrée dans l'imaginaire populaire ! Si les chauves-souris volent bas le soir en donnant l'impression de nous frôler la tête, ce n'est pas notre chevelure qui les intéresse mais bien les moustiques et moucherons attirés par la chaleur que dégage notre corps. D'ailleurs, même dans le noir complet, elles n'ont aucun mal à nous éviter grâce aux ultrasons qu'elles utilisent pour se diriger.

• *Les vampires existent-ils ?*
Selon la superstition populaire, le vampire est un mort vivant qui, la nuit tombée, suce le sang de ses victimes. C'est aussi le nom donné à de petites chauves-souris sud-américaines qui rampent vers le bétail assoupi pour lui ponctionner – discrètement – quelques millilitres de sang. Rien de bien méchant mais assez pour entretenir le mythe de la bête buveuse de sang… même si les 37 espèces de chauves-souris qui vivent en Europe se nourrissent uniquement d'insectes. Jamais de sang.

• *Mini et maxi*
Dans le monde, il existe près d'un millier de chauves-souris

(appelées chiroptères) à la taille extrêmement variée. La plus grande est *pteropus vampyrus* ou roussette de Malaisie qui, comme son nom latin ne l'indique pas, se nourrit de fruits. Adulte, elle atteint une envergure de 1,70 m pour une longueur de 40 cm et un poids d'1 kg. La plus petite, qui vit en Thaïlande, porte le joli nom de Kitti à nez de cochon (*craseonycteris thonglongyai*) : avec ses 3 cm de longueur et un poids affichant 2 g sur la balance, elle est le mammifère le plus petit de la planète!

Parents modèles

Les couples homosexuels peuvent-ils adopter un enfant ? La question se pose régulièrement chez les humains, mais il semble qu'elle ait trouvé une réponse chez les animaux. En tout cas chez les flamants roses, comme le suggère l'histoire qui suit.

Carlos et Fernando vivaient en couple depuis 6 ans. Leur refuge, c'était le parc naturel Wildfowl et Wetlands[14] à Slimbridge dans le Gloucestershire, au nord de Londres. Chez ce couple de flamants roses, le « désir d'enfant » était si fort que, le printemps venu, ils s'attaquaient régulièrement à des couples hétérosexuels, les chassant de leurs nids pour s'installer et couver leur œuf… mais sans succès, car les gardiens de la réserve intervenaient systématiquement pour rétablir l'ordre.

Mais un jour, l'acharnement de Carlos et Fernando s'avéra payant. Les deux flamants étaient devenus des candidats sérieux pour prendre en charge le premier poussin orphelin qui se présenterait. Sans compter que leur mettre un petit entre les pattes était certainement le meilleur moyen de rétablir la sérénité dans la colonie de flamants, car leurs tentatives renouvelées de kidnapping étaient à l'origine de multiples prises de bec ; les couples « classiques » défendant avec furie l'unique œuf que la femelle pouvait pondre chaque année.

Les responsables du parc inscrivirent donc Carlos et Fernando en tête de la liste des parents susceptibles d'adopter. L'occasion

---

14. Le Wildfowl and Wetlands Trust (littéralement « Sauvagines et zones humides ») est une organisation britannique à but non lucratif qui s'occupe de la protection des zones humides et des oiseaux sauvages qui les peuplent. L'association regroupe neuf réserves WWT sur le territoire britannique et un centre d'accueil qui reçoit un million de visiteurs annuel. Elle compte aujourd'hui plus de 130 000 membres et gère ainsi plus de 20 km² de zones humides où vivent plus de 150 000 oiseaux.

ne se fit pas attendre. Quelques jours plus tôt, un œuf avait été découvert par hasard, abandonné par ses géniteurs, et avait été placé dans un incubateur en attendant son éventuelle éclosion. Un poussin en parfaite santé était né, il allait devenir le bébé de Carlos et Fernando. Mais il fallait éviter que les parents adoptifs ne s'en désintéressent à cause d'un processus incomplet.

Le déroulement d'une éclosion commence normalement avec un « appel » des poussins depuis l'intérieur de leur coquille. Les parents répondent alors à ce signal en frappant l'œuf à coups de bec, puis les encouragent à sortir en les aidant à casser leur prison. Il fallait donner aux parents l'occasion d'instaurer cette « complicité » avec le poussin, et donc créer l'illusion d'une vraie naissance.

Le poussin fut replacé dans une vieille coquille rafistolée avec des bandes adhésives, puis reposé dans le nid du couple. Et le miracle se produisit. Les deux flamants roses se mirent à communiquer à coups de bec avec « leur » poussin captif. Quelques instants plus tard, il brisait une deuxième fois sa coquille et était accueilli par de nouveaux parents particulièrement affectueux.

Comment Carlos et Fernando allaient-ils assurer la survie du poussin pendant les premiers jours ? Pour répondre à cette question, tous les scientifiques de la réserve avaient les yeux rivés sur la nouvelle petite famille.

Dans un couple traditionnel, le père et la mère nourrissent tour à tour le poussin avec une bouillie, très riche en glucose, qu'ils sécrètent dans leur œsophage puis régurgitent dans le bec de leur progéniture. Dans le cas présent, les deux pères se succédèrent de la même façon pour donner sa bouillie au poussin. Et en quelques jours, celui-ci avait atteint la taille qui lui permettait de quitter le nid et de rejoindre le groupe des flamants, encore jeunes, qui se regroupent instinctivement sous la protection de quelques adultes pendant que leurs parents vaquent à d'autres occupations.

Et c'est sous le regard attendri de ses deux pères que le fils de Carlos et de Fernando fut accueilli dans la « crèche », avec bienveillance, par les autres petits flamants roses.

L'avis du véto

Le flamant rose vit sous des climats chauds en colonie fréquentant des lagunes et étangs d'eau salée peu profonds. Il aime le soleil, le sel mais pas forcément le sexe. Les trois valeurs phares de cet oiseau de pourpre et de rose seraient : la fidélité, la famille, le partage. Des valeurs très « traditionnelles » qui néanmoins ne sont pas antinomiques avec l'existence d'une homosexualité dans cette espèce, bien au contraire !

La vie à deux... millions !

Chez les flamants roses, plus on est de fous, plus on (sur)vit ! La communauté est pour eux vitale. Ils mangent ensemble, nichent ensemble, migrent ensemble, et même paradent tous ensemble. Leurs colonies atteignent facilement des milliers d'individus. Le record absolu des flamants – et de tous les oiseaux – est détenu par un cousin, le flamant nain : sur les lacs alcalins de la vallée du Rift en Afrique de l'est, se rassemblent chaque année pas moins de 2 millions de ces oiseaux aux ailes pourpres ![15] Mais attention, n'allez pas croire que les flamants vivent en société hiérarchisée : ils vivent d'abord en couple et chaque couple tire avantage de la présence des autres. Le calcul est vite fait : plus on est nombreux, moins on a de risque d'être attaqué par un prédateur (l'espace est « saturé » en proies potentielles), et plus on a de chance d'être

---

15. Voir à ce sujet le superbe film de Disneynature « *Les Ailes pourpres : le mystère des flamants* », sorti en 2008.

averti par un congénère d'un danger, la peur étant extrêmement contagieuse dans un groupe. Autre intérêt de la vie en collectivité : la crèche. La concentration des nids et la synchronisation des naissances ont en effet favorisé chez cette espèce un système de garde collective des jeunes. Ainsi papa et maman peuvent aller faire leurs « courses alimentaires » pendant que leur rejeton – l'enfant unique est la règle chez les flamants – reste avec d'autres sous la surveillance de « nounous ».

Papas poules

Et l'amour dans tout cela, me direz-vous ? Comme beaucoup d'autres oiseaux, les flamants roses offrent l'image romantique d'un couple uni et fidèle, que l'on croyait jusqu'à présent éternel. En fait, des études récentes montrent que le contrat de mariage ne dure qu'une saison (le temps de l'élevage du jeune) et qu'il n'y a que dans les parcs et les zoos que les couples s'unissent à vie, par manque de choix de partenaires (manque de tentations ?! Probablement). Les spécialistes pensent en effet que le faible nombre d'individus que peut compter une colonie de flamants en captivité (100 à 1 000 fois moins que dans la nature) favorise les mêmes appariements d'une année sur l'autre et l'appariement entre deux individus de même sexe comme celui de Carlos et Fernando. Car pour le mâle comme pour la femelle l'important n'est pas tant de séduire le sexe opposé que de former une « équipe » stable pour élever un petit. Les couples ont, il est vrai, peu d'intimité au milieu de la foule. Leur parade nuptiale est brève, minimaliste, coordonnée entre les deux partenaires et entre les couples. L'accouplement (cloaque à cloaque) lui-même ne dure guère plus de quelques secondes. Ensuite chacun – femelle ET mâle – consacre tous ses efforts aux soins de sa progéniture. Cette forme d'abnégation passe avant l'amour de son partenaire et donc avant le sexe ! On comprend mieux pourquoi Carlos et Fernando, nos deux flamants gays, aient eu une envie impérieuse de paternité au point de kidnapper les œufs des autres. Ils ont réussi sans problème à élever un oisillon car le partage des tâches, ils connaissent ! Construction du nid, couvaison à tour de rôle, nourrissage du jeune, éducation, chez les flamants, mâles et femelles mettent « les pattes à la pâte » sans distinction de sexe. Comme quoi l'égalité des sexes n'est pas une utopie !

« L'homosexualité » chez les animaux

La « gay attitude » existerait-elle dans le règne animal ? Des comportements décrits comme homosexuels ont été reportés chez plus de 1 500 espèces de part le monde et bien documentés chez près de 500. Le biologiste américain Bruce Bagemihl qui a travaillé et écrit sur le sujet[16] distingue cinq types de comportements : la parade amoureuse, l'affection, la relation sexuelle, la vie en couple et le comportement parental. Ce qui veut dire que deux partenaires de même sexe peuvent s'apparier voire élever des petits sans forcément avoir de relations sexuelles. C'est le cas d'oiseaux monogames comme les manchots (*voir aussi* À nous les petites Suédoises, p. 153). Chez les mammifères, des rapports homosexuels auraient été observés par exemple chez le dauphin, la girafe, le lamantin, l'orque, les macaques, le lion, le putois. Cet aspect de la vie des bêtes n'intéresse les scientifiques que depuis une dizaine d'années (!). Peu de données existent encore, ce qui laisse place aux interprétations les plus diverses. Méfions-nous de certaines conclusions hâtives : le comportement observé n'exprime pas forcément une préférence sexuelle chez un animal donné. Par exemple, quand dans un pré, vous voyez une vache en chevaucher une autre, cela veut dire qu'elle est en chaleur, excitée et... en mal de partenaires !

Autre exemple, celui des chiens : qui n'a jamais vu un mâle tenter de « monter » un autre mâle ? Il s'agit de ce que les éthologues appellent un « chevauchement hiérarchique », un rituel social visant à asseoir la dominance d'un chien sur un autre, sans qu'il y ait aucune connotation sexuelle. D'ailleurs votre chien peut aussi s'en prendre à vos mollets !

---

16. *Biological Exuberance : Animal Homosexuality and Natural Diversity,* Stonewall Inn Editions, 1999.

Le bonobo, un proche cousin du chimpanzé, cultive, lui, la bisexualité. Sa devise est *peace and love* (« paix et amour »). Mâles et femelles se font des câlins divers pour apaiser les tensions, faire la paix et surtout pour le plaisir. Tout est prétexte à s'épouiller tendrement, à se caresser, à s'embrasser et bien entendu à s'accoupler, avec des partenaires de sexe opposé ou de même sexe. Pas de jalousie, pas de bagarres, que des étreintes...

Pour la plupart des auteurs, si l'homosexualité exclusive (dans l'espèce) reste rare chez les animaux (*voir aussi ci-dessous Des lézards lesbiens*), la bisexualité est beaucoup plus fréquente qu'on ne le pense. Certains affirment même que tous les animaux sont potentiellement homosexuels. Ce qui prouve bien, s'il fallait encore le faire, que l'homosexualité n'est pas contre nature.

Pour en savoir plus

• *Des lézards lesbiens*
Le lézard du genre *cnemidophorus*, dit « lézard à queue en fouet » intéresse la science par son activité sexuelle originale. Premier élément insolite : tous les individus sont des femelles, les mâles ayant disparu au cours des générations. Pourtant ce lézard se reproduit. Comment ? Par parthénogénèse, une reproduction sexuée sans fécondation surtout décrite chez les insectes et les végétaux. Mais ces dames aux écailles ont tout de même besoin pour ovuler d'ébats amoureux et d'une simulation de copulation... À chaque problème sa solution : les lézardes se travestissent chacune leur tour pour que la copine ait une ovulation !

• *Pourquoi les flamants roses sont-ils roses ?*
Parce qu'ils raffolent d'une minuscule crevette (artemia) présente dans la vase et riche en carotène (comme dans les

carottes!), pigment responsable de la couleur rose du plumage. Grâce à leur grand bec filtreur, ils pêchent ce crustacé et des algues, petits mollusques, larves et insectes qui entrent dans leur régime. Et, chose unique dans la nature : le flamant prend ses repas la tête à l'envers!

• *Comment se repérer dans la foule?*
Comment font les flamants roses pour retrouver leur partenaire ou leur petit dans une colonie de milliers d'individus serrés au coude à coude? En chantant! Et accessoirement le même refrain. C'est ce qu'on appelle une « signature sonore ». Un peu comme nous pouvons avoir une chanson fétiche et symbolique de la naissance d'un amour. Ainsi, au moment de la parade nuptiale, le mâle chante, ou plutôt raille, toujours le même morceau pour qu'il soit bien intégré, enregistré par sa femelle. En signe d'affection, celle-ci va le répéter jusqu'à ce que les deux choristes soient tempo. Ensuite, rien de plus facile pour un tourtereau de trouver sa moitié dans le brouhaha de la colonie. Quant à repérer leur petit dans la crèche, c'est simple : son babillement est bien imprimé dans leur cerveau, qui n'est pas une cervelle d'oiseau!

Et alors ?
Moko est arrivé !

Selon le ministère de l'Écologie néo-zélandais, ce sont en moyenne 700 baleines qui s'échouent chaque année sur les plages de l'île. Une sorte de suicide de masse dont on ignore souvent les raisons. Certains imputent ce phénomène à la maladie, d'autres passent que c'est le déplacement fréquent des bancs de sable qui perturbe le sens de l'orientation des cétacés. À chaque fois que l'événement se produit, la population locale se mobilise pour guider l'animal vers le large. Et pourtant, les baleines qui s'échouent sont très rares à survivre, en dépit des efforts tentés pour les remettre à la mer. Néanmoins, le jour où une mère baleine accompagnée de son petit vint s'échouer sur la plage de Mahia, pendant l'été 2008, tout fut mis en œuvre pour les repousser vers la haute mer.

Comme c'est souvent le cas, les tentatives capotèrent et immanquablement, les deux cétacés, désorientés, revinrent s'échouer sur la plage. Il s'agissait de baleines pygmées qui, malgré leurs « petites » tailles (5 m seulement !) dépassaient les 3 tonnes à elles deux. L'équipe de sauveteurs commençait à désespérer et certains envisageaient même de les euthanasier. Si l'on en croit les spécialistes, tenter de sauver une baleine prolonge le plus souvent inutilement sa terrible agonie. Il y a une raison physiologique à cela : les baleines meurent « écrasées » et étouffées par leur propre poids.

C'est alors que Moko est arrivé et a pris la direction des opérations.

Tout le monde, de Waikokopu à Portland, connaissait Moko le dauphin. Depuis le début du printemps, il venait régulièrement jouer avec les nageurs et les plaisanciers, faisant de Mahia beach, en 6 mois, un rendez-vous incontournable de la côte orientale de North Island.

« Nous l'avons vu arriver vers 4 heures de l'après-midi, comme à son habitude », explique Malcolm Smith, un responsable local du ministère de l'Écologie qui prenait part aux opérations de sauvetage. « Il s'est tout de suite dirigé vers les baleines. Miraculeusement, l'attitude de celles-ci a changé radicalement quand il est arrivé près d'elles. Elles ont réagi presque immédiatement. À croire qu'il a su leur parler, leur redonner espoir et confiance. Il est parvenu à les guider vers les eaux profondes, et a fait en deux minutes ce que nous n'avions pas réussi à faire en deux heures. À ma connaissance, c'est la première fois que cela arrive, un dauphin jouant les chiens de berger avec des baleines ! »

Certainement terrorisés, et trop contents de s'en tirer à si bon compte en retrouvant le chemin du grand large, les deux cétacés ne sont plus revenus dans le secteur. Moko, en revanche, a été souvent revu près de la plage de Mahia, au cours de l'été. Aujourd'hui, c'est toujours un compagnon de jeu apprécié, mais il a aussi acquis un statut de héros en guidant vers les eaux profondes les deux baleines pygmées.

L'avis du véto

Solidarité et compassion, ces aptitudes que l'on pensait humaines se rencontrent aussi chez des animaux évolués comme les éléphants et les dauphins. Ces derniers, qui vivent en communautés soudées de deux à vingt individus, font preuve de coopération les uns envers les autres et n'hésitent pas à se venir en aide. Ainsi au moment de la mise bas, la future mère est assistée de « sages-femmes », les femelles de son clan, qui se révèlent ensuite d'efficaces baby-sitters. Les dauphins d'un même groupe s'associent pour la chasse, font bloc face à un danger (requin, orque…) et peuvent assister un congénère en difficulté (malade, blessé) en le soutenant pendant des heures à la surface pour lui permettre de respirer. Il leur arrive de faire preuve d'altruisme envers l'homme (*voir aussi* Des dauphins « casques bleus », p. 55) et les récits de sauvetage de nageurs ou marins par ces cétacés sont légion depuis la Grèce antique. Des observations de comportement d'entraide envers d'autres espèces que les hommes sont plus rares.

Coopération entre cétacés

Nécessairement dans les océans, les mammifères marins de différentes espèces se croisent, entrent en interaction et parfois s'associent. Il est fréquent de voir un dauphin nager avec une baleine même si cette dernière est jusqu'à dix fois plus grande que lui. Le premier semble prendre plaisir à jouer avec sa cousine géante (les dauphins sont des joueurs invétérés), et celle-ci n'a pas l'air de s'en agacer ! Et le dauphin joint l'utile à l'agréable : il se laisse porter par la vague créée par la baleine quand elle nage en surface, comme il le fait à l'étrave d'un bateau !

Il arrive que des groupes de dauphins d'espèces différentes s'associent pour chasser, ce qui prouve bien qu'ils communiquent entre eux, même si chaque espèce a son propre dialecte. Ils ont compris que compétition alimentaire ou non, même espèce ou non, même groupe ou non, l'union fait la force. Une grande preuve de tolérance.

Plus surprenante encore, une véritable coopération – pour ne pas dire une « amitié » – observée à plusieurs reprises entre un groupe de globicéphales (des dauphins à la tête en forme de melon) et un groupe de grands dauphins (le fameux « Flipper »). Ces derniers se comportent comme de véritables chiens de berger : dès qu'ils sentent un danger ils s'interposent entre leurs amis, les « globis », et l'intrus pour le faire partir.

Ils émettent des sifflements d'alerte qui provoquent le rassemblement de leur « troupeau ». Pourquoi agissent-ils ainsi ? Nul ne le sait. Les globicéphales profitent clairement de la présence de gardes du corps. Quant aux grands dauphins, je suppose qu'ils profitent de leur chasse. Les premiers plongent en effet jusqu'à 500 m de profondeur (contre 100 m pour les grands dauphins) pour capturer calamars et pieuvres. Après leur chasse, on observe des débris de proies flottant en surface. On pense que les globicéphales régurgitent ainsi une partie de leur repas pour nourrir leurs petits qui ne peuvent pas atteindre de telles profondeurs et... leurs amis les grands dauphins !

Dauphin diplomate

Le surprenant comportement d'assistance de Moko envers des baleines n'est pas un cas unique : en 1983, des dizaines de baleines s'étaient échouées sur une plage néo-zélandaise. Les sauveteurs humains arrivés sur place avaient réussi à remettre à flot les mastodontes qui, désorientés, étaient pourtant incapables de regagner le large. Une troupe de dauphins qui nageaient à distance est intervenue pour les y guider. Pour en revenir à Moko, les témoins de la scène relatent que le dauphin diffusait des sifflements et autres sons pour établir un contact avec les baleines qui à leur tour émettaient également des sifflements et visiblement se calmaient. Ce qui est extraordinaire c'est que les deux espèces n'ont a priori pas le même langage sifflé et qu'elles arrivent pourtant à échanger des informations ! Le dauphin a non seulement réussi à apaiser les baleines mais aussi à gagner leur confiance et les persuader de le suivre. La baleine sait que le dauphin n'est pas un danger pour elle et son petit mais de là à le suivre aveuglément ! Que Moko soit un « ambassadeur » a également contribué au succès du sauvetage. Les dauphins dits « ambassadeurs » sont des animaux solitaires qui recherchent spontanément le contact de l'homme et restent à proximité des côtes, des plages, dans les ports. Ils deviennent rapidement un pôle d'attraction locale, ce qui n'est pas pour leur déplaire. Joueurs, curieux, ils observent continuellement les activités humaines. Ainsi, les efforts démesurés des secouristes pour ramener les baleines à l'eau n'ont pas échappé à Moko qui, nageant toujours dans les parages, est intervenu au bon moment. Un élan de solidarité gratuit qui en dit long sur le degré d'intelligence et le niveau d'émotivité chez ces mammifères marins.

Pour en savoir plus

• *Un problème de GPS?*
La plupart des cétacés qui échouent sur les plages sont des animaux morts ou souffrant de diverses affections. Mais certains, isolés ou en collectivité, sont simplement désorientés.

Leur vision en immersion est très limitée. La lumière ne pénètre guère dans l'eau qui d'ailleurs absorbe les couleurs. Les cétacés ont développé un autre sens pour naviguer et repérer leurs proies : l'écholocalisation. Celle-ci fonctionne à la manière d'un sonar : l'animal émet des ultrasons qui rebondissent sur un obstacle et reviennent à l'émetteur. Ce système permet d'obtenir une « image acoustique » très précise d'un objet ou d'un environnement. Encore plus fort : le cerveau des cétacés possède une boussole biologique, des cristaux aimantés, capables de percevoir le champ magnétique terrestre et de s'orienter.

L'échouage peut donc être provoqué par un problème d'écholocalisation ou une mauvaise interprétation du champ magnétique terrestre. Le bruit des moteurs de bateau mais surtout les sonars militaires ultrapuissants qui saturent acoustiquement la mer sont une cause possible. Précisons que le vacarme causé par ces sonars est également tenu pour responsable de lésions graves de l'oreille interne de certains cétacés. Le déplacement naturel ou non de bancs de sable peut aussi désorienter les baleines. Mais bien souvent, on ne sait pas ce qui a pu les perturber.

• *Biberon géant*

Chez les cétacés et en particulier chez les baleines, la mère est étroitement liée à son – unique – petit. Ce dernier ne la quitte pratiquement jamais pendant des mois ou plutôt des années, avant comme après le sevrage. Pour téter, le baleineau passe sous le ventre de sa mère et approche son bec d'une des deux fentes mammaires (petites encoches sur le bas-ventre). Comme il n'a pas de lèvres pour téter, c'est sa mère qui en contractant un muscle expulse le lait qui gicle dans sa bouche. Particulièrement riche en graisses (15 à 45 %), il permet une croissance rapide. On a calculé que le petit d'une baleine bleue engloutit environ 80 litres de lait par jour ce qui fait au moment du sevrage à 7 mois, 17 tonnes de lait consommées au total !

• *Elle souffle !*

Qui n'a jamais dessiné une baleine avec un jet d'eau sur sa tête ? Contrairement à une croyance populaire, ce n'est pas de l'eau qu'elle expulse mais de l'air venant de ses poumons. Les cétacés respirent grâce à des narines appelées évents situées au-dessus de la tête (un ou deux selon les espèces). Dès que l'animal émerge de l'eau, son ou ses évents s'ouvrent, rejettent l'air vicié (il « souffle »). Après plusieurs mouvements de respiration (ins-piration/expiration), il fait le plein d'air et plonge. L'air expulsé est chargé en vapeur d'eau et comme il est plus chaud que l'air ambiant, celle-ci se condense en fines gouttelettes donnant l'impression d'un geyser.

La biche
de la discorde

L'administration est aveugle, c'est un monstre sans pitié...
Ainsi, dans le village de K., au nord de la Bretagne, une jeune
biche vivait depuis près de six mois sous la protection d'un troupeau d'une douzaine de génisses. Elle avait sans doute perdu sa mère
et s'était réfugiée chez ces ruminantes paisibles dont la placidité la
rassurait. En quelques jours, la biche était devenue l'attraction du
village. Le dimanche, on allait, en famille, prendre de ses nouvelles
et l'on repartait satisfait : le jeune animal semblait heureux et les
génisses étaient des mères parfaites.

Après mûre réflexion, l'administration (plus précisément la
Direction départementale de l'agriculture et de la forêt) trancha un
matin de novembre. La condamnation avait été lente à venir, mais
elle fut brutale : il fallait abattre la biche au motif qu'elle pourrait
détruire les clôtures et représenter un risque de maladies pour le
troupeau.

Une telle décision, se basant sur des hypothèses douteuses,
eut le don d'exaspérer la population qui se mobilisa aussitôt
pour instituer un comité de soutien. Après tout, la petite biche
n'était pour l'instant coupable d'aucun délit. Une pétition circula,
demandant la grâce de la pauvre innocente. Elle recueillit
219 signatures (pour 285 habitants) en quelques jours, et fut solen-
nellement déposée chez le maire. Accompagnée d'un certificat
établi par un vétérinaire attestant que l'animal ne présentait pas de
risques sanitaires (la maladie de la biche folle, par exemple). Les
réunions et les débats se multiplièrent entre le comité de défense,

les élus locaux et des représentants de la DDAF qui, finalement, décidèrent d'abandonner le projet de tuer la biche.

Quelques mois plus tard, la biche – ignorant toujours qu'elle avait frôlé la catastrophe – dit adieu à ses mères adoptives pour suivre un groupe de cerfs qui passait par là. L'automne et la saison des amours étaient revenus!

L'avis du véto

Chez les cerfs, les petits sont conçus en automne pour naître au printemps, en mai-juin. La biche donne naissance à un faon, rarement deux. S'il s'agit d'un mâle il restera auprès de sa mère pendant 2 ans, entre-temps celle-ci aura mis au monde un autre faon. Les bichettes restent avec leur mère plus longtemps, souvent jusqu'à leur première ou deuxième propre maternité, formant des clans familiaux de femelles avec leurs petits.

Restons groupés

La jeune biche est arrivée dans le troupeau de génisses au printemps. Logiquement, elle ne venait pas de naître car elle était déjà sevrée (les génisses sont des vaches qui n'ont pas encore eu de veau, donc de lait!). Selon toute vraisemblance, elle avait été séparée brutalement et pour la première fois de sa mère. Celle-ci venait de décéder ou, plus simplement, était partie s'isoler pour donner la vie. Paniquée, la bichette a trouvé refuge dans le troupeau de bovins, qui est devenu sa nouvelle famille. Pour les cerfs comme pour d'autres animaux, le groupe sécurise car il améliore la vigilance et la réponse face au danger tel une attaque prédatrice. Ainsi les clans familiaux de biches ont tendance à se rassembler en formant des hardes.

Les vaches sont des animaux paisibles, très tolérants envers les animaux qui ne représentent pas un danger pour elles. Elles acceptent même de partager leur pré avec d'autres herbivores, chevaux, moutons, chèvres ou, pourquoi pas, chevreuils et biches! Une tolérance interspécifique commune à tous les ruminants qui, en raison de leur statut de proies, appliquent la devise:

plus on est de fous, plus on est vigilant! Les génisses ont accueilli la petite biche comme une nouvelle camarade. Elles ont peut-être aussi senti sa détresse et l'ont tout de suite adoptée et entourée. En effet, pourquoi la vache ne pourrait-elle pas, elle aussi, faire preuve de compassion? Animal très sensible, elle sait capter les émotions chez un congénère, chez l'homme, pourquoi pas chez une biche? Les éleveurs savent bien que les vaches s'agitent et donnent moins de lait en présence d'une personne énervée.

Nounou improvisée

Selon le docteur Guy Joncour, vétérinaire du Centre de soins pour la faune sauvage de Bretagne, il est assez classique pour un faon orphelin de trouver refuge auprès d'autres ruminants. Il lui arrive de téter une vache allaitante qui l'adopte sans concession, comportement observé chez la plupart des femelles mammifères qui viennent de mettre bas (*voir aussi* Angel et la chienne sans nom, p. 12). La vache a un lait relativement dilué et peu gras par rapport à celui d'une biche, ce qui peut compromettre la croissance du faon. Ce dernier compense peut-être en la tétant souvent alors que, normalement, il ne tète que deux ou trois fois par jour sa mère biologique. L'allaitement dure 6 à 10 mois et si le faon peut rester aussi longtemps auprès de sa mère de substitution et passer l'hiver avec elle, il pourra rejoindre des hardes de cerfs l'année d'après. Concernant la petite biche bretonne, le docteur Joncour estime qu'« il y avait 98 % de chance que l'animal retrouve de lui-même un groupe de congénères dès le printemps suivant ».

Un petit sanglier adopté

Parfois les vaches acceptent d'être les « mamans adoptives » d'espèces insolites: en 2002, dans un petit village de l'Eure, un troupeau de vaches a recueilli un marcassin orphelin. Le petit sanglier se nourrissait aux mamelles de la quinzaine de vaches quand celles-ci se couchaient pour ruminer. Il se blottissait même contre l'une d'elles pour dormir. Pas farouche envers l'homme, son insouciance allait lui coûter la vie avec l'ouverture de la chasse. La seule solution envisageable était son transfert dans un parc sécurisé. Les habitants du village, touchés par cette belle histoire, ont fait appel à la Fondation 30 Millions d'Amis[17]. Celle-ci est intervenue pour assurer l'anesthésie et le transport du petit suidé jusqu'au parc animalier de la forêt de Roumare (près de Rouen) où il passe, depuis, des jours heureux, loin des fusils et en compagnie de ses congénères.

Pour en savoir plus

• *Bambi abandonné?*
Si lors d'une promenade, vous découvrez aplati dans les fougères un faon isolé, ne tentez pas de le secourir! Contrairement aux apparences, il n'est pas abandonné. Les premières semaines après sa naissance, il reste instinctivement tapi dans son nid pendant que sa mère s'éloigne pour se nourrir. Elle vient l'allaiter deux à trois fois par jour. Le joli costume à pois du faon lui permet de se camoufler dans l'herbe: ses taches blanches ressemblent à des fleurs ou aux taches que les rayons du soleil forment à travers les feuilles. Ne le touchez pas et éloignez-vous pour ne pas alarmer sa mère ou renseigner de potentiels prédateurs (renard, aigle, chat sauvage, lynx).

• *Loi sur la faune sauvage*
La loi sur la protection de la nature du 10 juillet 1976 interdit au particulier le ramassage, le transport et la détention d'animaux sauvages, du moineau au loup en passant par le sanglier ou le cerf. En clair, vous ne pouvez pas sauver et détenir chez vous une mésange tombée du nid! Cependant la réglementation a été « adoucie » par une circulaire qui autorise le ramassage et le transfert vers un Centre de sauvegarde de la faune sauvage[18] en cas d'urgence. La présence d'une biche dans un champ clôturé

17. www.30millionsdamis.fr
18. http://uncs.chez.com

au milieu d'un troupeau de bovins peut être ainsi considérée comme une détention illégale d'un animal sauvage. Par ailleurs, la Direction départementale de l'agriculture et de la forêt a mis en avant dans cette histoire le risque sanitaire : un animal sauvage peut transmettre des maladies aux animaux domestiques voire même à l'homme. Relâché dans la nature il peut de même propager des maladies contractées au contact des troupeaux. D'où la décision de départ d'abattre la biche.

• *Les yeux de biche*
Dans les contes et légendes, la biche incarne la féminité par excellence : on l'assimile à une jeune fille pure et séduisante. Ses longs cils noirs et ses yeux d'ébène dessinés en amande y sont sûrement pour quelque chose. Savez-vous que le terme « draguer » pourrait bien dériver du mot « daguer » qui signifie, en parlant du cerf, « s'accoupler avec une biche » ?

• *Le brame du cerf*
Entre septembre et octobre, le cerf vit le moment le plus fort et le plus stressant de l'année : la période des amours. Les biches ne sont en chaleur que quelques heures et l'objectif est d'en couvrir le maximum pour assurer sa descendance. La forêt vibre alors nuit et jour de ces mugissements rauques et puissants. Le brame sert d'abord à se mesurer à ses concurrents, à mesurer sa puissance et celle de l'autre. Dans la plupart des cas, ce duel vocal suffit à dissuader un des deux adversaires. Sinon les deux mâles vont se jauger et s'impressionner mutuellement par leur ramure (la ramification des bois augmente d'année en année). Les joutes sont plus rares car elles sont épuisantes pour le cerf qui doit garder de l'énergie pour ses biches ! D'autant que pris dans les méandres de l'amour, il en oublie de manger, perdant en un mois un tiers de son poids !

Le garde du corps

Sun Wu est un pensionnaire du zoo de la ville de Jiaozuo dans la province du Henan, en Chine. Ce jeune singe, un macaque rhésus, se tient à l'écart des autres car il est orphelin… et donc triste. D'autant plus triste qu'il subit quotidiennement les brimades et les assauts de ses congénères qui, profitant de sa faiblesse, le maltraitent à longueur de journée. À tel point que les soigneurs du zoo doivent sans cesse intervenir pour l'empêcher d'être tué par les membres plus âgés du groupe.

Avant d'être obligés de séparer définitivement Sun Wu des autres singes, pour qu'il grandisse en toute sécurité et acquière suffisamment de force pour s'imposer, les responsables du zoo décident de tenter une dernière expérience : l'introduction d'un « ange gardien » auprès du petit animal.

C'est ainsi que le chien Sai Hu fait son entrée dans la cage des primates. Sa mission : devenir le garde du corps de Sun Wu.

Tout de suite, le contact est excellent entre les deux animaux. Désormais, à chaque fois que son protégé se fait agresser, Sai Hu remet les attaquants à leurs places. Il lui suffit de grogner et de montrer les dents pour que les agresseurs battent en retraite. De son côté, quand il sent le danger venir, le petit orphelin se réfugie sur le dos de son protecteur, à la grande joie des visiteurs du zoo qui mitraillent le couple à tout va.

Grand perdant dans cette affaire : le mâle dominant de la tribu. À chaque tentative d'embuscade sur le petit singe, il voit son autorité bafouée et le respect de ses vassaux s'affaiblir. Ce qui, paradoxalement, ne fait pas l'affaire des gardiens car tout groupe de primates a besoin d'un mâle leader capable d'imposer une discipline et de corriger les plus agités pour faire régner une relative tranquillité. Mais rien n'est perdu. Aux dernières nouvelles, on s'acheminerait doucement vers un « gentlemonkeys » agreement »…

L'avis du véto

Les macaques rhésus vivent en communautés de dizaines d'individus (jusqu'à 200), mâles et femelles de tous âges. Au sein de chaque clan, l'organisation sociale repose sur une hiérarchie forte et stricte : les écarts de rangs sont grands et, si différend il y a, il est réglé par la manière forte, les morsures n'étant pas rares. Les mères limitent les contacts sociaux de leurs jeunes avec les adultes, surtout les mâles qui sont souvent agressifs envers eux. Sa mère disparue, le jeune singe Sun Wu s'est retrouvé sans protection, sans parent de substitution. Contrairement à d'autres macaques chez lesquels les nouveau-nés passent facilement d'une mère à l'autre, les adoptions sont moins fréquentes chez le rhésus. En fait, les adultes ont voulu éloigner Sun Wu du groupe comme ils le font avec tout jeune mâle devenu mature (les femelles restent dans le clan maternel). Cette émigration forcée pousse ce dernier à intégrer un autre groupe et est un des mécanismes naturels de lutte contre la consanguinité. Trop jeune pour tenir tête, sans possibilité de fuir, Sun Wu aurait pu être tué. Une seule stratégie pouvait le sauver : s'allier avec un ou plusieurs congénère(s). Et il a trouvé mieux.

Esprit de famille

Arraché à sa mère, rejeté par les siens, le petit singe en manque d'attachement et de repère affectif a immédiatement considéré le chien comme sa seconde mère. Le fait que le chien se laisse monter sur le dos, le contact avec sa fourrure l'ont immédiatement apaisé. Il a retrouvé le sentiment de sécurité et de bonheur ressenti quand il se blottissait contre sa mère macaque. Et il a vite compris l'avantage d'avoir un ange gardien deux fois plus gros que le leader du groupe !

Comment Sai Hu a-t-il accepté d'adopter ce petit singe ? Le chien est, comme le macaque, un animal social. Il vit en société, en meute ou en famille, et s'avère très tolérant avec les jeunes de son espèce et des espèces auxquelles il a été socialisé. Le chien Sai Hu n'a pas été choisi au hasard : une erreur de casting et c'était la panique meurtrière dans l'enclos des singes ! Car, ne l'oublions pas, le chien est d'abord un prédateur. Sai hu est sûrement un habitué du zoo, il y a grandi ou bien son maître est un des soigneurs des singes. Le contact régulier avec les macaques lui a permis de les considérer comme des familiers, de ne pas les craindre, encore moins de les prendre pour des poulets à poils ! Il a accueilli Sun Wu comme un petit de sa meute, s'est attaché à lui et, habitué aux disputes entre macaques, a bien compris que les adultes lui voulaient du mal. Et il y a gagné en papouilles !

Chiens indiens vénérés par des singes

Il existe d'autres cas de complicité entre un chien et un singe. Le plus souvent initiée par l'homme, elle peut aussi s'installer naturellement. En Inde, certains chiens errants ont parfaitement été adoptés par des singes entelles. Dans ce pays, l'entelle (ou langur) est un singe sacré car, selon la mythologie hindouiste, il est le descendant du dieu-singe Hanuman, vénéré pour sa sagesse et son courage. Tant et si bien que les colonies se sont multipliées surtout aux abords des villes et même à l'intérieur des cités. Les singes se sont rapprochés de l'homme bienveillant (on ne tue pas un animal sacré !) et par conséquent, de son fidèle ami, le chien. Sûrement parce qu'ils font ensemble les poubelles, une véritable amitié peut naître entre un chien errant et un clan d'entelles : ces derniers le considèrent comme un véritable membre du groupe, ne le quittent pas et lui concèdent de longues séances d'épouillage, ce qui a plutôt l'air de plaire au canidé. Après tout, cela doit être aussi plaisant que des caresses, un effet antipuces et anti-tiques en plus ! Pour les scientifiques, ce genre d'association entre deux espèces très distinctes reste une énigme. Peut-être que tout simplement chacun y trouve son compte : le chien joue le garde du corps et, en échange de cette protection, les singes lui font la toilette et l'aident à trouver de la nourriture. Et le chien, centre des attentions de ses amis primates, se sent comme un coq en pâte… euh, comme le roi des singes !

Pour en savoir plus

• *Le macaque rhésus*
Rhésus, rhésus… Cela ne vous dit rien ? Ce macaque a donné son nom au facteur sanguin rhésus (Rh) qui signe la présence d'une protéine agglutinogène D à la surface des globules rouges et que l'on retrouve aussi chez l'homme (la personne est Rh + ou Rh -). Ce facteur, essentiel à rechercher lors de transfusion sanguine pour éviter les incompatibilités, a été découvert chez ce singe en 1941. Car le macaque rhésus est largement utilisé dans la recherche médicale depuis plus de 70 ans. Il est à l'origine de nombreuses découvertes mais ses prélèvements incessants dans la nature pour alimenter les laboratoires ont appauvri ses populations naturelles. Comme les autres espèces de macaques, il vit dans les zones tropicales d'Asie et n'hésite pas à fréquenter les abords des villes et villages. Alors qu'au sud de la Chine et au Tibet il a presque disparu, ce petit singe très agile a colonisé presque toute l'Inde où, considéré comme un animal sacré, il jouit d'une protection totale. Il fut le premier animal vertébré à être envoyé dans l'espace : ce fut en 1949, le « singonaute » s'appelait Albert II, il ne revint jamais sur terre…

• *Pacte avec les cerfs*
En Inde, une drôle de complicité unit des singes entelles aux cerfs axis, de jolis cerfs avec des taches blanches sur le dos. Inséparables, ils ont signé un pacte de double alarme : quand les

singes postés dans les arbres aperçoivent un fauve, ils avertissent les leurs et les cerfs en poussant des cris aigus. Ces derniers prennent la poudre d'escampette. Inversement, les entelles reconnaissent les signes annonciateurs chez les cerfs d'un danger repéré par leur odorat fin : ils s'empressent alors de grimper au plus haut. Les cervidés profitent aussi des restes de fruits récoltés dans les arbres par les petits primates. Une cohabitation réussie.

• *La culture de la patate*
Longtemps les scientifiques ont pensé que les cultures, ces connaissances qui se transmettent dans une communauté et de génération en génération, étaient le propre de l'homme. Jusqu'à ce qu'Imo, une femelle macaque, fasse de la cuisine. Imo appartenait à une colonie de macaques japonais suivie scientifiquement depuis des années sur l'île de Koshima. Pour faciliter leurs observations, les primatologues déposaient des patates douces sur la plage. Un jour Imo découvrit que passer les tubercules dans l'eau ôtait ces grains de sable qui crissaient de façon désagréable sous la dent. Elle décida de systématiquement les laver avant de les manger. Peu à peu toute la troupe l'imita. Et la fine cuisinière récidiva. Quand les patates furent échangées contre du blé, elle testa les grains dans l'eau, ce qui fut couronné de succès puisque ces derniers flottent alors que le sable tombe au fond de l'eau. Aussitôt toute la communauté utilisa cette technique de préparation culinaire. Mieux : les générations suivantes l'adoptèrent aussi. Imo est à l'origine de la transmission dans sa communauté, d'un savoir, d'un nouveau comportement qui persiste avec le temps. Avec ses patates rincées, elle venait de montrer que les cultures pouvaient aussi apparaître chez les primates non humains.

• *Le rapt des jeunes filles*
Dans les sociétés de babouins hamadryas, des singes africains, l'unité sociale est le harem. Chaque mâle s'entoure d'un petit nombre de favorites qu'il défend à coup de crocs contre les concurrents célibataires qui osent s'en approcher. Ceux-ci ont diverses techniques pour devenir nabab: séduire les belles, devenir nabab à la place du nabab par la force ou, investir dans l'avenir et kidnapper de jeunes femelles impubères! Par cette adoption forcée, ils s'assurent leurs faveurs quand elles deviendront adultes. Macho, le babouin?

La lionne
au cœur tendre

« Cela ne pouvait que mal se terminer! La petite antilope devait fatalement être dévorée par un autre lion. Les guides, qui ont amené les touristes sur place pour photographier cette histoire hors du commun entre une lionne et un bébé antilope, auraient dû tout faire pour que l'on rende cet oryx à sa mère, au lieu de se délecter du spectacle! »

Celle qui vient de parler est l'Anglaise Daphne Sheldrick, une autorité reconnue au Kenya, une figure du monde de la protection des animaux, au même titre que la baronne Karen Blixen au début du siècle dernier ou Dian Fossey, assassinée en 1985 au Rwanda pour avoir trop aimé les gorilles. Aujourd'hui, Daphne dirige l'*Orphelinat des éléphants*, une ramification de la David Sheldrick Conservation Foundation, où elle-même et un personnel motivé s'occupent entre autres de jeunes éléphants et de bébés rhinocéros, laissés à l'abandon, pour les aider à grandir avant de les relâcher dans la nature à l'âge adulte.

L'histoire qu'elle évoque, c'est celle de l'amour quasi maternel d'une lionne pour un bébé antilope qui venait de s'achever tragiquement quand, malgré une tentative de lutte, la mère adoptive n'avait pu empêcher l'un de ses congénères de dévorer le petit. Elle avait commencé 15 jours plus tôt. Lors d'une chasse, la lionne s'était lancée à la poursuite d'une mère oryx, une grande antilope au front noir et blanc et aux longues cornes droites et effilées. Elle n'avait pu l'attraper, mais était revenue vers le petit abandonné. Pendant quelques instants elle avait tourné autour mais, au lieu de le dévorer, l'avait pris sous sa protection. Un véritable coup de foudre et, quinze jours durant, les deux animaux ne s'étaient plus quittés. De temps en temps, le bébé allait téter sa vraie mère, restée en permanence à bonne distance. Mais à chaque fois, il revenait vers la lionne. De nombreux touristes et les guides de la réserve nationale de Samburu, dans le nord du Kenya, assistaient de loin à la scène, fascinés par les allers et venues de ce couple contre nature, le lion étant l'un des principaux prédateurs de l'antilope. On pouvait les observer des journées entières, le gracile animal cheminant tranquillement flanc contre flanc avec la lionne, ou se reposant, lové entre les pattes du fauve qui lui mordillait les oreilles avec tendresse.

« C'est l'instinct maternel qui a primé sur l'instinct du chasseur. Les lions, comme toutes les espèces, et l'être humain en particulier, peuvent avoir des sentiments pour les bébés abandonnés, cette lionne a eu pitié de celui-ci », expliquait le Dr Daphne Sheldrick, rappelant un souvenir personnel : « Ce type d'adoption n'est pas complètement inédit. J'ai moi-même ramené à l'orphelinat un bébé zèbre après l'avoir retiré de la protection d'une lionne qui avait dévoré sa mère un jour plus tôt. Ce qui est inhabituel, en revanche, c'est que le petit aille téter sa mère puis revienne vers la lionne. »

La mort du petit oryx ne découragea pas la lionne pour autant. Surnommée Kamuniak (« La Bénie », en langue locale), elle était devenue célèbre et prit sous sa protection quatre autres bébés antilopes dans les mois qui suivirent. À chaque fois, comme lors de la première expérience malheureuse, une équipe de rangers du service kényan de la faune (KWS) fut affectée à la protection de la lionne et de « son » bébé, pour éviter que celui-ci ne soit dévoré par un autre lion. Au bout de quelques jours, les rangers séparaient le bébé de la lionne possessive pour le rendre à sa mère.

Puis un jour, tout s'est arrêté. L'afflux de touristes venus en masse prendre des photos de la « lionne maman d'antilopes » avait fini par perturber la vie des lions, comme celle des antilopes. Une sorte d'équilibre naturel était rompu.

Mais on ne se débarrasse pas si facilement de ses habitudes et Kamuniak, la lionne au cœur tendre, a certainement récidivé plus loin, dans la savane. Loin des regards indiscrets cette fois-ci.

L'avis du véto

Un des plus grands prédateurs terrestres se révélant doux comme un agneau face à une proie sans défense ? Une histoire romanesque presque biblique, digne d'un film de fiction mais bien réelle pourtant. Une histoire incroyable qui prouve que les relations entre les espèces animales ne peuvent pas se résumer à la simple logique proie/prédateur et que les animaux sont capables eux aussi d'émotion et de compassion.

Tendresse féline

La lionne a l'image d'une maman exemplaire, attentive et tendre envers ses lionceaux et ceux de son clan (ne dit-on pas « comme une lionne protégeant ses petits » ?). Rappelons (*voir aussi* Les lions et la petite fille, p. 18) que les lions vivent en troupe composée de un à sept mâles « régnant » sur un harem de quatre à douze femelles apparentées et de leurs petits. La mère lionne allaite ses jeunes 6 à 8 mois mais les garde auprès d'elle jusqu'à leur maturité (2 à 3 ans d'âge), leur apprenant en particulier les techniques de chasse. Elle n'est pas exclusive en amour – maternel, il se doit – car elle accepte volontiers de garder et d'allaiter les petits d'autres lionnes quand celles-ci partent à la chasse. Cette coopération léonine se traduit par la formation d'une crèche, véritable centre de vie du groupe, qui facilite la protection et l'éducation des jeunes. Si un lionceau devient orphelin, il est aussitôt adopté par une de ses « marraines », les liens entre les lionnes d'un même harem étant très forts. L'attitude permissive, la solidarité maternelle dont font preuve les lionnes peuvent expliquer en partie le comportement étonnant de Kamuniak, la lionne kenyane. À l'évidence, cette dernière vivait seule, ce qui est peu fréquent puisque les lionnes restent habituellement dans leur groupe natal, auprès de leur mère, alors que les mâles en partent à l'âge adulte. Il arrive toutefois que de jeunes lionnes n'arrivent pas à s'intégrer dans leur clan et émigrent. C'est le cas quand la famille est grande et que le gibier se fait rare. L'adoption de bébés oryx n'aurait sûrement pas eu lieu si la lionne vivait au milieu de ses compagnes et de leurs lionceaux.

Adoptions insolites

L'adoption interspécifique n'est pas une curiosité de la nature même si, il faut l'avouer, elle est fréquemment initiée par l'homme. Une chatte qui allaite des ratons, une chienne des tigrons, une truie des lionceaux, une chèvre un agneau… toutes ces histoires se retrouvent régulièrement, photos à l'appui, dans la rubrique « Insolite » de vos quotidiens favoris. Les oiseaux peuvent aussi s'improviser parents adoptifs : il est courant pour un fermier de donner des œufs d'oie ou de canard à couver à ses poules et n'oublions pas le cas classique du coucou, cet oiseau parasite, qui pond dans le nid d'autres espèces, leur laissant le soin d'élever sa progéniture ! Chez les mammifères, juste après la mise bas, pendant un laps de temps variant d'une espèce à l'autre (par exemple une semaine chez la chatte), la femelle est extrêmement tolérante et accepte n'importe quel jeune étranger, de son espèce ou d'une autre fusse-t-elle chassée. Voilà comment une chatte, même la meilleure chasseuse de rongeurs du quartier, peut devenir une mère câline avec des souriceaux !

Grossesse nerveuse ?

Physiologiquement, l'attachement d'une mère à son petit – et pourquoi pas à d'autres – serait favorisé par une hormone, l'ocytocine, secrétée pendant la lactation (*voir aussi* Angel et la chienne sans nom, *p. 12*). Une maternité récente avec perte de la portée pourrait expliquer le comportement maternel hors du commun de la lionne Kamuniak. Mais l'hypothèse est peu plausible car la kidnappeuse a récidivé cinq fois en l'espace d'un an. Imaginons alors qu'elle ait des signes de gravidité... sans être gestante. Ceci n'a rien d'extraordinaire, c'est ce qu'on appelle la grossesse nerveuse, un état non pathologique bien connu chez le chien et d'autres espèces. Un à deux mois après ses chaleurs, la chienne fait son nid, dorlote une peluche (son « petit de substitution »), gémit sans cesse, a une montée de lait comme si elle allait avoir des petits alors qu'elle n'est pas enceinte ! Son état est accompagné de variations hormonales semblables à celles observées lors d'une gestation réelle. La grossesse nerveuse a également été décrite chez la louve, la chatte, la lapine, la ratte, la femme et il n'est pas exclu qu'elle existe chez la lionne. Son intérêt est évident dans une harde de lions où règne la générosité : les femelles sans petits peuvent dès lors participer au nourrissage des lionceaux de la crèche. Je pense que Kamuniak a pu avoir dans l'année plusieurs périodes de chaleur sans fécondation, suivies de grossesses nerveuses et d'une envie de materner. Ou peut-être a-t-elle tout simplement « craqué » devant les bébés oryx comme nous nous attendrissons toujours devant de jeunes animaux, même s'il s'agit de bébés crocodiles ! Au final, l'histoire prouve que chez l'animal tout comportement n'est pas prédéterminé et qu'il peut toujours y avoir une part de liberté, d'émotion, de compassion. Comme quoi ils ne sont pas si éloignés de nous.

Pour en savoir plus

• *Le mystère de la grossesse nerveuse*
Pourquoi une chienne, par ailleurs équilibrée, se comporte comme si elle allait avoir des petits alors qu'elle n'a pas fré-

quenté de mâle? Pourquoi a-t-elle une montée de lait sans bouches à nourrir? La grossesse nerveuse encore appelée lactation nerveuse ou pseudo-gestation est courante dans l'espèce canine puisqu'une chienne sur deux serait concernée. Elle reste une énigme pour les spécialistes. Mais ne croyez pas que la femelle exprime ainsi son désir de maternité. Car la faire procréer n'empêchera pas les récidives! Les éthologues interprètent cet état comme un moyen d'accroître l'apport de lait pour la progéniture du groupe: ils font référence à la meute de loups où naturellement les louves dominées, qui ne se reproduisent pas, ont une montée de lait à la naissance des petits de la louve dominante et deviennent ainsi des nurses nourricières. La fonction chez la chienne reste un mystère mais paradoxalement ce sont les dominantes (celles qui mènent la maison par le bout du nez!) qui seraient plus souvent sujettes aux grossesses nerveuses… La stérilisation est conseillée par les vétérinaires car, à long terme, les grossesses nerveuses prédisposent aux tumeurs mammaires.

• *Le saviez-vous?*
L'oryx, cette grande antilope au masque caractéristique noir et blanc, est encore plus fort que le chameau! Il peut survivre dans le désert par 50 °C à l'ombre pendant de nombreuses semaines sans boire. Il se contente de l'eau contenue dans sa maigre nourriture (melons sauvages, racines) et de gouttes de la rosée du matin. Pour limiter sa perte en eau, il ne transpire pas, et concentre ses urines qui se réduisent à quelques gouttes. Il n'halète que quand la température de son corps dépasse les 40 °C (ce qui est mortel chez la plupart des mammifères) et possède un circuit – sanguin – de refroidissement qui évite un coup de chaleur au cerveau.

La solitude,
ça n'existe pas

26 décembre 2004. Tandis qu'une vague terrifiante de plusieurs mètres de haut balaie les côtes asiatiques et fait près de 230 000 victimes, des pluies diluviennes faisant suite au séisme à l'origine de la catastrophe, s'abattent sur la côte est de l'Afrique. Elles entraînent une montée des eaux dévastatrice. Celle du fleuve Sabaki, au nord de Malindi sur la côte kenyane, est telle qu'elle disperse sur plusieurs dizaines de kilomètres carrés des troupeaux entiers d'hippopotames qui pataugeaient paisiblement près de l'embouchure du fleuve. Quelques-uns sont irrémédiablement entraînés vers la mer où la plupart meurent noyés. Parmi les miraculés, un bébé hippopotame est emporté loin de sa mère par les flots.

C'est sur une plage de Mombasa, près de 50 km au sud, que des pêcheurs l'aperçoivent. Sauvé des eaux, il est maintenant prisonnier d'une gangue de boue et, si les villageois n'arrivent pas à le tirer de ce mauvais pas, le sort qui lui est promis est horrible : la déshydratation, la faim et l'épuisement.

Pendant une longue journée, les pêcheurs multiplient les tentatives. Mais ils manquent de moyens. C'est alors que l'un d'eux, Owen Saubion, a l'idée d'attraper le bébé dans un solide filet à requins, mais l'animal pèse 270 kg, et pour le tirer de là, il faut recruter des bras supplémentaires. Heureusement les gardes forestiers du Kenya Wildlife Service, qui ont été appelés en renfort, viennent d'arriver. Après avoir attaché le filet à leur véhicule de brousse, ils parviennent à arracher l'hippopotame de la boue qui commençait à le paralyser, et à le tirer sur plusieurs dizaines de mètres sous les hourras de la foule. Les villageois ont déjà donné un nom au rescapé : Owen, comme son sauveur.

Owen est ensuite chargé sur le camion et transporté au parc Haller, à l'extérieur de Mombasa, une ancienne carrière restaurée et réhabilitée en parc animalier par *Bamburi Cement*, une filiale kenyane de l'entreprise française Lafarge.

Là, une enceinte boisée lui est réservée avec, au centre, un petit étang. Des locataires sont déjà dans les lieux : des antilopes zébrées et deux tortues des Seychelles dont l'une est un mâle de 320 kg, âgé de 130 ans et nommé Mzee (« le vieux sage » en swahili).

L'accueil n'est pas des plus amicaux : Mzee tente de tenir Owen à l'écart, le terrorisant par ses sifflements et ses stridulations. Mais rapidement, leurs rapports s'améliorent. Puis, quelques jours plus tard, le vieux sage accepte le jeune fou près de lui. Il devient peu à peu son « gourou » et son éducateur.

Un mois après leur rencontre, Owen et Mzee ne se quittent plus et multiplient les témoignages d'affection : Owen lèche tendrement la tête de Mzee. Leur attachement surprend même les scientifiques qui découvrent qu'ils ont inventé un système de communication « vocal » qu'ils sont naturellement les seuls à comprendre et qui renforce leur complicité.

Owen et Mzee sont aussi devenus des célébrités mondiales, filmés et photographiés à longueur de journée par les visiteurs du parc. Leur histoire est même racontée dans un livre pour enfants, best-seller aux États-Unis en mars 2006 et traduit en treize langues[19].

19. Isabella Hatkoff, Craig Hatkoff, Paula Kahumbu, *Owen and Mzee, l'histoire vraie d'une amitié incroyable*, Newmarket (Canada), Éditions Scholastic, 2006.

En mars 2007, Owen a grandi. Une femelle hippopotame appelée Cleo lui a été présentée. Mais Cleo a mauvais caractère. Elle est jalouse et, surtout, déteste les tortues. Le vieux sage doit donc quitter l'enclos. C'est la fin d'une **belle** amitié, mais le début d'une vie d'hippopotame adulte. La nature a repris ses droits.

L'avis du véto

Jamais, dans la nature, ces deux animaux n'auraient pu et dû se croiser. Il a fallu des circonstances dramatiques et un enchaînement d'événements pour que l'improbable devienne réalité. Comme dans un film romantique. Mais plus que leur rencontre, c'est la naissance de leur amitié qui est exceptionnelle. Car, à la base, tout les séparait.

Aux antipodes

La tortue géante des Seychelles vit sur une île, Aldabra, dans l'océan Indien, à proximité de la mer. L'hippopotame vit sur un continent, en Afrique subsaharienne, à proximité des fleuves et des lacs. L'un est un reptile terrestre, l'autre un mammifère amphibie.

La tortue est indépendante et peu sociable. Elle se plaît solitaire. Elle daigne cohabiter avec ses congénères si le territoire et la nourriture sont suffisants mais n'entretient pas avec eux de relations hiérarchiques. L'hippopotame est un animal social et grégaire. Il se plaît en communauté et est territorial. Il vit dans une troupe de dix à quinze individus menée par un mâle dominant où les interactions sociales sont riches. Différentes troupes se partagent les points d'eau formant des regroupements denses avec parfois des centaines d'animaux.

La tortue n'est pas une « maman poule » et encore moins un « papa poule ». La femelle se contente de creuser un trou pour y pondre ses œufs puis les abandonne. Elle n'a aucun contact avec sa progéniture. La femelle hippopotame, elle, est une mère exemplaire : elle s'isole avec son unique rejeton pendant deux mois avant de le présenter à ses « tantes » et de le mener à la crèche collective. Elle l'allaite pendant huit mois puis le gardera à ses côtés étroitement jusqu'à sa prochaine maternité (tous les deux ans). Les petits « hippo » bénéficient de la part des femelles d'une féroce protection car ils sont au menu des lions, crocodiles et hyènes. Mère et petit font preuve de beaucoup de tendresse l'un envers l'autre.

Enfin, Mzee est un vieux monsieur de 130 ans, Owen est un bébé de quelques mois... Et pourtant.

Qui se ressemble...

On dit que les extrêmes s'attirent. Malgré leurs différences, la tortue et l'« hippo » ont réussi à cohabiter puis à s'attacher l'un à l'autre. Car ils se sont trouvé des points communs.

La convivialité d'un repas partagé a été une première approche. Car ces mastodontes de la nature sont végétariens, plus précisément herbivores (la tortue est aussi une grande adepte de fruits). Les deux broutent l'herbe et divers végétaux terrestres (jusqu'à 40 kg par jour pour un hippopotame adulte![20]) ainsi que des plantes aquatiques. Tant que la nourriture ne fait pas défaut, la tortue est plutôt indifférente à l'hôte qui s'invite à sa table. Là, Mzee a regardé plus attentivement ce petit « tonneau » qui se servait dans son foin et ses carottes...

Puis les deux animaux se sont retrouvés dans la mare. Tortue et hippopotame ont, il est vrai, un ennemi commun : le soleil (surtout celui, brûlant, des tropiques !). La tortue géante se dore la pilule au petit matin pour emmagasiner de la chaleur puis, quand le soleil se fait trop mordant, elle le fuit et recherche un abri ombragé pour le reste de la journée. Animal dit à « sang froid », elle est incapable de réguler sa température interne si bien qu'elle peut être victime d'un coup de chaleur. Si l'ombre ne suffit pas à la rafraîchir, elle plonge avec bonheur dans une

20. Les hippopotames broutent l'herbe si ras au sol que les feux de brousse ne peuvent pas prendre là où ils sont passés !

eau boueuse, ne laissant dépasser que sa tête. Ce bain a aussi comme vertu de la protéger des tiques et moustiques. Un bain vital aussi pour l'hippopotame dont la peau fine et glabre qui rappelle celle des cochons, est extrêmement sensible aux rayons UV et à la déshydratation. Dès lors, il passe sa journée dans l'eau, boueuse de préférence, et attend le coucher du soleil pour sortir et se rassasier. Mzee et Owen se sont prélassés dans le même bain de boue, un endroit insolite et idéal pour mieux faire connaissance.

Un lien mystérieux

Chez les hippopotames, les liens entre la mère et son petit sont très forts. Devenu orphelin, traumatisé, désorienté, Owen n'a eu de cesse de trouver une mère de substitution, un lien affectif, et ce peu importe l'espèce (c'est de cette manière que l'homme peut apprivoiser un animal sauvage). L'intérêt que la tortue Mzee a porté à ce jeune mammifère est plus énigmatique. Certes, elle n'a pas peur de lui car dans la nature, la tortue géante ne connaît pas de prédateur. Pour ma part, je pense que, dans un premier temps, l'arrivée du jeune orphelin a été vécue comme un enrichissement de l'environnement, une attraction nouvelle pour un animal à la vie en captivité monotone. Comme une orque dans un bassin s'amuse avec les mouettes qui viennent se poser sur l'eau. Comme un chat d'appartement à qui on offre un arbre à chat aux multiples activités. La tortue a un odorat et une vue développés. Elle a senti de nouvelles odeurs et a observé le comportement du nouveau venu, un animal qu'elle n'avait encore jamais rencontré en 130 ans d'existence. Chez les hippopotames, maman et bébé ont des relations très tactiles : ils se lèchent mutuellement, se caressent, restent « collés » l'un à l'autre. Owen a fait de même avec la vieille tortue qui... a apprécié ! Eh, oui, malgré les apparences, cette bête carapacée est sensible au toucher et même aux caresses (appuyées). Ceux qui possèdent une tortue de terre comme animal de compagnie savent qu'elle aime être caressée sur le crâne. La carapace n'est pas un matériau inerte mais une matière vivante sensible au toucher et à la douleur en particulier entre les écussons (les grandes « écailles »), où se trouvent les zones de croissance. Peut-être qu'en se frottant à elle, en la léchant, Owen lui a procuré un bien-être qui a été le ciment de leur relation ?!

Cette relation d'amitié inédite montre une nouvelle fois à quel point, dans la nature, les comportements des animaux ne sont pas inflexibles. Mzee, qui appartient à une espèce décrite comme indépendante, pour ne pas dire asociale, a su pourtant tisser des liens durables avec un autre animal. Preuve que nous sous-estimons les compétences sociales des tortues et la complexité des échanges qu'elles peuvent avoir entre elles. Ces vieilles dames de plus de 200 millions d'années, ces témoins archaïques du passé qui ont réussi à survivre aux différents bouleversements terrestres, n'ont pas fini de nous fasciner.

Pour en savoir plus

• *La crème écran total façon « hippo »*
Quand un hippopotame reste un moment hors de l'eau, sa peau sécrète un mucus rougeâtre, riche en substances alcalines, qui la protège des rayons UV et, grâce à ses propriétés antibiotiques, des infections. C'est de là que viendrait l'expression « suer le sang » car on croyait jadis que ce liquide était du sang.

• *Que veut dire ma tortue ?*
Si elles ne sont pas capables de miauler, d'aboyer ou de montrer les dents, les tortues ne sont pas sans expression et possèdent un langage corporel qu'il suffit de décrypter pour mieux les comprendre :

– **Elle s'étire ?** *« Je bronze ! »*. Quand elle prend un bain de soleil, elle étire ses pattes et sa tête hors de la carapace pour augmenter la surface d'exposition aux UV et capter un maximum de chaleur. Elle synthétise aussi de cette manière la vitamine D.

– Elle se soulève sur ses quatre pattes? *« C'est quoi là ? »*. Elle est curieuse et se grandit pour mieux voir ou… elle va déféquer.

– Elle rentre dans sa boîte? *« J'ai peur ! »*. Quand elle est effrayée, elle se protège en rétractant ses pattes et sa tête sans la carapace.

– Elle mord? *« Pas touche ! »*. Une femelle mord quand elle est sur le point de pondre. Un mâle en rut est beaucoup plus excitable et donc irritable. Rangez vos doigts !

– Elle escalade avec les pattes avant des galets ou des chaussures? *« Je suis excité »*. Elle veut chevaucher… Il s'agit sûrement d'un mâle en rut !

– Elle cogne violemment sa carapace sur la carapace d'une autre? *« va-t'en ! »* ou *« Ne bouge plus ! »*. Soit il s'agit du choc des titans, deux mâles qui s'affrontent pour une femelle. Soit il s'agit d'un mâle qui veut « sonner » une femelle avant de la couvrir : il lui mord les pattes arrière et avant, lui assène des coups de carapace violents pour qu'elle s'immobilise, pétrifiée.

– Elle gratte le sol avec ses pattes arrière? *« Je vais pondre »*. Elle cherche à creuser un endroit pour y déposer ses œufs.

– Elle cherche à s'enterrer ou ne sort plus de sa cachette? *« J'hiberne »*. Elle cherche à hiberner ou au contraire à estiver (quand le temps est trop chaud), ou elle est malade.

• *Le secret de longévité*
Les tortues et les reptiles en général sont les animaux qui vivent le plus longtemps sur terre. Le record de longévité serait détenu par Adwaitya (« l'unique » en hindou), une tortue géante des Seychelles morte en 2006 au zoo de Calcutta à l'âge – présumé – de 255 ans ! Les scientifiques pensent que leur secret de longé-

vité résiderait dans leur nonchalance : ils dépensent moins d'énergie que les mammifères et « s'économiseraient » ainsi.

• *Un salut odorant*

Que fait un mâle hippopotame dominant pour marquer son territoire ? Quand il sort de l'eau, il défèque tout en faisant tourbillonner sa queue plate, « baptisant » ainsi la rive sur plusieurs mètres. Pour entrer dans l'eau, un dominé doit avoir la permission du chef. Rien de plus simple : il lui montre ses fesses, et, c'est le protocole, se soulage tout en faisant le ventilateur avec sa queue, histoire de bien barbouiller monseigneur ! S'il préfère l'affronter, qu'à cela ne tienne : à l'issue d'un combat souvent sanglant, le vainqueur pulvérisera en signe de victoire ses excréments sur la face du perdant qui… aura la politesse de faire de même. Il paraît que ce rituel très scatophile a un effet apaisant…

Les animaux
stars des
médias

La baleine de Londres

P hilippe est un peu déçu. Ses vacances en République dominicaine sont terminées. 15 jours de plage en compagnie de sa femme et de sa petite fille avec, en point d'orgue, une excursion surprise « Spéciale baleines grises » au large des côtes américaines. Il se promettait de rapporter des images extraordinaires de cette journée exceptionnelle. La déception a été à la hauteur de ses espérances : beau fixe toute la journée, mais pas la moindre bosse à l'horizon, pas l'ombre d'une queue battant violemment les flots, pas le plus petit jet d'eau à se mettre sous l'objectif... Ce jour-là, les baleines avaient fait relâche.

Aujourd'hui, la petite famille est à Londres. Elle a renoué avec la grisaille de janvier pour une escale avant de regagner Paris. Le soleil est absent mais, curieusement, les quais de la Tamise sont noirs de monde. Les curieux s'entassent contre les parapets, tous regardent en bas, tendant le doigt vers le milieu du fleuve. Il doit se passer quelque chose d'important.

Philippe parvient à grand-peine à se glisser entre les badauds et là, il n'en croit pas ses yeux : à quelques dizaines de mètres, une énorme masse noire ondule, entourée de quelques embarcations sur lesquelles s'agitent des silhouettes en tenue de plongée noir et jaune. Ce n'est que le début d'un feuilleton qui va durer 30 heures, tenant en haleine badauds et téléspectateurs. Philippe est ravi : il les a ses photos exceptionnelles !

Les autorités avaient été alertées le matin même, par un homme assis dans un train de banlieue qui venait de passer sur le pont de Waterloo. Il venait d'apercevoir un jet d'eau et une nageoire dorsale de cétacé. Il avait aussitôt composé le 112 sur son téléphone portable. Au début, on avait cru à une hallucination, une baleine nageant dans la Tamise en plein cœur de Londres, cela ne s'était jamais vu, mais les appels se multiplièrent dans les minutes qui suivirent et les responsables durent se rendre à l'évidence : c'était bien une baleine qui remontait le fleuve. Une baleine à bec commune habituée à croiser à 1 000 mètres de profondeur. Une sorte d'énorme dauphin à bosse pouvant atteindre 10 mètres de long. La baleine de Londres, elle, ne mesurait que 6 mètres environ.

Aussitôt, des équipes du British Divers Marine Life Rescue Group accompagnées de vétérinaires se mirent à l'œuvre. Les espoirs étaient pourtant minces : si l'on en croit la Société zoologique de Londres, sur les 55 baleines qui se sont échouées sur des plages britanniques entre 2002 et 2006, aucune n'a survécu, en dépit des efforts des sauveteurs. Et cela se passait en bord de mer ! Autant dire qu'une tentative de sauvetage sur la Tamise, à quelques dizaines de kilomètres de l'estuaire, n'a que peu de chances d'aboutir.

Comme à leur habitude, les chaînes d'information en continu n'avaient pas tardé à s'emparer de l'événement si bien qu'une heure après l'alerte des hélicoptères survolaient déjà les lieux et qu'à partir de la mi-journée, la baleine n'allait plus quitter les écrans jusqu'à la fin de son aventure.

À deux reprises, la baleine s'échouera, gênée par le niveau des eaux dans l'estuaire à marée basse. À chaque fois, on la verra tenter de se dégager par des contorsions, entourée de volontaires essayant de repousser l'animal, tandis que l'eau va se colorer de sang. « La baleine a une plaie à la tête et semble très faible et désorientée », expliquera un sauveteur.

Pendant deux jours les experts vont supputer, les amis des bêtes s'inquiéter, les petits et les grands s'émouvoir. Le beau temps étant de la partie, des centaines de badauds et de touristes se masseront sur les berges et les ponts dès le vendredi. Le samedi, ils seront plusieurs milliers et acclameront les sauveteurs lorsque ceux-ci parviendront dans l'après-midi à hisser la baleine sur une barge, pour la transporter vers le large. Mais cela n'évitera pas la fin tragique du voyage.

« Elle est morte samedi dans la soirée. Je suis très, très déçu et très, très fatigué », déclarera aux télévisions Mark Stevens, le directeur des opérations de sauvetage. « Elle a nagé pendant près de trois jours en eau douce, elle devait être paniquée. Et elle est morte de déshydratation et de faim car il lui était impossible de trouver les calamars qui constituent son repas habituel. Dans les dernières heures, elle peinait à respirer car ses poumons commençaient à se remplir de liquide. Une fois sortie de l'eau, ses organes n'étaient plus soutenus par l'eau et ont subi une pression importante. Mais c'était la seule petite chance que nous avions de la sauver ».

De toute façon, dès le début les spécialistes avaient prévenu que l'animal pourrait ne pas survivre et qu'il faudrait peut-être l'euthanasier. Et Tony Martin, un vétérinaire spécialisé interrogé par les télévisions, avait estimé peu probable que l'animal puisse sortir vivant de sa mésaventure.

Aujourd'hui, le squelette de la baleine égarée est entreposé au Musée d'Histoire Naturelle de Londres pour servir la recherche scientifique. Quant au seau de plastique rouge, utilisé pour l'hydrater pendant des heures, il a été mis aux enchères dès le lundi suivant sur un site internet. Mis à prix 5 livres, il partait en fin de journée à plus de 400 livres (430 euros).

Une baleine est morte, paniquée et désorientée; mais il semble bien que d'autres ont su garder leur sang-froid et ne pas perdre le nord !

L'avis du véto

La baleine à bec commune encore appelée hyperoodon arctique (*hyperoodon ampullatus*) est un cétacé morphologiquement à mi-chemin entre une baleine et un dauphin, bien qu'elle soit, malgré son nom, dans le même groupe taxinomique que ce dernier. À l'âge adulte, elle est longue de 6 à 10 m et peut peser jusqu'à 7 tonnes. Elle présente typiquement un front bulbeux avec un « bec », ou rostre, semblable à celui des dauphins. Elle vit dans l'océan Atlantique nord où elle a ses quartiers d'hiver et ceux d'été. Elle passe l'été dans les régions arctiques ou subarctiques rendues accessibles par la fonte des glaces, riches en populations de calamars, sa nourriture principale. En hiver, elle migre en direction du sud, vers des eaux plus tempérées pour se reproduire.

Les baleines à bec sont de loin les plus mal connus des cétacés car elles restent discrètes, au large, s'approchant peu des côtes. Il n'est pas rare d'en croiser en mer du Nord et en mer d'Irlande, autrement dit à l'est et à l'ouest de la Grande-Bretagne. À la différence des dauphins, phoques ou marsouins, elles ne s'aventurent (quasi) jamais dans les estuaires et encore moins dans les fleuves. En fait c'est la première fois depuis 1913 qu'un tel cétacé est observé dans la Tamise. Bien entendu tout le monde – et notamment la communauté scientifique – s'est interrogé sur la présence inédite d'un tel animal en plein centre de Londres. De toute évidence, elle était désorientée et se serait trompée de route.

Un problème de sonar ?

Pour « voir » sous l'eau quelles que soient la profondeur et la lumière, les cétacés et plus précisément les odontocètes (dauphins, cachalots, baleines à bec...), ont développé un sens ultrasophistiqué, l'écholocalisation ou sonar. Schématiquement ces animaux émettent des ultrasons dans une direction donnée qui, quand ils rebondissent sur un obstacle vivant ou inerte, reviennent à l'émetteur. Le signal est analysé par le cerveau, ce qui permet d'obtenir une « photo » en 3 dimensions. En raison de son « melon » frontal, la baleine à bec possède l'un des sonars les plus performants : les ultrasons naissent dans des sacs d'air présents autour du conduit de l'évent en arrière du front ; plus le front est gros et saturé en graisses, plus les sons sont amplifiés lors de leur émission. Son sonar lui permet de repérer à grande distance des proies, des congénères mais aussi de se diriger en analysant les fonds marins afin de retrouver son « chemin ». Un dysfonctionnement du système d'écholocalisation (dans l'émission et/ou la réception des signaux) du à une maladie ou un accident est une cause possible d'échouage et de désorientation des cétacés. Un peu comme si l'animal se déplaçait « à l'aveugle ». Ce dysfonctionnement a été évoqué pour la baleine de la Tamise qui présentait une plaie à la tête. Il est possible aussi que cette dernière ait suivi un banc de calamars ou de poissons dans l'estuaire et que, perdue et sans repères dans un environnement étroit et de faible profondeur elle ait paniqué et foncé tout droit, remontant le fleuve, au lieu de faire demi-tour. Sans oublier qu'une possible intoxication par la pollution chimique de l'eau ou celle présente dans les proies (les calamars concentrent les métaux tels le mercure ou le cadmium) peut également être à l'origine d'une vulnérabilité de la baleine et d'une faiblesse des sens, les deux responsables d'une déroute.

Cacophonie sonore ?

La mer est loin d'être le « monde du silence » dont parlait le commandant Cousteau : les vagues, le déplacement des diverses bêtes aquatiques, les bavardages entre poissons ou entre cétacés suffisent à donner une ambiance sonore des plus éclectiques. Viennent se greffer les bruits des bateaux à moteur et des sous-marins responsables d'une véritable pollution acoustique des mers et océans. Mettez-vous 2 minutes dans la peau d'un dauphin ou d'une baleine et vous aurez alors l'impression d'être dans une rave party version grand bleu ou une rue de New York à l'heure de pointe et des marteaux-piqueurs ! De quoi être complètement déboussolé et ne plus entendre famille et amis au loin. Sans parler des sonars de défense militaire (en particulier le LFAS[21], le réseau d'écoute sous-marine et ultrasonique mis en place par l'armée de la marine américaine) et des sonars de prospection pétrolière qui, par leurs ondes de basse fréquence, perturbent le comportement des animaux marins. Les sonars militaires[22] sont accusés de causer des lésions internes (dont une surdité) et même la mort de cétacés comme la baleine à bec! Ultrasons et bruits de moteur pourraient également, c'est une hypothèse, entraîner une réaction de fuite, avec remontée en surface trop rapide, ce qui entraînerait même chez les baleines un accident de décompression! Cette pollution sonore serait une cause majeure de désorientation et d'échouage des mammifères marins. En approchant des côtes britanniques, la « baleine de Londres » est peut-être entrée dans une zone de circulation maritime intense et, vu le brouhaha ambiant, aurait fui en direction de l'estuaire recherchant les « voix » lointaines de ses congénères. En effet, les mammifères marins « parlent » beaucoup entre eux et sur une longue portée. La propagation des sons dans l'eau est cinq fois plus rapide que dans l'air si bien que les baleines peuvent ainsi communiquer sur des centaines de kilomètres! Cette communication sonore aquatique permet à la baleine de rester en contact avec son groupe et de ne pas le perdre, ou d'avoir des informations d'autres groupes de l'espèce. La baleine esseulée dans la Tamise pourrait avoir perdu le contact sonore avec son groupe, d'où une recherche hasardeuse des siens la menant à remonter la Tamise. Comme un enfant perdu dans une fête foraine. Et ce fut son dernier voyage. À noter qu'à

---

21. LFAS : Low Frequency Active Sonar.
22. Low Frequency Active Sonar : les ultrasons émis sur les côtes californiennes pourraient être entendus de l'autre côté du Pacifique ! Les associations environnementales de défense pour la sauvegarde des baleines et de l'environnement ont demandé à ce que l'US Navy restreigne l'utilisation d'un tel sonar pour préserver les mammifères marins. Mais en janvier 2009, la plus haute juridiction des États-Unis a donné raison à l'armée, qui jugeait que « les intérêts de la défense nationale devaient primer sur les exigences environnementales ». La décision a été appuyée par l'ex-président Bush, encore en fonction à l'époque, signant un ordre d'exemption au profit des militaires au motif que ces entraînements relèvent de l'intérêt national et qu'une situation d'« urgence » lui permet de passer outre une décision judiciaire en matière d'environnement… L'administration Obama sera-t-elle plus sensible au sort des cétacés ?

la suite de cet événement et des faibles chances de réussite de ces sauvetages, les protecteurs de la faune en Grande-Bretagne ont admis que
les baleines échouées puissent désormais être automatiquement eutha-
nasiées pour abréger leurs souffrances. On leur doit bien cela.

Pour en savoir plus

• *De l'eau, de l'eau !*

La baleine serait morte, entre autres, de déshydratation.
Comment peut-on se déshydrater dans l'eau ? Les cétacés vivent
dans l'eau de mer et tout le monde sait que, même sur un ra-
deau perdu en pleine bleue, il ne faut pas boire cette eau trop
salée. Ce sel se retrouve en effet dans le sang et attire l'eau des
cellules par phénomène d'osmose, d'où risque de déshydratation. Pour obtenir une concentration de sel constante et non
dangereuse dans le sang (soit trois fois inférieure à celle de l'eau
de mer), les reins doivent l'éliminer via l'urine. Nos reins en
sont incapables et c'est pour cela que, en buvant de l'eau de mer,
nous nous déshydratons. Les mammifères marins, eux, ont des
reins tout à fait aptes à produire une urine très concentrée, ce
qui leur permet de « boire la tasse » sans danger. Pourtant l'eau
de mer ne satisfait pas leurs besoins hydriques. La plupart puisent
l'essentiel de l'eau dont leur organisme a besoin dans leurs
proies (constituées aux trois quarts d'eau). D'autres, en particulier
les baleines, feraient fondre leur graisse pour fabriquer de l'eau
métabolique. Si la baleine de Londres était à ce point déshydratée,
on peut penser qu'elle n'avait pas « bu » d'eau depuis longtemps
en raison de son jeûne forcé. Elle a peut-être aussi présenté une
défaillance des reins, appelée insuffisance rénale, qui ne lui aurait
pas permis, lors de son séjour en mer, de concentrer ses urines.
D'où une déshydratation. Affaiblie, elle aurait perdu tout sens

de l'orientation et serait partie mourir à Londres…

• *Championne de plongée!*
Du fait de leur régime très « calamarien », les baleines à bec doivent plonger dans les eaux profondes pour aller débusquer le mollusque. Ainsi, elles peuvent descendre à près de 1 000 m de profondeur, soit autant que la tortue luth mais davantage que l'orque (200 m) ou le phoque (600 m). Dans la catégorie des mammifères marins, le record de plongée est détenu par le cachalot qui atteint les 2 000 m et chasse le calamar géant. Cependant, la baleine à bec détient pour sa part la médaille du record d'apnée : près de 2 heures sans reprendre son souffle! Où trouve-t-elle son oxygène pour tenir autant de temps? Dans son sang, qui peut transporter deux fois plus d'oxygène que le nôtre, et dans ses muscles, qui sont de vraies réserves à oxygène! Par ailleurs, elle économise son oxygène pendant l'immersion : son épaisse couche de lard la protège du froid, lui permettant ainsi de ne pas consommer d'oxygène pour produire de l'énergie et se réchauffer. Ses mouvements sont lents et souples. Et, comme un animal qui hiberne ou comme un plongeur sans bouteille entraîné, son cœur ralentit, n'irriguant que les organes vitaux dont le cerveau. Une adaptation étonnante!

• *Des proies hypnotisées*
Le sonar ou écholocalisation permet aux mammifères marins de localiser leurs proies. Il pourrait aussi les paralyser : en enregistrant les ultrasons émis par des cachalots lors de leur chasse, on s'est aperçu qu'avant la bouchée finale, le prédateur émettait un dernier « cri de guerre ultrasonique » très puissant qui aurait comme effet de tétaniser le poisson, un peu comme une sirène d'alarme dans un bâtiment. Les baleines chantent comme des sirènes, les cachalots comme des casseroles… enfin plutôt des gourdins!

L'Allemagne victime de la « knutmania »

1036 garçons sont nés à Berlin, en 2007. Parmi eux, 541 s'appellent Knut! Un prénom d'origine scandinave signifiant « hardi ». Un prénom relativement rare aussi, mais qui a conquis les faveurs des familles par la grâce d'un… petit ours blanc qui, dès sa naissance, a mis l'Allemagne sens dessus dessous.

5 décembre 2006. L'effervescence règne au zoo de Berlin. L'affaire est d'importance : pour la première fois depuis 30 ans, des ours polaires viennent de naître en captivité. Les employés du zoo sont sous le charme : les bébés sont « à croquer ». C'est aussi, malheureusement, l'opinion de Tosca, la maman ours qui, d'abord indifférente, commence à lancer des regards gourmands sur sa progéniture. Deux peluches de 800 g ayant peu de chance de l'emporter sur 300 kg de muscles et de graisse, les petits sont vite séparés de la mère gloutonne.

Quatre jours plus tard, le plus fragile des oursons meurt d'une infection tandis que l'autre, baptisé Knut par les employés du zoo est adopté par Thomas Dörflein, l'un des gardiens. Pas plus gros qu'un cochon d'Inde, le bébé demande des soins de tous les instants, si bien que Thomas doit abandonner toutes ses autres activités pour s'installer à demeure, dormant même sur un matelas dans une pièce voisine de l'enceinte où vit Knut.

Pour Thomas, le programme des journées est harassant. Son temps est partagé entre les jeux, les toilettes multiples et les repas réguliers : un biberon de lait toutes les deux heures puis bientôt un mélange de nourriture pour chat, de vitamines et de foie de morue quatre fois par jour.

Dès la naissance de Knut, la presse tient la chronique quotidienne du miraculé et de Thomas, sa « mère » de rechange. La moindre rumeur est exploitée et les fausses alertes sur sa santé se multiplient. Du jour au lendemain, les journaux voient leur diffusion décuplée.

L'affaire est bonne aussi pour le zoo de Berlin dont la fréquentation va croissant, d'autant que, dès le mois de mars et deux fois par jour, Knut et Thomas apparaissent en public et font le show. Lors de la première, 500 journalistes avaient débarqué du monde entier pour diffuser la « bonne » nouvelle.

C'est alors qu'éclate la polémique.

Le *Bildzeitung*, le *Bild* pour ses lecteurs, un quotidien à scandales au tirage phénoménal (près de 4 millions d'exemplaires) publie la lettre d'un militant pour la défense des droits des animaux, Franck Albrecht. Et que dit cette lettre ? Que Knut aurait dû être tué à la naissance plutôt que traité comme un animal domestique, ce qui équivaut à une humiliation.

La fureur du public est telle que les responsables du zoo de Berlin doivent promettre officiellement de ne pas faire de mal à Knut. En réalité, on les imagine mal tuer la poule aux œufs d'or !

Pour ce qui est du pauvre Franck Albrecht par qui le scandale est arrivé, la vérité est toute autre. S'il a effectivement écrit une lettre au *Bild*, le tabloïd n'en a utilisé qu'une phrase qui, prise hors contexte, a suffi à provoquer l'explosion de colère. Dans sa lettre, le jeune homme racontait comment, en décembre 2006, il avait souhaité poursuivre en justice le président du zoo de Leipzig pour avoir fait tuer un ourson à longues lèvres abandonné par sa mère.

Les juges l'avaient débouté, estimant que le rôle des humains n'est pas d'élever un animal sauvage. Une décision mise en cause par Albrecht qui soulignait dans sa lettre que, si elle avait été respectée par le zoo de Berlin, ce dernier aurait dû tuer Knut. La formulation était maladroite et *Bild*, prompt à la provocation, sauta sur l'occasion pour l'interpréter de travers… la publicité et l'objectivité ont des exigences difficiles à concilier! Pendant des jours le *Bild*, suivi en cela par la plus grande partie des médias du monde, continua à citer Franck Albrecht hors contexte, sans jamais rétablir la vérité.

Désormais la « knutmania » bat son plein, alimentée par les rumeurs multiples que le service des relations publiques du zoo, remarquablement efficace, exploite avec maestria. Un jour c'est l'exhibition qui est annulée parce que Knut fait ses dents, le lendemain, le zoo reçoit des menaces de mort qui obligent la police à augmenter la sécurité autour de l'ourson. Quelques jours plus tard, Knut glisse sur un rocher humide, se blesse au pied et fait à nouveau les gros titres dans la presse. Livres, sonneries pour portable, jouets, chansons, bonbons… Knut devient une marque déposée par le zoo de Berlin qui voit ses actions en bourse plus que doubler en une semaine. Les télévisions concoctent des émissions spéciales, des DVD dédiés à sa vie se vendent comme des petits pains, des peluches à son image emplissent les vitrines. Knut fait même la une de *Vanity Fair*, un magazine de mode, immortalisé par Annie Leibovitz, la photographe des célébrités.

Puis un jour, il faut redescendre sur terre. Un journaliste de *Der Spiegel* ose déclarer qu'en prenant de l'âge, Knut « devient de moins en moins mignon ». Il a 7 mois, pèse 50 kg et il faut arrêter les exhibitions publiques car Thomas Dörflein n'est plus en sécurité.

Une dernière polémique tout de même : l'ourson vedette a attrapé dix carpes dans son bassin, puis il a joué avec avant de les tuer. Et cela, devant les visiteurs du zoo! Une horreur qui indigne la presse. Le *Frankfurter Allgemeine* évoque un crime froidement exécuté et le *Bild,* qui n'est jamais en retard lorsqu'il s'agit de dénoncer un scandale, qualifie Knut de psychopathe! Grandeur et décadence…

Pour lui garantir une vie « normale » – un ours polaire peut vivre jusqu'à 35 ans –, les responsables envisagent de le changer de zoo. Oubliée l'adorable boule de poils qui a fait souffler un vent de folie sur l'Allemagne, quelques mois durant.

Heureusement, la relève est assurée. Au zoo de Nüremberg, un ourson blanc femelle, Flocke (« Flocon » en allemand), est présenté au public devant des centaines de journalistes et de photographes. Elle a été séparée de sa mère peu après sa naissance en raison du danger potentiel qu'elle représentait pour elle. Depuis, elle est élevée au biberon par les soigneurs du zoo. Les ours se suivent… et se ressemblent!

L'avis du véto

Comment la mère de Knut a-t-elle pu laisser mourir ses petits nouveau-nés? Même si le geste heurte notre sensibilité – humaine –, l'abandon de la portée ou même l'infanticide ne sont pas des exceptions dans la nature, chez les animaux sauvages comme chez les animaux domestiques. La chienne ou la chatte qui refusent d'allaiter, la femelle hamster ou la lapine qui tuent leurs petits sont des exemples communs. Il n'existe pas de « mauvaises mères » ou de « méchantes mères » mais plutôt des circonstances qui peuvent entraîner ce comportement. Et le fameux instinct maternel, me direz-vous? Sachez que chez les mammifères le comportement maternel n'est pas uniquement inné. Certains gestes sont effectués sans apprentissage préalable, comme lécher les nouveau-nés et consommer les membranes placentaires. D'autres sont acquis par imitation, par expérience individuelle et dépendent de l'âge, de l'attachement de la mère au petit, de l'environnement voire même peut-être du comportement de sa propre mère pendant son enfance. Par exemple, il n'est pas si rare qu'une primipare (femelle mettant bas pour la première fois) ou une trop jeune femelle ne soient pas des mères efficaces et en viennent à négliger leur portée.

Un abandon « instinctif »

Quelle que soit l'espèce, la mère souffrant d'une infection mammaire ou donnant peu de lait va repousser ses petits. Par ailleurs, elle délaisse naturellement les nouveau-nés morts, faibles, froids, malades ou porteurs d'anomalie. On parle de sélection naturelle : la finalité est de limiter les bouches inutiles et de favoriser la croissance des individus viables. De même, si la femelle se sent en danger, stressée, si son environnement n'est pas favorable, son instinct lui dictera de déplacer sa portée dans un endroit plus sûr. Si ce n'est pas possible ou si elle panique, elle la délaissera ou l'éliminera... Elle aura le même comportement extrême envers des petits portant une odeur étrangère (jeunes touchés par l'homme, par exemple) ou si sa gestation ou sa mise bas se sont déroulées dans un milieu non sécurisant.

Mère trop jeune ou inexpérimentée, insuffisance lactée, oursons faibles ou manipulés par un gardien, stress divers, dérangements, environnement inadapté... Toutes ces causes peuvent expliquer l'attitude de la mère de Knut. Dans la nature, maman ours polaire met bas en plein hiver au fond de la tanière qu'elle a creusée dans la glace. Ainsi, bien à l'abri dans ce refuge, les bébés (1 à 3) passent les trois premiers mois de leur vie blottis dans l'épaisse toison maternelle sans voir la lumière du jour. Des conditions difficilement reproductibles dans un zoo, ce qui expliquerait en partie le comportement d'abandon si fréquent et si redouté chez l'ours maintenu en captivité.

Une mère de substitution ?

L'ourson polaire naît sourd et aveugle, juste recouvert d'un fin duvet. Il pèse à peine 500 g et est totalement dépendant de sa mère qui lui apporte nourriture, chaleur et protection. En cas de nécessité – comme pour Knut –, un humain peut tout à fait endosser le rôle de nounou comme avec un chaton orphelin. Les premières semaines il doit veiller jour et nuit à ce que l'ourson ne souffre ni de froid, ni de faim, ni de déshydratation. Dans la nature, ce dernier grandit en famille monoparentale : l'ourse élève seule sa portée. Les oursons ne la quittent qu'à l'âge de 2-3 ans et tètent jusqu'à 18 mois. Le sevrage a été beaucoup plus précoce pour Knut (7 mois), ce qui peut paraître étonnant. Mais les spécialistes affirment que cela ne devrait pas perturber son développement physique et comportemental. D'abord parce que l'ourson commence dès 3-4 mois à diversifier ses repas et donc manger des aliments solides. Ensuite parce que les conditions de vie sont différentes : sur la banquise, rester 2 années entières auprès de leur mère est vital pour les jeunes. L'ourse les défend contre leurs prédateurs avec, en première ligne, les grands ours mâles qui du haut de leurs 600 kg ne font qu'une bouchée de ce qui est peut-être leur progéniture ! Elle leur apprend aussi à choisir une tanière et surtout les techniques de chasse afin qu'ils puissent plus tard se débrouiller sans elle. Or, il n'y a point de danger à craindre, point de phoques à chasser dans un parc zoologique : Knut est isolé de ses congénères jusqu'à ce qu'il devienne grand et fort et il bénéficie du buffet à volonté ! La séparation d'avec son père nourricier a été nécessaire pour garantir la sécurité de l'ourson. À l'état sauvage, l'ourse joue beaucoup avec ses petits : ces jeux leur permettent de se muscler, d'acquérir une aisance, une agilité et des réflexes. Mais la femelle pèse 200 à 300 kg... Quand Knut a atteint les 50 kg, sa force physique et la force de ses mâchoires rendaient les jeux trop dangereux pour Thomas Dörflein et justifiaient leur arrêt.

Quels sont les risques d'un maternage par l'homme ?

Élevé par l'homme, un animal sauvage a généralement beaucoup de mal à retourner vivre dans la nature et à côtoyer ses congénères. Ici la question du retour sur la banquise ne se pose pas (!). Certains pourtant craignent que Knut, trop imprégné par l'homme, n'accepte pas d'autres ours dans son enclos. Soyons lucides : à l'état sauvage, les ours blancs vivent en solitaires et ne se rencontrent qu'à la période des amours. Le risque – minime – est plutôt que Knut n'accepte pas de s'accoupler avec une ourse parce qu'il ne la reconnaît pas comme partenaire sexuelle. Mais le vrai problème est que l'élevage au biberon d'un animal sauvage lui enlève toute crainte naturelle de l'homme et par conséquent le rend imprévisible et dangereux. Les gardiens et soigneurs de Knut doivent donc redoubler de vigilance et oublier l'image de l'ourson doux et inoffensif qui a fait la une des magazines. Quant à traiter de « psychopathe » ce pauvre ours parce qu'il a attrapé des carpes vivantes, voilà un exemple flagrant d'anthropomorphisme dont a fait preuve la presse toute entière ! La notion du « respect de la vie » est complètement étrangère à un animal. N'oublions pas que chasser des poissons comme chasser des phoques est un comportement instinctif chez ce prédateur et indépendant de sa faim : n'avez-vous jamais vu un chat domestique ramener des souris à la maison alors que sa gamelle est pleine ? Knut ne souffre pas de troubles du comportement en chassant des poissons : le zoo a seulement voulu enrichir son environnement, ce qui devrait plutôt réjouir tous les fans de l'ours vedette.

Pour en savoir plus

• *Qu'est-ce qu'un « ours mal léché » ?*
Dans son ouvrage *Histoire des animaux* (IVe siècle avant notre ère), Aristote avançait l'idée que les oursons naissaient informes et que l'ourse leur donnait leur forme achevée, les modelait, en

les léchant. De là est venue l'expression « ours mal léché » pour désigner un personnage grossier. En fait, les oursons naissent naturellement prématurés dans la tanière et prennent l'aspect de véritables « nounours » après quelques semaines de tétée d'un lait maternel riche en graisses.

• *Pourquoi l'ours blanc est-il blanc ?*
Parce qu'il vit au pôle Nord dans un paysage immaculé ! Sur le sol enneigé, sur la mer gelée, la couleur blanche ne peut être qu'un avantage : elle permet de se rendre invisible aux prédateurs potentiels et d'approcher les proies. Les poils blancs ont d'autres intérêts. Ils sont creux et transparents, et laissent passer les rayons lumineux jusqu'à la peau… noire ! Or le noir absorbe la chaleur. Ils retiennent également l'air qui, emprisonné, est un bon isolant thermique et un merveilleux flotteur !

Libre malgré lui

Décidément, dans la vie, rien n'est jamais vraiment comme au cinéma.

Souvenez-vous : dans *Sauvez Willy*, en 1994, une orque mâle rebelle, maltraitée dans un parc d'attractions, retrouve sa liberté, aidée par Jesse, un jeune garçon lui aussi malmené par les hommes. Willy rejoint ses congénères, qui l'adoptent avec enthousiasme. Tout finit bien. Elle est si belle, la liberté !

Or, en cette nuit du 14 septembre 2003, c'est Willy, le héros du film, que l'on enterre sur les rives d'un fjord norvégien où il avait trouvé refuge. Son vrai nom est Keiko. Un nom qui, en japonais, signifie chanceux. Il est mort, deux jours plus tôt, des suites d'une pneumonie, dit-on. Poursuivi par les paparazzis, espionné en permanence par l'intermédiaire de deux balises GPS, et en définitive peu séduit par cette liberté qu'on lui a imposée, c'est en solitaire qu'il a vécu la fin de sa vie. Et, s'il a droit à une sépulture terrestre, c'est que Keiko est une star. « Nous avons préféré l'enterrer discrètement, de nuit. On voulait éviter la présence de la presse. Les gens doivent se souvenir de Keiko comme d'un animal bon vivant qui s'ébattait joyeusement dans l'eau. Pas comme d'un énorme corps sans vie affalé sur une plage », a expliqué, le lendemain, Lars Olav Lilleboe, chargé de la « cérémonie ».

Retour en arrière.

Capturé en 1979 au large des côtes islandaises, et immédiatement transporté dans un parc d'attractions marines, Keiko est une orque mâle de 2 ans. C'est encore un bébé, à peine sevré que l'on a arraché à sa mère. Il est rapidement revendu au Canada, puis au Mexique, avant d'être repéré par l'équipe qui se prépare à tourner le film *Sauvez Willy*.

On connaît la suite : vedette de trois films au succès plané-
taire, c'est une vraie gloire hollywoodienne, adulée par des millions d'enfants et d'adultes dans le monde entier.

Mais, dans les coulisses, le succès s'avère moins rose. Dans
un reportage du magazine *Life*, le public découvre les conditions de captivité déplorables de l'animal : les bassins sont trop
petits, l'eau trop chaude et insuffisamment renouvelée... Une
association se crée, « Free Willy », avec pour objectif la libération de Keiko. Poussés par la pression populaire, les responsables de la Warner Bross mettent alors au point un programme
de... 20 millions de dollars. Le scénario imaginé au cinéma est
devenu réalité : il faut sauver Keiko.

En 1998, Keiko est transporté dans les eaux islandaises où il
est né, vingt ans plus tôt. Le voyage se fait en avion. Un C-17
Globemaster pour lui tout seul, il pèse 6 tonnes et c'est le seul
appareil capable de transporter un passager aussi exceptionnel.

Là, un bassin a été spécialement aménagé pour lui, au large
des îles Vestmann. Une sorte de grande cage ouvrant sur la
pleine mer qui lui offre la possibilité de chasser et de rencontrer
des congénères. C'est que Keiko, après 20 ans de captivité doit
réapprendre à se passer des hommes. À se nourrir seul, à chasser, à plonger dans des eaux froides et profondes.

De temps en temps, il sort de son enclos, mais rentre tous les
soirs. Un semi-échec. Quatre ans après le début de l'expérience,
l'épaulard dépend toujours des humains pour se nourrir.

Enfin, un jour de juillet 2002, Keiko ne revient pas. Il a rejoint un groupe d'orques et, en leur compagnie, entreprend de
traverser l'Atlantique nord, suivi à la trace sur les écrans d'une
équipe de scientifiques.

Mais, deux mois plus tard, il réapparaît à Skaalvik, en Norvège,
attiré vers un bateau par les cris d'enfants qui l'ont reconnu. Il

a parcouru 1 400 km. S'est-il nourri pendant cette période ? Rien n'est moins sûr, les orques pouvant jeûner très longtemps. Keiko est à nouveau seul. Dans ce fjord, il reprend contact avec les humains et, devant le risque d'annihiler quatre ans de réadaptation, les autorités norvégiennes doivent interdire aux particuliers de s'approcher à moins de 50 m de l'animal, sous peine d'amende et même de prison.

Une semaine après son arrivée, une prise de sang révèle le piteux état de Keiko. Il souffre de stress et d'infection respiratoire. Il faut le traiter aux antibiotiques. Et recommencer à lui fournir une cinquantaine de kilos de poissons par jour, car le cétacé ne sait toujours pas chasser. D'autre part, sa présence dans des eaux poissonneuses où abondent les élevages de saumons, n'est pas du goût des pisciculteurs qui pensent que la proximité de Keiko affole le poisson et veulent s'en débarrasser. Les scientifiques, eux, s'inquiètent des difficultés que l'énorme bête rencontrera, une fois l'hiver venu, pour trouver chaque jour les 50 à 70 kg de poissons dont elle a besoin. Ils ont raison, l'hiver se passe mal. Affaibli, Keiko tombe malade au printemps 2003 et ne se remettra jamais jusqu'à sa mort au mois de septembre.

Pas de stèle, ni de monument commémoratif, comme on l'avait envisagé au début, mais un hommage fervent : le 8 janvier 2004, tous les enfants des villages environnants ont déposé une pierre à l'endroit où a été enterré Keiko, à Taknesbukta, sur une petite plage. C'est désormais un repère pour les nombreux écoliers qui viennent du monde entier, en pèlerinage, rendre hommage à l'ami Willy, l'orque qui n'a jamais voulu faire le deuil de son ancienne vie passée en compagnie des humains.

L'avis du véto

Le succès de la remise en liberté de Keïko reposait sur sa capacité d'une part à trouver seul sa nourriture et d'autre part à intégrer un groupe d'orques et communiquer avec eux. Une entreprise périlleuse, pour ne pas dire utopique, pour une orque arrachée à peine sevrée à sa mère, qui a vécu seule pendant 20 ans dans un bassin, nourrie avec des poissons morts et en contact permanent avec l'homme. Des dizaines de scientifiques se sont donc attelés à lui réapprendre à vivre en autonomie.

Apprendre à chasser

Dans la nature, l'orque est un prédateur redoutable et redouté. Ses menus sont variés. Ce géant de 8 à 10 m de long se nourrit de poissons (harengs, saumons...), de calamars, d'oiseaux (qui se posent imprudemment sur l'eau) mais aussi de mammifères marins comme les phoques, les otaries, les éléphants de mer, les morses et, à l'occasion, des marsouins, des dauphins ou même des baleines! Ses besoins sont élevés, 150 à 200 kg par jour pour un adulte, si bien qu'il passe les deux tiers de son temps à chasser. Selon la proie et la situation, la chasse se pratique de façon individuelle (phoque sur la plage par exemple) ou en groupe (bancs de poissons, gros mammifères marins...). La jeune orque apprend à chasser d'abord avec sa mère puis avec les autres membres du clan. Avez-vous déjà vu une chatte rapporter une souris à demi consciente à ses chatons pour les initier aux techniques de capture? La femelle orque fait de même avec... un phoque ou une otarie. Il lui arrive de lancer en l'air sa proie encore vivante comme un vulgaire ballon, semblant s'amuser à ce jeu cruel : en fait, elle incite ainsi son petit à l'attraper. La chasse collective est parfaitement organisée chez les orques et repose sur une synchronisation et une bonne communication. On parle de stratégie de groupe. Par exemple, dans les eaux d'Islande, là où est né Keïko et où on l'a relâché, les orques traquent les bandes de harengs. Une méthode de chasse est dite du « carrousel » : elle consiste à regrouper les harengs près de la surface en les encerclant et en les effrayant. Les poissons sont ensuite assommés un par un à coup de nageoire caudale.

Vivre en communauté

Les orques sont des animaux grégaires qui vivent en société matriarcale. Les groupes composés de cinq à vingt individus sont menés par une femelle âgée dont l'expérience profite à tous, mâles comme femelles (les femelles vivent jusqu'à 80 ans, les mâles 30 ans de moins). Les liens entre les membres de la tribu – on parle de pod – sont très forts : le langage y contribue car chaque pod communique par des codes de reconnaissance étrangers aux membres d'un autre pod. En effet, dans la langue parlée par ces mammifères marins (faite de sifflements, de cliquetis, de cris), il existe tout un pan universel compris par n'importe quel individu de l'espèce et, parallèlement, des dialectes propres à chaque pod. Il est donc difficile pour une orque étrangère (comme Keïko) d'intégrer un groupe déjà soudé et qui a ses propres codes de communication. Les mâles et les femelles restent toute leur vie dans le même clan que leur mère. Au moment de la saison des amours, les mâles quittent leur pod quelques jours pour séduire des femelles étrangères. Puis ils reviennent. Au sein d'un même groupe, les orques font preuve d'entraide notamment pour chasser mais aussi élever les jeunes.

La réacclimatation de Keïko

Les orques sont présents dans tous les océans et toutes les mers du monde. La remise en liberté de Keïko a été faite sur le lieu de sa capture bébé, sur les côtes islandaises. Le choix du lieu n'est pas seulement symbolique : l'objectif est d'augmenter les chances pour Keïko d'être accepté dans un groupe d'orques « parlant » le même dialecte que sa mère. Son retour à la vie sauvage va être progressif et se faire par étapes. Ayant vécu la grande majorité de sa vie dans un bassin sous le soleil mexicain, Keïko doit dans un premier temps s'acclimater à son nouvel univers : le climat islandais, l'eau de mer très froide, les nouveaux bruits, les tempêtes... Pendant 20 mois, il est maintenu – nourri et soigné – dans un enclos aménagé dans une baie islandaise. Un printemps, on lui autorise ses premières sorties, de quelques heures et sous escorte. Les sorties sont de plus en plus nombreuses et de plus en plus longues. En été, il rencontre pour la première fois depuis son enfance des orques en liberté. Premier soulagement pour ses soigneurs : Keïko n'hésite pas à approcher les siens. Parfois il joue avec eux, parfois il est rejeté. Parfois il se fond dans une communauté, et d'autres fois il reste à distance, nageant à proximité. Il semble communiquer avec les autres orques mais les scientifiques ne savent pas s'ils se comprennent. Le problème est que Keïko revient régulièrement vers ses soigneurs (qui le suivent en bateau ou restent dans l'enclos) pour manger. En automne, les orques sauvages, qui ne sont que de passage dans cette région, partent suivant les migrations de harengs. Keïko préfère rester dans sa baie pour l'hiver et ne les suit pas. Le même scénario se répète l'année suivante. Pendant tout l'été, il suit régulièrement les orques revenues sur les côtes, nage de plus en plus loin, et de plus en plus profondément, mais ne migre pas avec elles l'automne venu. Et aucun des observateurs ne l'a surpris en train de chasser. Pourtant il côtoie des bancs de harengs... Le doute s'installe : est-il capable d'apprendre des techniques de chasse au contact de ses congénères ? N'est-il pas alors un élément perturbateur pour le groupe voire une charge lors des parties de chasse et dans ce cas peine à s'y intégrer ? Peut-il réellement acquérir un statut social dans un clan alors qu'il a toujours vécu seul ? En fait, les scientifiques constatent que même si Keïko fait de plus en plus de progrès pour se socialiser aux siens, au bout de 4 ans il revient toujours vers les hommes à la recherche de contacts et de poissons. Il ne tient plus qu'à Keïko de rejoindre définitivement les siens. Il peut le faire mais s'y refuse. Nouvel espoir à la fin de l'été 2002 : il quitte les eaux islandaises avec un pod et semble le suivre dans sa migration. Mais il réapparaît seul en septembre dans un fjord norvégien recherchant à l'évidence ses amis les hommes. Il y mourra un an après. Dans la nature les orques sont de grandes actives : elles passent les deux tiers de leur temps à chasser. En captivité, l'activité de chasse est remplacée par les jeux, l'apprentissage de numéros de spectacle, les échanges avec les soigneurs. Keïko n'a jamais chassé : quand il se retrouve avec ses congénères, il ne pense qu'à les observer, à jouer, à interagir avec eux... Ce qu'il a fait pendant toute sa vie passée avec les hommes. Poussé par la faim et sans doute rejeté par les siens en raison de son comportement peu habituel, il est naturellement revenu vers l'homme.

Un échec ?

Sa remise en liberté ne doit pas être considérée comme un échec : Keïko a pendant plusieurs années découvert un environnement aux multiples stimuli, il a parcouru des distances et nagé à des profondeurs encore jamais atteintes et surtout il a pu rencontrer et échanger avec d'autres orques. Grâce à son observation et au suivi dont il a bénéficié, les scientifiques connaissent mieux aujourd'hui la biologie et le comportement de cette espèce. Si Keïko n'avait pas succombé à une pneumonie, la solution aurait été comme l'avait suggéré Jean-Michel Cousteau — fils du commandant Cousteau —, d'envisager une semi-liberté avec l'aménagement d'un enclos ouvert. Car ce qu'aimait Keïko par-dessus tout, c'était sa liberté et... les hommes.

Pour en savoir plus

• *Des techniques de chasse étonnantes*
L'orque se montre terriblement intelligente et ingénieuse pour attraper ses proies. Quand ce grand prédateur a repéré un phoque sur une plaque de banquise, il n'hésite pas à foncer dessus à la verticale et à grande vitesse, frappant la glace du poids de ses 4 à 9 tonnes. L'objectif est de secouer ou briser la plaque pour faire tomber sa proie à l'eau. Il peut aussi choisir d'agir avec des copines orques qui se rassemblent et provoquent un

minitsunami qui effraie et déstabilise le pauvre phoque. Même en se prélassant sur une plage, les phoques, éléphants de mer, morses et autres manchots ne sont pas à l'abri de ses mâchoires redoutables : l'orque est capable, après avoir choisi sa proie, de s'approcher furtivement tout en cachant son aileron dorsal, puis de s'élancer d'un coup hors de l'eau et d'attraper l'animal dans sa gueule. La scène est spectaculaire car le cétacé se retrouve alors échoué sur le bord de la plage et peine, en s'agitant frénétiquement, à repartir vers la mer. Enfin, les orques peuvent en bande s'attaquer à une immense baleine bleue en la rabattant vers la terre pour qu'elle ne puisse plus s'échapper.

• *Un monstre au cœur tendre*
Les Anglo-Saxons appellent l'orque la « baleine tueuse » (*killer whale*) donnant l'image d'un monstre sanguinaire. Pourtant les attaques d'orques contre des humains sont rarissimes et souvent accidentelles. Le plus grand des dauphins (ce n'est pas une baleine !) est en réalité un animal doux, sociable, capable d'un véritable attachement envers ceux qui le soignent. Entre elles, les orques sont capables de faire preuve d'une grande tendresse, se frottant les unes contre les autres, se léchant et se mordillant les lèvres simulant un baiser !

La course en tête
du roi fainéant

Normandie, mars 1982. Les temps sont difficiles pour Raoul, le propriétaire du haras Ostheimer. L'entretien des chevaux coûte cher, les performances de ses trotteurs n'ont pas été exceptionnelles l'année précédente, sans parler des travaux dont le manoir a besoin ; ils devront attendre des jours meilleurs…

Raoul est inquiet, ce qui ne l'empêche pas de faire régulièrement trotter son poulain sur la piste cabossée du haras qu'il faudra bien remettre en état un jour, elle aussi. Il n'est pas facile de tirer le meilleur d'un cheval sur un terrain couvert de bosses et de nids de poule ; et encore moins lorsqu'on est, comme Raoul, sourd et quasiment muet.

Raoul ne serait d'ailleurs pas mécontent de se débarrasser de son poulain à l'occasion. Mais Rachel, son ex-femme, qui possède des parts du haras et travaille toujours avec lui, s'est entichée de l'alezan-brûlé qu'elle surnomme « Papouille » et dont elle apprécie la vitalité, contrairement à Raoul qui le trouve un peu mou et lourdeau. Papouille, quel drôle de nom pour un trotteur qui, officiellement, porte le nom d'Ourasi !

Dans quelques jours, le poulain va fêter ses 2 ans et Rachel, qui croit au talent de son trotteur préféré, envisage de le retirer à Raoul pour le confier à Jean-René Gougeon, l'entraîneur des meilleurs. Souvenez-vous : Roquépine, Une de Mai, Bellino II… des noms qui résonnent encore à l'oreille de ceux qui, tous les dimanches avant le film du soir, assistaient au rituel télévisé du résultat des courses.

Quelques semaines plus tard, Ourasi prend ses quartiers chez celui que ses pairs appellent respectueusement « le Pape de Vincennes ».

Première décision du nouvel entraîneur : un engagement d'Ourasi dans le Critérium des Jeunes, réservé aux chevaux de 3 ans. À la surprise générale, le trotteur, qui n'a jamais affronté les meilleurs de ses contemporains, remporte la victoire. C'est le début d'une carrière qui va s'avérer prodigieuse, le cheval enchaînant les performances...

Mais Ourasi a un problème : son caractère.

Dominateur et conquérant pendant la course, il n'en fait qu'à sa tête le reste du temps. Il rechigne à s'entraîner, adore se faire prier... C'est une graine de star qui affiche son flegme jusque sur l'aire de départ, ne semblant s'intéresser à la compétition qu'à quelques centaines de mètres du but, lorsqu'il estime avoir été suffisamment encouragé par les cris d'un public emballé par le panache dont il fait preuve. Cela lui vaut son surnom : « Le roi fainéant ».

Un roi dont la valeur monte en flèche. Et dont Raoul, contre l'avis de son associée, décide de vendre la moitié (12, 2 millions de francs, soit environ 1, 8 millions d'euros) à vingt copropriétaires qui resteront à jamais des étrangers pour le cheval. Celui-ci ne reverra jamais Rachel, sa protectrice, qui perd l'un après l'autre les procès qu'elle intente à Raoul.

À 5 ans, Ourasi est le leader incontesté de sa génération. La saison 85 est presque parfaite : il participe à treize courses, neuf victoires et quatre places. Début 1986, il remporte son premier Prix d'Amérique et, tout au long de l'année, il reste invaincu en quatorze courses avec la cote invraisemblable de 1 contre 10. Au grand désespoir du PMU, des milliers de joueurs n'hésitaient pas à parier sur lui de grosses sommes avec la quasi-assurance de faire un petit bénéfice. Et la série continue : vingt-deux victoires consécutives jusqu'en juin 1987. En 1988, il remporte quinze de ses dix-sept sorties, dont son troisième Prix d'Amérique, et rejoint au panthéon des courses Uranie, Roquépine et Bellino II, les trois seuls triples vainqueurs de l'épreuve reine du trot.

C'est alors qu'intervient l'épisode le plus étonnant de la vie d'Ourasi.

Les chevaux de course franchissent rarement les océans et les confrontations entre vedettes américaines et cracks européens sont exceptionnelles ; ce qui laisse libre cours à tous les fantasmes, chacun, de part et d'autre de l'Atlantique, affirmant posséder le plus grand des champions. Or, en 1988, le trotteur américain Mack Lobell fait sa première incursion en Europe et remporte l'Elitloppet en Suède en descendant sous la barre mythique de 1' 10" au kilomètre. Ses entraîneurs déclarent aussitôt détenir le meilleur trotteur du monde. Seul Ourasi peut lui contester ce titre. Tout au long de l'année 1988, les Américains défient Jean-René Gougeon et vont jusqu'à le surnommer « the french poltron », soutenant qu'il craint une confrontation par-dessus tout.

Blessé dans sa fierté, le Pape de Vincennes relève le défi. Mais, pour les Américains, pas question de régler cette affaire en Europe. Le match doit se dérouler chez eux, sur une piste plate de 1 609 m. C'est ainsi qu'Ourasi cumule les handicaps : un long voyage pour lui qui n'a jamais quitté l'Europe et des conditions de courses qui ne lui sont pas familières. Mais malgré cette iniquité flagrante Jean-René Gougeon accepte, et « le match du siècle », une course dotée de 600 000 dollars, est organisée à Philadelphie. Le plateau est exceptionnel : il réunit autour des deux cracks les meilleurs chevaux d'Amérique du Nord.

Dès le départ Mack Lobell prend la tête et, au premier tournant, il a neuf longueurs d'avance sur Ourasi. Pourtant, fidèle à son habitude, le Français passe tout le peloton dans la ligne droite pour se porter à la hauteur de son rival. L'arrivée est en vue, l'Américain tient la corde, flanqué à l'extérieur par Ourasi qui grignote du terrain pour finalement le dépasser. C'est alors que Sugarcane Hanover auquel personne ne s'intéressait, surgit et remporte la course sur le fil. Le débat est clos : même arrivé deuxième, Ourasi est bien le plus fort, le meilleur cheval du monde.

Il le prouvera encore en 1990 en remportant son quatrième Prix d'Amérique. Ce sera son ultime représentation. L'âge venant, il est temps de passer à une autre activité réservée aux meilleurs, celle d'étalon ; à 90 000 francs (13 500 €) la saillie (un record à l'époque). Mais là, les prestations sont loin d'être à la hauteur. Des ennuis de santé en fin de carrière ont nui à sa fertilité. 38 rejetons seulement sont nés de ces unions à répétition, mais aucun n'est champion. Personne, ni homme ni cheval, n'est parfait.

20 ans ont passé. Dans l'enclos normand où il fait encore preuve d'une vitalité exceptionnelle, Ourasi vient de battre un nouveau record, celui de la longévité. Même retraité, il reste un cheval à part et s'il accepte un peu de compagnie de temps en temps, seules les vaches ont droit de séjour dans son paddock. Jamais de congénères. Peut-être craint-il qu'ils ne lui volent la vedette auprès des admirateurs qui viennent en groupes du monde entier lui apporter des carottes. Et les carottes, celui que *l'Équipe Magazine* a consacré « meilleur trotteur français de tous les temps » les adore !

L'avis du véto

« Paresseux », « fainéant », « capricieux », « autoritaire », « tueur » mais aussi « *génie* », « *magnifique* », « *fusée des hippodromes* », « *cheval du siècle* », « *extraterrestre* »... Les qualificatifs, bien souvent au superlatif, ne manquent pas dans les années quatre-vingts pour décrire ce cheval d'exception. Toute la presse célèbre autant ses performances impressionnantes que son tempérament si particulier. Plus qu'un autre cheval, Ourasi a montré que, pour avoir l'étoffe d'un champion, le « mental » est aussi important que le potentiel, la technique et l'entraînement. Car, étonnamment, Ourasi avait le mental d'un champion (humain) de très haut niveau : « ne jamais abandonner, jamais croire que c'est impossible » enseigné aux jeunes sportifs qui rêvent de la plus haute marche était aussi une de ses devises.

Un physique

Ses performances, Ourasi les doit d'abord à son potentiel physique. Pourtant à ses débuts, avec son ventre grassouillet et sa démarche pataude, le cheval est loin d'avoir l'allure d'un athlète. Même sa mère avait des problèmes d'aplomb. C'est oublier qu'il est l'arrière-petit-fils d'une reine du trot, Gélinotte, qui dans les années cinquante fut double vainqueur du Prix d'Amérique, un mythe. Aux dires des spécialistes, il impressionne par sa foulée exceptionnelle, sa force incroyable, sa haute résistance à l'effort et une très grande capacité de récupération. Comme les plus grands sportifs bipèdes, son cœur qui bat lentement au repos (plus lentement qu'un cheval normal) est capable de monter très vite en pulsations lors de l'effort pour récupérer en seulement quelques minutes son rythme normal.

Un tempérament

Éleveurs, entraîneurs, jockeys le savent bien : un corps d'athlète, des heures d'entraînement ne suffisent pas à faire d'un cheval un champion. La motivation, le sang-froid, la concentration et ce « je-ne-sais-quoi » psychologique de plus que les autres entrent aussi en jeu. Jehan Bertran de Balanda,

252

entraîneur bien connu de chevaux d'obstacle à Maisons-Laffitte ne nie pas l'importance du « mental » chez ses protégés : « tous les chevaux sautent mais ce qui fait la différence c'est le caractère, le cœur. »[23] Les éthologues parlent plutôt de tempérament et de personnalité. Ils définissent le tempérament comme étant une « structure émotionnelle individuelle », plus ou moins stable dans le temps et selon les situations, qui apparaît précocement et est en partie à déterminisme génétique. Par exemple, on dit que tel cheval a un tempérament « peureux » et cette émotivité élevée peut être observée dès 8 mois d'âge. L'influence génétique des parents, le comportement de la mère pendant le développement du jeune, l'environnement, sont autant de facteurs qui entrent en jeu. La personnalité, elle, se construit petit à petit sous l'influence de l'environnement.

Ourasi n'avait pas un tempérament de peureux, d'émotif, loin de là ! Ce qui contraste avec la plupart des chevaux de sport qui sont réellement à fleur de peau. Dans le livre qu'il a consacré au champion[23], le journaliste Homeric narre que dès sa naissance, Ourasi n'était pas un poulain comme les autres : il n'était pas apeuré par les hommes et, au contraire, venait vers eux. Ses lads, ses entraîneurs, en feront plus tard l'expérience : il ne faut jamais se battre avec lui, jamais le brusquer. Car il ne supporte pas les contraintes et joue la diva. Un caractère bien trempé ! En fait, ce cheval que l'on prend pour « lunatique » ou « caractériel » est juste « zen ». Il ne connaît pas l'anxiété, ce qui est rare chez les chevaux de course qui ont des conditions de vie stressantes. En tant que proie, le cheval a naturellement un niveau de vigilance élevé et une grande sensibilité par rapport aux stimuli inhabituels : ses réactions de peur sont fréquentes et il est prédisposé à l'anxiété. Ourasi au contraire n'a, semble-t-il, peur de rien et surtout pas des hommes qui pourtant, dans la nature, sont ses prédateurs. Il se sent leur leader et non l'inverse. Quand une personne s'énerve contre lui, il perçoit chez elle des émotions

23. Homeric, *Ourasi, le roi fainéant*, Lausanne, Éditions Favre, 2000.

qu'il prend pour de la faiblesse et fait en sorte qu'elle perde le contrôle d'elle-même ! L'Américain Pat Perelli, un « chuchoteur » bien connu dans le milieu équestre (il fut à la base de l'équitation éthologique) affirme que, pour qu'un cheval vous considère comme son leader, il faut lui montrer que vous êtes meilleur que lui selon ses propres critères : « plus calme, plus intelligent, plus courageux, plus athlétique, plus en forme au plan mental, émotionnel et physique. »! Difficile alors de s'imposer face à Ourasi, cheval calme, intelligent, courageux, crack, et équilibré sur le plan émotionnel! On comprend pourquoi il mène les hommes à la baguette, pour ne pas dire à la cravache!

Son tempérament calme et affirmé est une des clés de sa réussite sur les champs de course : qu'un cheval s'agite, sue énormément, ne tienne pas en place sur la ligne de départ est, pour les professionnels, de mauvais augure. Son anxiété lui fait déjà perdre de l'énergie et ses moyens. Les champions humains ou équins se caractérisent par le calme qu'ils dégagent avant l'épreuve. La « zénitude » d'Ourasi, inhabituelle chez un cheval dans cette catégorie, a été prise pour du flegme, de la paresse alors que, tout simplement, il était en confiance et prêt à donner le meilleur. Son absence d'anxiété explique sa propension à dormir souvent couché, signe d'un équilibre émotionnel et d'un sentiment de sécurité chez le cheval, et non de fainéantise!

Un gagnant

Outre son tempérament, c'est sa personnalité de « winner » (gagnant) qui est remarquable. Dans une harde de chevaux sauvages, il serait un étalon qui, sûr de lui, prendrait un malin plaisir à se mesurer aux autres mâles, à les dominer pour pouvoir s'approprier un harem de juments ou simplement par jeu. Car les étalons ne s'affrontent pas forcément dans un combat sanglant. Il existe des rituels sans violence comme, par exemple, celui de se confronter en galopant côte à côte. L'étalon Ourasi aurait dès sa première victoire compris qu'un moyen de dominer ses semblables était de les devancer et pourquoi pas pendant une course.

« Je ne suis pas persuadé qu'il aime courir mais il adore gagner », constatait son entraîneur Jean-René Gougeon, le « pape » du trot. Pour Ourasi, une course était peut-être un jeu social lui permettant de s'affirmer par rapport aux autres chevaux, et la liesse générale des turfistes à l'approche des gradins aurait eut l'effet d'un starter lui commandant de mettre le turbot sur la ligne d'arrivée. La preuve, il refusait de s'entraîner seul : monseigneur exigeait toujours un rival à ses côtés... qu'il choisissait ! Car les chevaux s'entraînant avec lui devaient être à sa hauteur.

Une intelligence

Outre une force fabuleuse et la gagne dans le sang, Ourasi avait un cerveau. Il avait l'intelligence de bien connaître et évaluer ses capacités physiques, de s'économiser et d'analyser la course. Une fois sur la piste, ce n'était pas un fou furieux mais un fin stratège car, précisons-le, ce cheval qui ne supportait aucune contrainte – en particulier de son driver – menait lui-même sa course. Sa technique : roupiller au départ, somnoler dans le peloton, puis au dernier virage, se réveiller, allonger les foulées et gagner la victoire ! Ensuite, redevenir amorphe et indifférent aux honneurs. « Je n'ai jamais cru que les chevaux étaient intelligents. Mais avec Ourasi je commence à me poser des questions », reconnaissait Jean-René Gougeon. Malgré la richesse de son palmarès, malgré les 8 années de carrière intensive, « Ourasi n'a jamais été au bout de lui-même et ne s'est donc jamais usé », déclarait l'entraîneur en 2008 (Jean-René Gougeon allait décéder la même année). Car la plupart des cracks, usés par la compétition puis par la reproduction (!), ne dépassent guère les 20 ans d'âge. Aujourd'hui, Ourasi a 29 ans passés. Il est en pleine forme malgré son vieil âge et, selon ses soigneurs, préférerait toujours « mourir plutôt que de céder ». Un mental d'acier. Doser son effort, adopter la stratégie la mieux adaptée pour s'économiser tout en donnant le meilleur de soi-même, n'est-ce pas une preuve d'intelligence ? Parce que ce cheval de légende a longtemps su que la plus belle course est celle qu'on n'a encore jamais faite. Un sage et non un fainéant.

Pour en savoir plus

• *L'éloge de la paresse*

Le cheval a au moins un point commun avec l'homme : la paresse. Laissez-le dans une grande prairie et il passera seulement 5 % de son temps (soit 1 à 2 heures par jour) à se déplacer d'un point à un autre en… marchant. Le trot et le galop sont utilisés pour fuir un danger, parader devant un congénère ou jouer. En fait, moins il en fait mieux il se porte ! Comme Ourasi à un niveau sportif, les chevaux cherchent toujours à adopter la solution du moindre effort !

• *Les chevaux dorment-ils debout ?*

Le cheval ne dort que 5 à 7 heures par jour, tantôt debout, tantôt couché. Lorsqu'il est debout, il somnole seulement et ne dort que d'un œil : son statut de proie dans la nature l'oblige à être vigilant même pendant son repos et prêt à se réveiller à la moindre alerte. Mais il a besoin de se coucher pour avoir un cycle de sommeil complet avec une phase de sommeil paradoxal, celui des rêves. Il ne s'allonge que quand il se sent en sécurité totale. Si un cheval ne peut pas s'allonger pour dormir, il devient anxieux et développe des troubles du comportement.

• *Hans le cheval savant*

Au début du xxᵉ siècle, un cheval allemand du nom de Hans fut une véritable star et un casse-tête pour les scientifiques de l'époque. Il était surnommé « le malin » car il était le premier cheval à savoir compter et à épeler les lettres de mots allemands. C'était un vrai phénomène quand il se donnait en public : quand on lui demandait « 6 + 1 ? », il tapait 7 fois avec son sabot sur le sol. « 3 x 4 ? », il tapait 12 fois. Jamais ne se trompait. Les spécialistes pensèrent à une supercherie et décidèrent d'exclure son maître, le Baron von Osten, de la salle. Le cheval continuait à résoudre les problèmes avec une justesse étonnante. Ce fut un psychologue allemand du nom d'Oskar Pfungst qui leva le voile sur l'intelligence de Hans au bout d'une enquête de plusieurs mois. Hans était en réalité très attentif au langage corporel (le paraverbal) de l'assistance et percevait les changements involontaires des spectateurs quand ses coups de sabot approchaient de la valeur attendue. Une certaine forme d'intelligence.

• *Il parle avec ses oreilles*
Savez-vous interpréter les messages auriculaires de la plus belle conquête de l'homme?

– Les deux oreilles pointées en avant? « *Hello* », « *qui es-tu l'ami?* ». Il montre ainsi son intérêt.

– Les deux oreilles très en avant? « *Ça sent le roussi!* ». Il suspecte un danger.

– Une oreille allant d'avant en arrière? « *Que me veux-tu vraiment? Qui es-tu vraiment?* ». Il manque de confiance.

– Oreilles en arrière? « *Ouste!* ». Il a peur ou est en colère, attention aux morsures! Reculez!

Les animaux
insolites

Elle a fait un bébé
toute seule

Au zoo Henry Doorly à Omaha dans le Nebraska, l'une des attractions les plus prisées du Scott Aquarium est un tunnel sous-marin posé à plus de 5 m de profondeur. Les visiteurs peuvent s'y promener en toute sécurité, survolés par des raies impériales, des tortues placides, des méduses lunaires, des mérous débonnaires et des requins de toutes sortes dont les plus étonnants sont sans conteste les requins-marteaux.

Ceux-ci doivent leur nom à la forme curieuse de leur tête, aplatie, rectangulaire et barrée par une gueule ornée de centaines de dents triangulaires et acérées. À chaque extrémité, des yeux globuleux et des narines en continuel mouvement accentuent l'impression de vision fantasmagorique que donne cet animal de science-fiction. Il peut atteindre 4 m de long et ses caractéristiques font du requin-marteau, sans cesse en mouvement et capable de virer sur lui-même à grande vitesse, un chasseur redoutable.

Le Scott Aquarium a été, en 2007, le théâtre d'un phénomène exceptionnel qui a passionné (et passionne encore) les naturalistes du monde entier. L'événement a été suivi, quelque temps plus tard d'un drame comme il s'en produit à tout instant dans la nature mais qui, en l'espèce, revêtait un caractère très particulier.

Le drame d'abord : un bébé requin-marteau est mort, dévoré par un autre poisson. Il ne mesurait que 60 cm. Parvenu à l'âge adulte, le requin n'a plus d'ennemis, à part l'homme (un prédateur redoutable !). En revanche, tant qu'il est bébé, sa faiblesse en fait une proie rêvée pour les autres poissons. Disparaître dans ces conditions est une loi de la nature. Une loi qui s'exerce au sein des océans, dans la savane ou dans les forêts les plus profondes. Mais aussi dans ces mondes artificiels que sont les aquariums.

Rien d'exceptionnel donc, mais ce qui faisait de ce bébé requin un poisson extraordinaire, c'est qu'il était né dans un bassin où vivaient trois femelles... qui n'avaient jamais croisé de mâle!

À la naissance, quelques théories furent évoquées, mais compte tenu des conditions, la parthénogenèse semblait la plus vraisemblable. Ce mode de reproduction asexuée permet à une femelle seule d'assurer sa descendance sans la présence d'un mâle. Certaines espèces animales y ont recours: les insectes, comme les abeilles et les fourmis, qui la pratiquent avec régularité, certains amphibiens et quelques reptiles mais jamais, de mémoire de biologiste, on n'avait observé de parthénogenèse chez des requins ou des mammifères.

Pour en avoir le cœur net, il fallait analyser l'A.D.N. du petit requin-marteau et sa mort prématurée a singulièrement facilité la tâche des scientifiques. Le résultat fut sans appel: l'une des femelles du bassin était bien la mère du bébé inattendu, mais il n'y avait aucune trace d'un quelconque chromosome paternel.

Depuis, le phénomène s'est reproduit. En 2008, des chercheurs américains ont confirmé un deuxième cas chez des requins. Et Dermian Chapman, un biologiste de l'université Stony Brook de New York, dont l'expertise est reconnue dans le monde entier, a là encore prouvé avec un test A.D.N. que la progéniture d'une femelle requin appelée Tidbit, ne contenait pas de matériau génétique provenant d'un père. Or, Tidbit vivait depuis huit ans dans l'aquarium de Norfolk Canyon en Virginie et n'avait jamais eu le moindre contact avec un mâle.

À ces prodiges, Mahmood Shivji de l'université Nova Southeastern en Floride apporte une explication. Les populations de requins ont fortement diminué dans le monde au cours des vingt dernières années en raison de la pêche intensive, surtout pour alimenter le marché des ailerons. La densité de population devient très faible, ce qui diminue les chances pour les femelles de rencontrer l'âme sœur. De là à imaginer que la nature a trouvé dans la parthénogenèse la solution pour contrer ce dépeuplement des mers, il n'y a qu'un pas…

Moins optimiste, Dermian Chapman, a des doutes : « Ces requins qui se sont reproduits sans accouplement n'ont eu qu'un seul petit alors qu'habituellement les requins peuvent donner naissance à des portées allant de quelques individus à plus d'une centaine. Ce mode de conception ne pourra probablement jamais compenser la forte baisse observée dans les populations de requins en raison de leur surexploitation. Par ailleurs, la parthénogenèse entraîne forcément une réduction de la diversité génétique chez la progéniture puisqu'il n'y a aucune nouvelle variation génétique introduite du côté paternel. »

Le scientifique lance ainsi une sorte d'avertissement : la nature fait ce qu'elle peut, mais elle ne peut certainement pas tout. Ne comptez pas sur elle pour réparer les dégâts que causent l'égoïsme et l'inconscience des hommes. À bon entendeur…

L'avis du véto

Le mot « requin » viendrait de « requiem », la prière destinée aux morts… Ce n'est qu'une hypothèse d'étymologistes mais qui correspond bien à ce qu'est le requin dans l'imaginaire collectif depuis des temps ancestraux : un mangeur d'hommes. Pourtant sur les 400 espèces répertoriées aujourd'hui, une trentaine seulement serait dangereuse et encore ! Chaque année on enregistre seulement une soixantaine d'attaques de requins dans le monde (souvent suite à une méprise sur la proie ou à une réaction de défense) dont cinq mortelles : les chiens, les éléphants ou les hippopotames tuent bien plus de personnes ! Arrêtons la psychose et intéressons-nous de plus près à ces créatures marines vraiment étonnantes. Elles peuplent les mers depuis 450 millions d'années (l'humanité, elle, est apparue sur Terre « hier », il y a 4 millions d'années) et paradoxalement elles ne sont pas les bêtes primitives qu'on imagine. Ce sont des poissons – ne l'oublions pas ! – qui peuvent présenter à la fois des caractères primitifs, comme un squelette cartilagineux, et des caractères évolutifs très avancés, proches des mammifères ou même de l'homme. La sexualité et la reproduction n'échappent pas à la règle.

L'amour vache

Primitif, le requin mâle l'est dans son approche de la femelle. Compter fleurette, lui, il ne connaît pas ! Il serait plutôt du genre brutal. Évolué, il l'est aussi puisqu'il est, avec certaines raies, le seul poisson affublé de « pénis ». Plus extravagant encore, il ne possède pas *un* mais *deux* pénis, en fait des organes reproducteurs dénommés ptérogopodes.

Quand demoiselle requine est disponible c'est-à-dire réceptive, elle libère dans l'eau un parfum d'amour, probablement des phéromones sexuelles, qui ne laisse aucun doute à monsieur requin au nez fin : c'est son jour ! Il accourt, la poursuit, bientôt rejoint par d'autres prétendants. Une folle course commence où la demoiselle aguicheuse fait sa mijaurée... Mais comment l'arrêter ? Car c'est à celui qui l'attrapera le premier ! Plutôt que de faire le beau ou d'aller au combat comme un chevalier pour la séduire, le fiancé impatient choisit la manière forte. Et on peut parler de viol. Il lui mord les flancs jusqu'au sang, la queue puis la capture par une nageoire pectorale ou en pinçant la peau juste à l'arrière de la tête. Une fois maîtrisée, il enroule sa queue autour de la belle, introduit un de ses ptérogopodes (pas les deux !) dans son cloaque et peut ainsi la féconder. Le sperme va fertiliser les ovules mais peut aussi être stocké dans l'oviducte de la femelle. Remarquons à ce propos que le requin partage avec les cétacés et les reptiles marins (tortues...) l'énorme avantage de la fécondation interne. Car dans les milieux aquatiques, il est plutôt habituel de lâcher ses gamètes au petit bonheur la chance dans l'eau et d'espérer qu'un partenaire de sexe opposé fera de même. Un abandon qui donne un taux de réussite complètement aléatoire comparé à l'accouplement. Ce dernier donne aussi l'avantage du choix du partenaire – quoiqu'unilatéral pour les requins !

De l'éclosion à l'accouchement

Les requins, qui décidément ne font rien comme tout le monde (et notamment comme les autres poissons), ont adopté pas moins de trois stratégies de reproduction – sexuée tout du moins – : l'oviparité, l'ovoviviparité et la viviparité. *Késaco ?*

Ils partagent la première, l'oviparité, avec les oiseaux. Après fécondation, la femelle requin telle la roussette pond des œufs. Ceux-ci s'accrochent aux algues et coraux ou s'enfoncent dans le sable. L'embryon se développe en se nourrissant, comme le poussin, du vitellus présent dans l'œuf. Plusieurs mois plus tard, bébé requin déchire la coquille et se libère. La coquille vide est rejetée sur le rivage et on a fait encore croire aux enfants et aux plus incrédules qu'il s'agit du « sac à main » d'une sirène !

Comment augmenter les chances de survie de ses œufs dans la jungle maritime ? Par une garde rapprochée ? Impossible : un requin ne peut veiller des mois durant sur sa couvée au fond de l'eau. Comment ferait-il pour se nourrir ? La solution est alors de les emmener avec lui ou plutôt *en lui*. Ainsi, chez le requin-tigre, les œufs se développent et éclosent dans le ventre de la mère. Elle peut ainsi en porter une quarantaine pendant un an. C'est l'ovoviviparité. Petit détail pratique : quand un embryon trop goinfre a vidé avant la naissance toutes ses réserves vitellines, il va gober les œufs non fécondés que sa maman, prévoyante, continue de produire pendant sa « gestation ». La femelle requin-taureau qui pratique aussi l'ovoviviparité, ne sait pas, elle, que ses entrailles abritent des scènes de crime : le bébé qui grandit le plus vite a une telle faim de loup qu'il dévore ses frères et sœurs embryons! Un bébé cannibale? Oui, poussé par une envie criminelle d'être l'enfant unique... Brrrr!

La dernière stratégie, la viviparité, est la plus remarquable, surtout pour des poissons, car quelque part elle rapproche le requin de l'homme. En clair la femelle porte ses bébés (et non des œufs), les nourrit grâce à un cordon ombilical et une sorte de placenta et accouche au bout de plusieurs mois de gestation. Comme les mammifères, à la différence près que les nouveau-nés sont lâchés dans la nature à la naissance et doivent se débrouiller seuls pour chercher leur pitance!

L'opération du Saint-Esprit...

Donner naissance à un petit sans que l'œuf n'ait été fertilisé par la semence d'un mâle... Ce n'est pas un miracle mais la parthénogénèse. Cette reproduction monoparentale est peu commune dans le règne animal et rarement observée chez les vertébrés. Elle n'avait jamais été décrite chez les requins et les conditions artificielles de la captivité ont rendu possible le phénomène. Ne pouvant croire qu'un poisson aussi évolué que le requin-marteau – qui pratique la viviparité –, puisse faire un bébé tout seul, les scientifiques ont pensé au début à du sperme stocké pendant des années dans l'oviducte, vestige de la vie pas si innocente de la femelle avant sa capture. Les tests A.D.N. sont venus les contredire.

Pourquoi la parthénogénèse intervient-elle occasionnellement chez certaines espèces? Pour faire face à une pénurie inhabituelle de mâles? Pas seulement: elle permet aussi un accroissement rapide d'une population à un moment donné. Pas de perte de temps en minauderies, parades amoureuses, fiançailles, contrat de mariage... C'est l'option que choisissent certains insectes comme les abeilles ou les pucerons. Ces derniers utilisent la parthénogénèse quand il faut coloniser en un temps record les rosiers de votre jardin! Les mâles de la ruche, les faux bourdons, naissent tous au printemps, d'œufs non fécondés. Leur seul rôle dans la ruche est de féconder la nouvelle reine. Ils ne « servent » à rien d'autre mais doivent être nombreux au moment, unique dans l'année, du vol nuptial.

Malheureusement, chez des animaux supérieurs comme le requin, la parthénogénèse ne permettra jamais une augmentation intensive d'un effectif en déclin… Les requins ont survécu pendant 450 millions d'années à tous les cataclysmes que la Terre a connus. Ils ont vu disparaître les dinosaures et naître les hommes. Ils ont une capacité d'adaptation phénoménale à leur milieu et la possibilité de reproduction asexuée en est un exemple parlant. Pourtant la plupart des espèces de requins risque de disparaître à court terme en raison de la pollution des mers et avant tout de la pêche intensive. Ces poissons sont en fait tués pour leurs ailerons qui constituent l'ingrédient principal d'une soupe très appréciée en Asie ! Leur maturité sexuelle tardive (le grand requin blanc ne se reproduit qu'à l'âge de 10 ans), une longue durée de gestation (jusqu'à 2 ans pour l'aiguillat) et une faible production d'embryons les rendent particulièrement vulnérables. 100 à 150 millions (oui, millions !) de requins seraient tués chaque année dans le monde. À cette allure, il ne restera de lui qu'un seul souvenir pour les générations futures : celle de la bête sanguinaire héroïne du film « *les Dents de la mer* »… Il est urgent de les sauver.

Pour en savoir plus

• *Quel est l'animal le plus dangereux sur terre ?*
Vous pensez au requin ou au tigre ? Le premier est responsable de 5 décès humains en moyenne par an, le second de 100. On donne le même chiffre pour l'éléphant qui pourtant a l'image d'un gentil géant. Les crocodiles tuent en 1 an autant de personnes que les requins en 100 ans… La réputation de mangeur d'hommes donnée au requin est plus qu'exagérée : le requin n'aime pas la chair humaine et s'il attaque un nageur ou un

surfeur, c'est le plus souvent par méprise (il confond la planche de surf avec un phoque), ou pour se défendre. En réalité, il a peur de nous. Les animaux les plus dangereux sur terre sont bien plus petits : l'abeille et la guêpe sont responsables d'une quinzaine de décès par an sur le seul territoire français et l'anophèle, un petit moustique tropical, cause, lui, environ 3 000 décès par jour dans le monde ! Des décès dûs au paludisme, une maladie parasitaire transmise pendant le repas de cet insecte suceur de sang.

• *Un requin-baleine, ça existe ?*
Oui, mais ce n'est pas le fruit des amours d'un cétacé et d'un poisson ! Il s'agit du plus grand requin et surtout du plus grand poisson que l'on puisse rencontrer dans les océans. Il ne mesure pas moins de 20 m de long pour un poids de 34 tonnes. Sa gueule est si grande qu'un plongeur pourrait y entrer entièrement. Heureusement, ce géant des mers ne se nourrit que de plancton, de krill et d'algues. Ouf !

• *Un animal doué de sens*
Le requin a davantage que cinq sens pour se diriger et repérer ses proies. Il possède un odorat digne du meilleur chien de chasse : il peut sentir une odeur à des kilomètres, et peut détecter du sang dilué 10 millions de fois ! Sa vue est excellente, ce qui est une exception dans le monde marin et il possède comme le chat un *tapetum lucinum*, un miroir réfléchissant la lumière derrière la rétine qui lui permet de voir dans l'obscurité des océans comme nos félins dans la nuit. Grâce à une multitude de petits récepteurs qui courent le long de ses flancs, il perçoit le moindre son, la moindre vibration qui trahissent la nage d'un animal même à plusieurs kilomètres de distance ! C'est ce qu'on appelle le « toucher à distance ». Autre particularité qu'il partage

avec le chat, il se révèle un gourmet difficile : de nombreuses papilles gustatives lui permettent de goûter les mets avant de les avaler... ou de les recracher ! Enfin, il est capable de détecter les microchamps électriques émis par de potentielles proies grâce à des ampoules, les ampoules de Lorenzini. Ces organes sensoriels présents sur son museau détectent les micro-impulsions électriques produites par les contractions musculaires de créatures qui se cachent dans le sable. Ils lui permettraient aussi de se diriger par rapport au champ électromagnétique terrestre. Un surdoué !

La fortune de Trouble

La « reine des radines » n'est plus. Leona Helmsley est morte d'un arrêt cardiaque dans sa somptueuse demeure du Connecticut, le 20 août 2007. Elle avait 87 ans et, bien que milliardaire – elle possédait un patrimoine de 600 hôtels et immeubles dont l'Empire State Building de New York –, Leona était passée par la case prison en 1992, pour évasion fiscale. « Bien sûr que nous ne payons pas d'impôts », avait-elle alors déclaré. « Il n'y a que les petites gens qui en paient ». Cet arrogant cynisme qui n'avait pas eu l'heur de plaire aux juges de la Cour Fédérale du district de Manhattan, lui avait valu 19 mois d'emprisonnement et le surnom de « reine des radines », attribué par les journalistes américains. À l'époque, son mari, jugé irresponsable, en avait été dispensé.

Le 29 août 2007, on procédait en grande pompe à l'ouverture du testament. Selon les évaluations les plus pessimistes, 4 milliards de dollars étaient en jeu ! Le moment venu, force fut de constater que, même dans la mort, Leona « the bitch » (un autre gentil surnom que lui réservaient ses employés quand elle avait le dos tourné[24]) ne faillissait pas à sa réputation comme en témoignaient les 14 pages du document publiées dès le lendemain dans la presse new-yorkaise.

Rédigé deux ans avant sa mort, le testament prévoit la dispersion de la majorité des biens, le produit de la vente étant destiné au fonctionnement de la fondation caritative « Leona et Harry Helmsley ». Une infime (tout est relatif !) partie est destinée aux héritiers. Et le premier d'entre eux est Trouble, une

---

24. « La chienne », dans tous les sens du terme, ce qui ne manque pas de sel lorsqu'on connaît la suite de cette histoire !

femelle bichon maltais blanche, qui hérite ce jour-là de 12 millions de dollars !

Du vivant de sa maîtresse, la chienne Trouble était pratiquement devenue la reine de l'empire Helmsley, apparaissant sur la plupart des publicités de la chaîne hôtelière. Elle avait hérité son nom après avoir mordu un employé du Park Lane à Manhattan. Par la suite, l'animal s'était fait beaucoup d'ennemis en raison de sa propension à mordre tous ceux qui s'aventuraient à sa portée. Telle maîtresse, telle chienne !

À sa mort, la dépouille de Trouble ira rejoindre celles de sa maîtresse et de son mari, Harry, décédé en 1997, dans le mausolée Helmsey. Construit au cœur du cimetière *Sleepy Hollow*, dans le comté de Westchester, avec une vue imprenable sur Manhattan, l'endroit est déjà quotidiennement entretenu et régulièrement lavé à la vapeur. Coût de l'opération : 3 millions de dollars chaque année.

Avec pour mission de veiller au bien-être de l'animal en toutes circonstances, la veuve milliardaire lègue 10 millions de dollars à son beau-frère.

Leona avait un fils, Jay Panzirer, décédé accidentellement en 1982, lui-même père de quatre enfants. Deux d'entre eux, David et Walter, reçoivent chacun 5 millions de dollars, un don assorti à la condition qu'ils aillent au moins une fois par an honorer la tombe de leur père. Quant aux deux autres, Craig et Meegan, ils ne reçoivent pas un cent. « Pour des raisons connues par eux », précise le testament.

Enfin, un dernier petit geste pour son chauffeur, à qui elle laisse 100 000 dollars, conclut le testament.

Même aux États-Unis où les animaux héritiers ne sont pourtant pas rares, l'affaire fait grand bruit. Le débat fait rage pendant quelques semaines dans les journaux, en particulier à cause de l'exclusion des deux derniers petits-enfants. L'histoire retrouve même toute sa vigueur le jour où Trouble reçoit des menaces de mort et doit s'exiler en Floride dans une villégiature tenue secrète. Elle trouve enfin son épilogue en juin 2008. Une juge de Manhattan, estimant que la milliardaire n'avait pas toute sa santé mentale au moment de la rédaction du testament, décide de retirer 10 millions de dollars à la chienne pour les attribuer à une association caritative. En outre, les deux petits-enfants déshérités par la veuve, recevront chacun 3 millions de dollars.

Dépouillée d'une bonne part de sa fortune mais étrangère à ces basses querelles d'argent, Trouble continue à vivre comme un coq en pâte. Selon John Codey, l'exécuteur testamentaire de Leona Helmsley chargé de veiller régulièrement à son état de santé, la chienne est nourrie de poulet, carottes, épinards et poisson frais, le tout préparé par le chef cuisinier d'un des palaces de la chaîne Helmsley et servi dans des plats en argent ou en porcelaine. Le coût de l'entretien de la petite bête reviendrait à un total de 300 000 dollars par an, soit environ 600 euros par jour. Quelle vie de chien !

L'avis du véto

Les faits sont là : il existe aujourd'hui des bêtes à poils à la tête d'une fortune colossale dont le montant pour vous et moi fera toujours partie de la catégorie des fantasmes. Pire : votre entreprise a peut-être un de ces millionnaires comme actionnaire, ce qui signifie que vous travaillez pour un chien ou un chat... Surréaliste !

Des animaux millionnaires

Trouble, malgré ses millions, ne fait même pas partie du Top 5 des animaux les plus riches au monde. Le nabab canin 1er est le bienheureux

Gunther IV, un berger allemand qui a légitimement hérité de son père Gunther III d'un « petit » pactole évalué – avant la crise ! – à plus de 200 millions de dollars. Gunther III était le chien adoré de la comtesse allemande Karlotta Liebenstein qui, à sa mort en 1991, lui légua l'ensemble de son patrimoine (soit 65 millions de dollars). Depuis, les avocats et conseillers financiers de la Gunther Corporation, une société basée aux Bahamas (!) et uniquement vouée à gérer la fortune du chien, s'emploient à faire fructifier l'affaire grâce à d'astucieux placements. Gunther IV aurait ainsi acheté l'ancienne maison de Madonna située à Miami pour la bagatelle de 7,5 millions de dollars... Le deuxième animal le plus riche au monde serait un bichon du nom de Toby Rimes, qui lui aussi a profité d'un héritage juteux. Il est le descendant direct d'un bichon ayant appartenu à Ella Wendel, une Américaine. En 1931, au moment du décès de sa fortunée maîtresse, ce bichon reçut la modique somme de 20 millions de dollars. Grâce à l'habileté des tuteurs du chien en matière d'investissements, Toby Rimes serait aujourd'hui à la tête de plus de 90 millions de dollars. La troisième fortune animalière n'appartient pas à un chien mais à un singe ! Il y a une dizaine d'années, la Sud-Africaine Patricia O'Neill, fille de la comtesse de Kenmore et marié à l'australien Franck O'Neill, champion olympique de natation, légua ses biens à Kalu, un chimpanzé qu'elle avait sauvé et adopté au Zaïre. Aujourd'hui, la fortune de Kalu dépasserait les 85 millions de dollars. Viennent ensuite Frankie, Ani et Pepe Le Pew, un chihuahua et deux chats de gouttière, qui se partagent l'héritage de leurs propriétaires défunts, des Américains, soit 35 millions de dollars. Sur la cinquième marche du podium, Flossie, un labrador retriever, propriétaire d'une demeure dans un quartier huppé de Beverly Hills (Californie), estimée à 6,3 millions d'euros. Sa généreuse donatrice n'est autre que l'actrice américaine Drew Barrymore (ex-enfant prodige du film *E.T.*), encore vivante, elle ! Sa chienne lui aurait sauvé la vie une nuit de 2002 en la réveillant alors que sa maison prenait feu.

On peut se demander comment ces animaux se sont retrouvés à la tête d'un tel patrimoine alors qu'ils sont incapables de signer le moindre papier de notaire. Aux États-Unis comme dans d'autres pays, il n'est pas interdit de coucher son animal favori sur son testament. Les biens sont ensuite gérés par des tuteurs désignés par le défunt ou par la justice, à l'instar de ce qui se passe pour les enfants héritiers. À la différence près que les animaux n'atteignent jamais leur « majorité » ! Le plus étonnant dans ce système est qu'un animal puisse hériter d'un autre animal parent ! La petite société familiale (et canine) perdure ainsi pendant des années, des décennies, au bonheur de ses gérants qui n'ont aucun compte à rendre à son propriétaire à quatre pattes !

L'animal fait partie des meubles

Cette histoire n'aurait pas pu arriver en France où aucun animal ne peut hériter légalement. Sans aller jusqu'à parler de fortune, même son panier ne peut lui être attribué par testament ! Selon l'article 528 de notre code civil : « sont meubles par leur nature les animaux ». Eh oui, un chien, un chat, un perroquet, un furet ou tout autre animal familier n'a pas de personnalité juridique et est considéré comme un « meuble » au même titre qu'un canapé, une armoire Louis XV ou... le panier ! Il peut donc apparaître dans une succession non comme donataire mais comme bien à léguer.

Mais alors que devient l'animal après la mort de son propriétaire ? Il entre dans la succession avec tout le patrimoine. S'il n'y a qu'un héritier, ce dernier devient automatiquement le nouveau propriétaire de l'animal. À lui de décider de son avenir : le garder ou le confier à un refuge. Quand plusieurs héritiers se « partagent » l'animal et qu'aucun n'est disposé à le prendre, le notaire statue sur son sort, ce qui se traduit généralement par un passage direct à la SPA.

Le destin de leur petit compagnon après leur départ est un souci qui tourmente nombre de personnes âgées ou en fin de vie. Au pays d'Obama, la solution est d'en faire un des légataires afin qu'il ne manque de rien et qu'il ne soit pas abandonné. En France, Maître Xavier Bacquet, avocat de la Fondation 30 Millions d'Amis et spécialiste des questions animalières, préconise de ne pas oublier l'animal dans le testament en lui attribuant un légataire, personne physique ou association de protection animale. Ce légataire devient d'office son propriétaire légal à la mort du maître. « Ce qui lui donne, hélas, le droit d'abandonner cet animal dans un refuge s'il ne veut pas s'en occuper par la suite », note Maître Bacquet qui conseille de prévoir une clause suspensive faisant de la prise en charge de l'animal jusqu'à sa mort, une condition pour hériter des autres biens !

Pour en savoir plus

• *Ces chiens qui vont sur la tombe de leur maître*
Bobby était un petit skye terrier dont le maître, John Gray, décéda d'une tuberculose en 1856 à Edimbourg. Dès le lendemain de l'enterrement, le fidèle chien se rendit dans le petit cimetière de l'église pour se tenir en faction devant la tombe de son défunt maître. Il y revint tous les jours, et ce pendant 14 ans, jusqu'à sa propre mort. Depuis, une statue à son effigie a été érigée et Bobby reste encore aujourd'hui pour les Écossais un symbole de fidélité et leur chien national.
Peut-être vous souvenez-vous de Kim, cette chienne filmée par les caméras de l'émission *30 Millions d'Amis* en 1976 qui inlassablement tous les matins, depuis deux ans, allait sur la tombe de son maître et rentrait le soir chez elle ? Jusqu'à en mourir. Un comportement étonnant d'autant qu'elle n'avait pas assisté aux funérailles. On peut supposer qu'elle avait retrouvé la dernière demeure de son maître en pistant à la trace l'odeur de la famille jusqu'au cimetière. Mais les spécialistes ont du mal à expliquer pourquoi le chien revient chaque jour : a-t-il « conscience » que son maître gît sous la pierre tombale ? Quel est le lien indéfectible

qui le lie à lui au-delà de la mort ? Remarquons que ce lien est lié à la dépouille et qu'on ne recense aucun cas de chien se rendant sur les lieux où les cendres de son maître ont été conservées. Sent-il son odeur sous la terre ? Qu'attend-il chaque jour ? Mystère. En 2007, la Fondation 30 Millions d'Amis a lancé une campagne percutante contre les abandons avec l'image d'un chien couché sur une tombe et le slogan : « Un animal n'abandonne jamais… Pourtant, 60 000 chiens et chats sont abandonnés chaque année ! » Sans commentaire.

• *Les animaux psychopompes*
Dans toutes les civilisations, des animaux ont été choisis symboliquement pour accompagner les morts dans l'au-delà. On les appelle les psychopompes. Le chien, fidèle compagnon dans la vie et donc dans la mort, est le « guide des âmes » dans le monde entier. Nos ancêtres n'hésitaient pas à le sacrifier afin qu'il suive son maître dans sa tombe. Sur de nombreux gisants médiévaux, des rois et des reines sont représentés, leur chien à leurs pieds. Bien souvent le chien est placé aux pieds de la femme, symbolisant ainsi sa fidélité à son époux défunt. Le chat, sacralisé en Égypte ancienne, était le gardien entre les mondes solaire et lunaire. Les Celtes pensaient que le reflet vert qui brille dans ses yeux la nuit était la porte ouverte vers l'autre monde. Les Grecs de l'Antiquité lui préféraient le lion, gardien féroce des nécropoles. La plus belle conquête de l'homme ne pouvait pas ne pas être celle qui l'emmènerait pour un dernier voyage. Ainsi, le cheval noir eut des attributs psychopompes dans nombre de mythologies. Enfin les oiseaux, comme le cygne ou l'oie, ont été symboliquement considérés comme des messagers entre la terre et le ciel.

• *Peut-on se faire enterrer avec son animal ?*
Pour des raisons sanitaires, la loi interdit d'enterrer la dépouille d'un animal dans un cimetière communal même dans un caveau familial. Si comme de nombreux monarques vous voulez vous faire enterrer avec votre fidèle ami, une seule solution : le faire incinérer et déposer ses cendres dans votre dernière demeure.

• *Quels droits pour nos animaux ?*
Si le droit civil ne reconnaît pas de statut d'être vivant à l'animal (il est un « meuble », art. 528), le droit pénal le qualifie d'« être sensible » qui doit être protégé (art. L214-1) en particulier des mauvais traitements et des actes de cruauté. Mais le droit n'en est pas à une contradiction près. Pour améliorer la condition juridique de nos animaux familiers, les spécialistes du droit de l'animal comme Maître Xavier Bacquet demandent une réforme de leur statut en créant, par exemple, une catégorie intermédiaire entre la chose et l'homme.

La hi-fi
adoucit les peines

Aujourd'hui, Suma a 45 ans. Son amie Patna est morte il y a 4 mois déjà et Suma est encore plus triste qu'au premier jour. Patna était sa complice, celle qui partageait sa vie depuis dix ans, accompagnant ses repas, ses jeux, ses jours, ses nuits et ses bonheurs…

Depuis 4 mois, Suma ne mange presque plus et traîne sa mélancolie sous les yeux inquiets de Mladen, l'homme qui partage sa vie et la voit dépérir de jour en jour sans trouver le remède.

Aujourd'hui particulièrement, Suma déteste le monde entier. Elle est devenue acariâtre, misanthrope et recherche la solitude. Elle ne supporte plus les autres, même Mladen qui est pourtant aux petits soins pour elle et veut la distraire par tous les moyens. Quelle idée aussi de la faire sortir de son isolement au milieu de tous ces gens qui rient et font la fête au zoo de Zagreb, dont c'est justement l'anniversaire!

Sous le kiosque à musique, l'orchestre s'est installé. Retentissent alors les premiers accords de la symphonie n° 40 de Mozart. D'abord surprise, Suma cesse de jeter des cailloux et de la poussière sur ceux qui s'approchent d'elle, puis elle se laisse bientôt gagner par une douce torpeur. Calmée, elle ferme les yeux… Mladen comprend très vite: si la musique adoucit les mœurs, elle calme aussi les peines. Le soir même, une chaîne hi-fi est installée chez Suma. Au programme, Mozart, Vivaldi, Bach et Schubert.

C'est ainsi que, grâce à la musique et à son gardien Mladen, Suma l'éléphante du zoo de Zagreb a retrouvé la joie de vivre.

L'avis du véto

Mélancolie, excitation, joie ou sentiment de bien-être : l'influence de la musique sur le comportement humain est bien connue et diffère selon le morceau et notre sensibilité musicale. Qu'en est-il des animaux ? Sont-ils également sensibles à Brahms, Schubert ou les Beatles ? Selon plusieurs études, la musique, ou plutôt certaines musiques, auraient chez eux aussi un effet calmant, apaisant... et pourraient même être économiquement rentables. Nombre d'éleveurs affirment que la musique diffusée par haut-parleur déstresse leurs animaux à poils ou à plumes et stimulent leur productivité : les poules pondent plus d'œufs, les cochons mangent davantage, les vaches sont moins nerveuses à l'étable et donnent plus de lait. Bien souvent ils le découvrent fortuitement après avoir installé un poste de radio dans le bâtiment d'élevage pour le simple plaisir de travailler en musique. En 2001, des chercheurs de l'université britannique de Leicester, ont voulu tester l'effet de la musique sur la production laitière. Un millier de vaches rentrées à l'étable pour l'hiver ont été exposées 12 heures par jour durant 9 mois à différents styles musicaux. Il s'avère que branchée à *la Symphonie pastorale* de Beethoven ou autre musique relaxante, la vache voit sa production quotidienne de lait nettement augmenter alors que le rock la perturbe et a l'effet inverse. Mais les goûts musicaux des vaches ne se cantonnent pas aux morceaux classiques : les mélodies de REM *Everybody Hurts*, Aretha Franklin ou Simon & Garfunkel *Bridge Over Troubled Water* font également partie de leur hit-parade ! Depuis, une ambiance musicale est vivement recommandée en salle de traite pour détendre les vaches et favoriser un meilleur rendement laitier. Et « Radio Classique » de préférence.

Des chiens et des chats mélomanes

Avez-vous remarqué que nos compagnons à quatre pattes appréciaient la musique douce au point de piquer un somme ? Et qu'une musique trop rythmée ou forte en basses les faisait fuir, aboyer ou miauler selon le cas ? Sachez qu'ils sont dotés d'une ouïe si fine qu'ils peuvent non seulement écouter la musique mais en apprécier aussi les nuances. Alors que l'homme ne peut entendre que des sons situés entre 20 et 20 000 hertz, nos compagnons à quatre pattes ont un seuil de perception plus élevé (35 000 hertz) et perçoivent donc les ultrasons. Les spécialistes disent qu'ils ont naturellement une « oreille musicale » c'est-à-dire qu'ils peuvent faire la différence entre deux musiques similaires seulement à un dixième de ton. Certains grands pianistes affirment même que leur animal familier repère les fausses notes dans un morceau joué et protestent par une attitude ou une vocalise. Des éthologues anglais ont montré que les chiens avaient des préférences musicales : Britney Spears et toute la musique pop les laissent totalement indifférents alors qu'ils s'agitent et donnent de la voix aux premières mesures de hard-rock et d'heavy metal. Seule la musique classique a le don de les calmer. En Autriche, les travaux menés par le professeur Hermann Bubna-Lititz, de la faculté vétérinaire de Vienne ont permis de composer une musique douce spécialement dédiée aux chats[25]. Faite d'un mélange de sons électroniques et naturels qui incluent le piano, la flûte et l'orgue, elle aurait des effets apaisants prouvés : lors de tests, les félins s'installaient plus volontiers à proximité des haut-parleurs la diffusant, jouaient ou ronronnaient et, surtout, avaient beaucoup moins l'esprit bagarreur. Toujours selon ces recherches, le piano serait l'instrument le plus aimé des chats et le niveau sonore celui que l'homme apprécie normalement.

La musique adoucit les mœurs

Toutes espèces confondues, éléphant inclus, l'animal aurait une aversion instinctive pour les tintamarres, les hurlements et... les musiques fortes au tempo rapide et/ou répétitif comme le hard-rock ou le métal. Instinctivement ces sons représentent pour lui une menace, un danger : son cœur s'accélère, il fuit ou devient irritable et agressif. En revanche, comme pour l'homme, les mélodies douces lui procureraient du calme

25. En vente sur Internet sur www.petsandmusic.com.

et de la sérénité. Il a été démontré récemment que chez le rat elles diminuaient la tension artérielle. Exactement comme chez l'homme ! D'un point de vue physiologique, une musique relaxante diminue l'anxiété et la douleur chez une personne en abaissant son taux de cortisol (hormone liée au stress) et en favorisant la libération d'endorphines, des hormones aux propriétés à la fois calmantes, analgésiques et euphorisantes. Pour en revenir à l'éléphant, celui-ci perçoit des sons allant jusqu'à 12 000 hertz (contre 20 000 hertz pour l'humain) et heureusement les tempos les plus relaxants se situent dans les basses fréquences. Il n'y a donc pas de raison, même si aucune recherche n'a été réellement consacrée à ce sujet, pour qu'il ne soit pas sensible aux effets positifs des sonates de Mozart et éprouve un bien-être à les écouter. Par ailleurs, le pachyderme est très réceptif aux émotions de ses soigneurs qui eux-mêmes peuvent être apaisés par la musique classique diffusée sur leur lieu de travail. L'un n'excluant pas l'autre. C'est ce qu'on appelle la musicothérapie – thérapie facilitée par la musique – connue et bien validée chez l'homme et qui pourrait révéler des effets insoupçonnés chez l'animal.

Pour en savoir plus

• *Les éléphants ont-ils conscience de la mort ?*
Les éléphants sont des animaux sociaux qui forment une société de type matriarcal : les groupes sont formés de femelles – toutes apparentées – et de leur progéniture. À leur maturité les mâles sont écartés du groupe et se rassemblent entre « célibataires ». Des liens très forts unissent les femelles entre elles : elles ne se séparent pas, sont toujours en contact physique (elles se touchent souvent avec leur trompe), visuel ou sonore, sont solidaires les unes des autres (l'éducation des éléphanteaux est collective) et sont capables de coopération envers les individus

plus vulnérables. On comprend mieux le désarroi dans lequel est tombée l'éléphante Suma quand sa « meilleure amie » a disparu. Désarroi d'autant plus grand que Patna était sa seule famille et qu'un éléphant a besoin d'une vie sociale pour trouver son équilibre.

A-t-elle eu conscience de sa mort ou simplement d'une absence ? Question qui divise encore les éthologues. Tous sont unanimes sur le fait que l'animal, à la différence de l'homme, n'a pas conscience d'être mortel même s'il peut percevoir une faiblesse, une maladie, une blessure chez lui comme chez un congénère. Pour les anthropologues, l'homme est né à partir du moment où il a honoré ses défunts. L'observation de comportements troublants chez l'éléphant a amené certains scientifiques à affirmer que ces pachydermes avaient conscience de la mort. Un groupe peut « veiller » des jours durant un de ses membres mourant ou mort. Il lui arrive de recouvrir le corps de terre et de branchages faisant penser à un rite funéraire. Reste à savoir s'ils ont réellement conscience de la mort ou s'ils cherchent simplement à le préserver des prédateurs en l'entourant et en le dissimulant. Plus troublante est leur réaction à la découverte du squelette d'un congénère : ils s'en approchent doucement, trompe tendue pour le sentir et le toucher, et déplacent parfois les ossements alors que d'autres cadavres d'animaux les laissent indifférents. Ils semblent reconnaître un de leurs parents. Quant aux fameux et mystérieux cimetières d'éléphants, il pourrait s'agir d'éléphants morts simultanément suite à des intempéries (sécheresse, boue…). Ou d'autre chose.

• *La dépression et les animaux*
Parler de dépression chez l'animal peut paraître saugrenu et pourtant, eux aussi peuvent en souffrir. Cette maladie – les vétérinaires parlent de trouble comportemental – est bien dé-

crite chez le chat et le chien. Dans sa forme la plus démonstrative, l'animal est triste, indifférent au monde qui l'entoure, il se laisse mourir, refusant de manger, de boire, de se déplacer. Cette dépression dite aiguë fait suite à un traumatisme physique – un accident – ou psychique (décès de son maître, d'un animal, changement de vie brutal…). Il existe une forme de dépression dite chronique aux signes moins évidents : appétit capricieux, désintérêt pour les jeux, apathie, sommeil perturbé avec cauchemars, vocalises sans raison, léchage excessif… Heureusement nos animaux peuvent bénéficier de traitements aux psychotropes : oui, le Prozac c'est aussi pour les chiens (et les chats) !

• *Les animaux dansent-ils en rythme ?*
À voir dans des spectacles, des chevaux, des éléphants et d'autres bêtes de scène évoluer au rythme de la musique et bien marquer la mesure, on se dit qu'ils y sont sensibles. En réalité, les numéros et les enchaînements ont été enseignés dans le calme d'un manège et sans accompagnement musical. Au cirque ou lors d'un spectacle équestre, c'est le chef d'orchestre qui suit les mouvements des animaux et non les animaux qui suivent la musique. Et ne pensez pas que les joueurs de flûte charment les serpents : ceux-ci ont juste été dressés à suivre les mouvements de l'instrument.

Mélange des genres

Une poule qui se transforme en coq… qui peut le croire? Et pourtant, c'est possible. Ce curieux phénomène s'est produit en Angleterre, dans un élevage de poulets du Devon.

Jill H., la responsable raconte: « Cette poule, je l'observais depuis deux ans. Elle venait de découvrir la vie du poulailler, mais elle avait un comportement étrange. Elle était entourée d'autres poules qui, plus âgées, se pliaient rigoureusement à la hiérarchie, comme on peut le voir dans toutes les basses-cours qui se respectent. Les prises de bec étaient fréquentes entre deux volatiles, mais à chaque fois, une poule plus "gradée" intervenait pour mettre fin aux hostilités. Elle, la nouvelle, restait à l'écart et semblait ne pas accepter cette discipline. Un seul mâle, vieillissant, était là pour assurer la reproduction. La petite dernière a pondu quelques œufs, mais s'est rapidement imposée en se décidant finalement à endosser le rôle de leader… À tel point qu'elle a cessé de pondre puis, de plus en plus souvent, s'est mise à danser autour de ses compagnes, gonflant son cou et tendant une aile, mimant parfaitement l'approche du coq travaillé par la testostérone! Acceptant le message, les poules s'accroupissaient, la laissant leur monter sur le dos. Cette prise de pouvoir s'est accompagnée d'un phénomène curieux: une véritable crête est apparue sur sa tête. Deux ans plus tard, la transformation était complète. Elle était devenue un coq tout puissant et productif, farouchement attaché à sa cour. Et quiconque tentait d'enfreindre les règles de son domaine était puni à coup de bec et d'éperons. J'avais lu quelque part que le même phénomène avait été observé dans un village de l'est de l'Inde. Une poule avait pondu des œufs pendant six mois. Certains étaient fécondés et des poussins étaient nés, comme le veut la nature. Puis, peu à peu, une crête lui était venue sur la tête : elle s'était transformée en coq. Les services vétérinaires de l'État du Bengale-Occidental avaient été contactés et avaient constaté qu'effectivement la poule était un coq et donc, avait subi un processus complet de changement de sexe. Mais le propriétaire avait refusé de céder son animal aux autorités pour une étude approfondie, car il y voyait un miracle. Pour ma part, j'avais pris cette information pour une fable orientale. L'Inde c'est bien loin, et là-bas, le magique et le merveilleux nous semblent toujours l'emporter sur le rationnel qui est notre lot quotidien, à nous Occidentaux. Depuis ce qui s'est passé dans mon poulailler, j'ai révisé mon jugement... »

L'avis du véto

Changer de sexe n'est ni une erreur, ni un miracle de la nature. Plus d'une espèce animale est connue comme transsexuelle – les scientifiques préfèrent parler d'hermaphrodisme séquentiel – et le phénomène ne date pas d'aujourd'hui.

Les transsexuels des mers

Vieille de 250 millions d'années, l'huître est la championne du changement de sexe à répétition. Tantôt mâle, tantôt femelle selon les années pour l'huître creuse, ou plusieurs fois dans l'année pour l'huître plate ! Il faut dire qu'elle passe sa vie collée à son support et que les rencontres amoureuses sont quelque peu limitées... Autre habituée de la chose, la crépidule, un coquillage à monovalve en forme de cloche bien connu pour ravager les bancs d'huîtres et de moules. Ce mollusque marin naît mâle puis, quand il grandit, devient femelle. Celle-ci attire des petits mâles qui viennent s'empiler les uns sur les autres jusqu'à former avec le temps une pyramide de crépidules amoureuses. À sa base, les femelles

(les plus grosses), au sommet, les mâles et au centre des « intermédiaires », des mâles en train de changer de sexe et qui viennent de féconder des femelles… En fait, changer de sexe est assez courant dans le monde marin puisque le phénomène est observé naturellement chez plusieurs poissons : l'anguille, le labre, le sabre, la daurade, le poisson clown, la girelle, le marlin bleu, le mérou et bien d'autres. Par exemple, le mérou débute sa vie au féminin, se reproduit puis peut changer de sexe selon certains facteurs environnementaux comme la disparition du mâle dominant de la colonie. Sur terre et dans les airs, l'inversion de sexe reste exceptionnelle pour ne pas dire accidentelle. Chez les oiseaux, il est observé suite à une anomalie génitale.

Une histoire d'hormones…

L'appareil génital normal de l'oiseau mâle comprend deux testicules internes situés près des reins. Celui de la femelle comprend deux ovaires dont un seul, le gauche, est fonctionnel et sécrète des œstrogènes, les hormones sexuelles femelles. Si l'ovaire gauche est détruit lors de maladie (tumeur, infection…) et/ou s'il ne produit plus d'hormones, l'ovaire droit rudimentaire augmente de taille et se développe en tissu… testiculaire, sécréteur de testostérone. Or, cette hormone est responsable des caractères sexuels secondaires (plumage, crête, ergots, etc.), du chant, du comportement sexuel du mâle. Voilà comment une poule peut sous l'effet de bouleversements hormonaux devenir coq. L'inverse – rarissime – peut aussi se produire : on a vu des canaris mâles chanter toute une saison et l'année d'après, pondre des œufs. Il s'agit dans ce cas d'individus hermaphrodites, c'est-à-dire nés avec les deux organes (ovaire et testicule). Les déséquilibres hormonaux successifs (production de testostérone puis production d'œstrogènes) expliquent le processus de féminisation. Quand on vous dit que chacun est contrôlé par ses hormones…

Pour en savoir plus

• *Les amours de Nemo*

Les poissons clowns, ces drôles de petits poissons orange aux rayures blanches (héros du film d'animation *Le Monde de Nemo*) sont connus pour vivre dans les récifs coralliens en véritable symbiose avec des anémones de mer. Insensibles au pouvoir urticant de ces dernières, ils profitent de leur protection. En échange, ils défendent l'anémone contre certains poissons qui s'attaquent à ses tentacules et partagent avec elle des restes de repas. Moins connues du grand public, leur vie sociale et leur vie sexuelle, intimement liées, sont tout aussi étonnantes. Le poisson clown naît invariablement mâle, mais avec la possibilité une fois dans sa vie de devenir femelle. Il vit en colonie régie par une hiérarchie linéaire. À sa tête, le roi et la reine, unis pour la vie, qui règnent sur leurs vassaux masculins et sont les seuls à se reproduire. Si la reine meurt, son compagnon grossit et devient femelle. Il se « marie » avec le mâle subalterne le plus haut dans la hiérarchie et ainsi de suite. En fait, à la naissance, le poisson clown possède déjà les organes mâles et les organes femelles, ces derniers étant inactifs comme en état de dormance. Seule une lente ascension de l'échelle hiérarchique pourra un jour les « réveiller » !

• *La météo du sexe*

Contrairement à ce qui se passe avec les mammifères et les oiseaux, le sexe des embryons de reptiles n'est pas déterminé au moment de la fécondation par des chromosomes sexuels particuliers. Il dépend généralement de la température d'incubation des œufs et donc de la météo. Par exemple chez la cistude, une tortue vivant dans nos cours d'eau, les œufs incubés à moins de 28 °C donnent naissance à des mâles, ceux incubés à plus de

30 °C, donnent des femelles. À 29 °C, on obtient 50 % de mâles et 50 % de femelles. Chez les alligators, c'est l'inverse : quand le nid est frais, il a tendance à produire des femelles, quand il est chaud, les mâles sont favorisés. On comprend pourquoi le réchauffement climatique risque à long terme de compromettre la survie de populations d'alligators qui se masculinisent.

Le mystère
des crapauds explosifs

L'histoire commence (et finit) comme un épisode de la série X-Files.

C'est le week-end en Allemagne et le jour commence à tomber au bord d'un étang à pique-nique proche de Hambourg. Il est temps pour les pêcheurs de plier les gaules, pour les petits de ranger les ballons et pour les amoureux de songer à rentrer. Une dernière promenade, main dans la main, le long de la rive, cachés par les ajoncs. Au loin, des cris d'enfants étouffés par la brume de chaleur qui s'épaissit peu à peu ; en « musique » de fond, les coassements grinçants d'une armée de grenouilles invisibles.

Justement, l'une d'elle vient d'atterrir bruyamment aux pieds du couple enlacé. Non, ce n'est pas une petite grenouille verte, plutôt un gros crapaud bien pustuleux. Il n'a pas vu les humains et semble concentré sur ce qui lui arrive : il grossit, grossit, grossit... puis soudain explose avec un bruit mat. La fille pousse un hurlement, le garçon se met à sautiller sur lui-même, criant de dégoût et chassant du revers de la main les lambeaux de crapaud qui constellent son T-shirt et ses jambes nues...

Bien « crapoteux », le début de cette histoire de crapaud explosif, non ? La fin ne l'est pas moins. Certaines supputations sont même susceptibles de donner des haut-le-cœur aux plus endurcis.

Le jeune couple n'est pas le seul à vivre cette scène digne d'un film d'horreur. Les exclamations des pique-niqueurs écœurés se répondent de part et d'autre de l'étang tandis que se multiplient les batraciens agonisants et secoués de spasmes qui gonflent comme des baudruches avant d'exploser soudainement dans un bruit répugnant.

« C'était horrible », a déclaré le lendemain à la presse la biologiste Heidi Mayerhoefer, appelée sur les lieux. « Les crapauds rampaient sur le sol. Leur corps se mettait rapidement à gonfler jusqu'à trois fois et demie leur taille normale. Ils explosaient et leurs entrailles étaient propulsées jusqu'à un mètre à la ronde. Quelquefois, l'animal n'était pas mort, il continuait à se débattre pendant plusieurs minutes ».

L'hécatombe a été telle – on a découvert plus de 1 000 cadavres de crapauds morts de manière aussi affreuse que mystérieuse – que le plan d'eau a été surnommé « La mare de la mort » par les journaux. Son accès a été fermé. Les jours qui ont suivi, un biologiste s'y est rendu chaque nuit entre deux et trois heures du matin, au moment où les explosions semblaient être les plus fréquentes.

Des tests effectués sur l'eau de l'étang n'ont rien révélé de particulier. Les restes des batraciens ont été analysés, afin de savoir s'il pourrait s'agir d'un virus ou d'une bactérie, mais rien n'a été découvert. Parmi les explications avancées : un virus inconnu, un champignon (lui aussi inconnu) qui aurait infesté l'eau, ou bien un phénomène d'autodéfense contre des corbeaux « à la » Hitchcock, friands du foie des crapauds paniqués…

Aux dernières nouvelles, ce phénomène étrange, a également été observé au Danemark, dans un étang près de Laasby… et le mystère reste entier. Comme à la fin d'un épisode de *X-Files* !

L'avis du véto

Météorisme ? Infection interne ? Contamination par un champignon putréfiant ? Réflexe de défense ? Aérophagie ?… Les spéculations vont bon train chez les spécialistes des batraciens pour expliquer ce phénomène digne d'un film de science-fiction. Et aucun n'a la réponse... Car avouons-le, aujourd'hui encore avec nos connaissances et notre technologie de pointe, des histoires fabuleuses d'animaux demeurent des énigmes. Preuve s'il en est que la nature sera toujours pour l'homme source d'étonnement, de merveilles et de mystères, venant en cela bousculer ses certitudes et l'obligeant à poser sur elle son regard d'enfant.

Remerciements

Je remercie vivement tous ceux qui, de près ou de loin, m'ont aidée dans l'écriture de cet ouvrage et en particulier les docteurs Marie-Claude Bomsel et Norin Chai du Museum national d'Histoire naturelle, le docteur vétérinaire Lionel Schilliger, Luc Fougeirol (expert « es crocodiles »), Maître Xavier Bacquet, et les docteurs vétérinaires Guy Joncour et Susan G. Friedman, pour leurs conseils avisés et leur expertise.

Un grand merci à Richard Ducousset pour avoir cru en mon projet, à Laure Paoli pour son enthousiasme sans faille et son aide précieuse et à Georges-François Rey pour son travail remarquable, sans oublier Myrtille Chareyre qui a suivi mon travail et m'a aidée avec patience et gentillesse à l'améliorer.

Je remercie Pascal Le Grand pour le superbe portrait en couverture du livre et Brigitte Bulard-Cordeau, la propriétaire du regretté Apache, le jeune chat des forêts norvégiennes que je tiens dans les bras.

Je suis très reconnaissante envers tous ceux et celles qui, au cours d'une conversation, pendant une consultation ou à l'antenne de RMC, m'ont relaté des anecdotes surprenantes et émouvantes sur leur animal de compagnie et m'ont poussée à m'interroger sur les comportements insolites et la nature profonde d'êtres que l'on dit inférieurs.

Enfin, je remercie tous mes proches qui m'ont soutenue tout au long de ce travail et qui comprennent et pardonnent ma passion dévorante pour les animaux.

Index

Des mêmes auteurs

Un chat heureux en appartement, éditions Rustica, 2007
100 idées fausses sur votre chat, éditions Rustica, 2006
100 idées fausses sur votre chien, éditions Rustica, 2005
Griffes et velours, le chat de race, éditions Aniwa, 2003
Laetitia Barlerin

Sauter du coq à l'âne, Petite anthologie des expressions animalières,
Albin Michel, 2008
Georges-François Rey

Vous avez-vous-même été témoin du comportement
incroyable d'un animal ?
Vous avez des anecdotes sur les animaux ?
Des remarques ? Des questions ?

N'hésitez pas à contacter le docteur Laetitia Barlerin
par mail :
histoiresincroyablesanimaux@yahoo.fr

ou par courrier :
Laetitia Barlerin – Histoires incroyables d'animaux pas comme les autres
Département Livres pratiques
Éditions Albin Michel
5, allée de la 2ᵉ-D.-B. – 75015 Paris

Ouvrage publié sous la direction de Laure Paoli

Suivi éditorial : Myrtille Chareyre

Conception graphique et mise en pages : Stéphanie Le Bihan

Impression CPI Bussière en octobre 2009
à Saint-Amand-Montrond (Cher)
Editions Albin Michel
22, rue Huyghens, 75014 Paris
www.albin-michel.fr

ISBN 978-2-226-19322-3
N° d'édition : 26015. – N° d'impression : 092642/4.
Dépôt légal : novembre 2009.
Imprimé en France.